汉语句子的多角度研究

范 晓 著

商 务 印 书 馆

2009 年 · 北京

图书在版编目(CIP)数据

汉语句子的多角度研究/范晓著.—北京:商务印书馆,2009
ISBN 978 - 7 - 100 - 06662 - 4

I. 汉… II. 范…   III. 汉语—句法—研究   IV. H146.3

中国版本图书馆 CIP 数据核字(2009)第 068645 号

HÀNYǓJÙZIDEDUŌJIǍODÙYÁNJIŪ

汉语句子的多角度研究

范 晓 著

商 务 印 书 馆 出 版
(北京王府井大街36号 邮政编码100710)
商 务 印 书 馆 发 行
北 京 龙 兴 印 刷 厂 印 刷
ISBN 978-7-100-06662-4

2009年12月第1版   开本 850×1168 1/32
2009年12月北京第1次印   印张 14 1/8

定价:29.00元

目　录

第一章　是字句

　　现代汉语里的"是"字句,是指关系动词"是"作谓语中心构成的句子。例如:

　　(1)北京是中华人民共和国的首都。

　　(2)白杨不是平凡的树。(茅盾《白杨礼赞》)

　　(3)诚实是一种美德。

　　(4)学习的敌人是自己的满足。

　　本章尝试运用"三个平面的理论"对"是"字句(为简便起见,下面把"'是'字句"简化为:是字句)进行句法、语义、语用分析。

1. 是字句的句法分析

　　是字句里的谓语动词"是"联系着两个事物,表示两事物间的关系意义,具有独特的句法功能,这个"是"本章称之为关系动词。由关系动词"是"构成的是字句在现代汉语里用得相当普遍,随处可以听到看到。①

---

　　① 现代汉语里的"是"是个同形词,在不同的句子或语境里意义和功能不一样,比如在"他是学生"、"信是早收到了"、"人民是太好了"、"你说得极是"、"去通知大家开会! ——是!"、"是日天气晴朗"等句子里的"是"便是。参看范晓(1996)《同音同形的"是"的分化》,《辞书研究》第 2 期。本章着重研究"他是学生"之类的"是"字句。

从句型角度分析,典型的是字句是"主动宾"型的主谓句,即"是+宾语"构成的动宾短语作谓语的主谓句。其典型的语序排列形式是:

"主语——动词"是"——宾语"

根据充当主语和宾语的词语的句法性质来看,是字句大体上有以下几式:"名+是+名"式,"名+是+非名"式,"非名+是+名"式,"非名+是+非名"式。这里的"名"是指名词性词语(包括名词、代名词以及名词性短语等);"非名"是指非名词性词语(包括动词性词语、形容词性词语、主谓短语等)。

1.1 "名+是+名"式

这种"名+是+名"式,"是"前后的词语都是"名词性词语",这是比较典型的是字句。例如:

(5)科学是老老实实的学问。(初中《语文》)

(6)那是什么?　　　　　(余华)

(7)死海是一个咸水湖。　　(初中《语文》)

(8)祖冲之是我国南北朝时代南朝的杰出的科学家。(初中《语文》)

(9)跌倒的是一个女人。(鲁迅)

上述句子中画线的词语都是名词性词语。

1.2 "名+是+非名"式

这种"名+是+非名"式,其"是"后的词语是"非名词性词语"。例如:

(10)防护林的主要作用是减小风的力量。(竺可桢)

(11)市民最大的本领是纪念空虚,崇拜空虚。(叶圣陶)

(12)它的特征是一株树上有几种的叶子。(杨鉴普)

(13)荔枝蜜的特点<u>是成色纯、养分多</u>。(杨朔)

(14)<u>我的意见是把牦牛杀了</u>,留下牛皮牛肉做干粮。(初中《语文》)

上述句子中"是"前画线的词语都是名词性词语,"是"后画线的词语都是非名词性词语。

1.3 "非名＋是＋名"式

这种"非名＋是＋名"式,"是"前的词语都是"非名词性词语"。例如:

(15)<u>平易近人</u>正是<u>鲁迅先生思想成熟的一个重要标志</u>。(唐弢)

(16)<u>第一次采到这么多新鲜蘑菇</u>,对一个远来的客人是<u>一桩快乐的事</u>。(碧野)

(17)<u>用种子繁殖</u>是<u>杨树育苗的一个好方法</u>。(杨鉴普)

(18)<u>花香鸟语</u>,<u>草长莺飞</u>,都是<u>大自然的语言</u>。(初中《语文》)

上述句子中"是"前画线的词语都是非名词性词语,"是"后画线的词语都是名词性词语。

1.4 "非名＋是＋非名"式

这种"非名＋是＋非名"式,"是"前后的词语都是"非名词性词语"。例如:

(19)<u>有物</u>,就是<u>要有内容</u>。<u>有序</u>,就是<u>要有条理</u>。(初中《语文》)

(20)<u>"求"</u>,就是<u>我们去研究</u>。(毛泽东)

(21)<u>读书</u>是<u>学习</u>,<u>使用</u>也是<u>学习</u>,而且是<u>更重要的学习</u>。(毛泽东)

（22）无理就是有理，有理就是混账。（尤凤伟）

上述句子中画线的词语都是非名词性词语。

关系动词"是"构成的是字句，与一般及物动作动词作谓语动词构成的句子比较，在句型上有相同处，也有不同点。相同处是都是"主语＋动词＋宾语"。不同点主要表现在：

第一，动作动词作谓语动词的"主动宾"句里，作主语、宾语的通常是名词性词语，如"我读书"、"他看报"、"小王踢足球"等；而动词、形容词等非名词性宾语一般不能在这种句子里作主语。但关系动词"是"作谓语动词的"主动宾"句里，主语或宾语有时可由非名词性词语充当，如上边（19）至（22）例便是，这是是字句的一个非常重要的特点。①

第二，动作动词构成的"主动宾"句里，动词后边一般可以带动态助词"了"、"着"、"过"表动态，如"他吃了饭"、"他吃着饭"、"他吃过饭"之类；但关系动词"是"作谓语动词的"主动宾"句里，动词"是"的后面不能带动态助词，如不能说"他是了学生"、"他是着学生"、"他是过学生"。

第三，动作动词构成的"主动宾"句里，动作动词能带动量补语，如"吃一次"、"走一趟"之类；但关系动词"是"作谓语动词的"主动宾"句子里，动词"是"的后面不能带动量补语，如不能说"是一次"、"是一趟"。

---

① 有些语法论著认为动词、形容词一旦出现在主语或宾语位置上，该动词或形容词就变为名词。我们认为在表示断定解释的"是"字句里，出现在主语或宾语位置上的动词或形容词词性不变，可以看作是名物化或动元化。参看范晓（1992）《VP 主语句》，《语法研究和探索》（6），语文出版社；胡裕树、范晓（1994）《动词形容词的"名物化"和"名词化"》，《中国语文》第 2 期。

第四，动作动词作谓语动词的"主动宾"句里，动作动词可以重叠后表短时或尝试态，如"你吃吃"、"你走走"、"你想想"之类；但关系动词"是"作谓语动词的"主动宾"句里，关系动词"是"不能重叠，如不能说"你是是"。

2. 是字句的语义分析

2.1 是字句表示断定（判断和肯定）的关系意义

是字句和其他关系动词组成的"主动宾"句一样，在语义上都是表示由主宾语所体现的两事物间的关系意义。这种关系意义是多种多样的：有些关系动词构成的"主动宾"句表示比较或比拟的关系意义（如"平静的湖面如一面镜子"、"十五加十三等于二十八"之类），有些关系动词构成的"主动宾"句表示称呼或称谓的关系意义（如"她的名字叫徐瑞林"、"这种云彩叫做霞"、"午门俗称五凤楼"之类）。由关系动词"是"构成的"主动宾"句（即是字句）则是表示断定（判断和肯定）的关系意义。通常所说的断定是表示肯定的断定（如"他是学生"），但广义的断定也包括否定的断定（如"他不是学生"）。

这种断定关系意义主要有以下几种：

第一种，表示等同。例如：

(23)《阿 Q 正传》的作者是鲁迅。(《现代汉语词典》例)

(24)中华人民共和国的首都是北京。(《中华人民共和国宪法》)

(25)统筹方法，是一种安排工作进程的数学方法。(华罗庚)

(26)三仙姑是后庄于福的老婆。(赵树理)

在语义上表示等同关系的是字句的特点是:前后两部分一般可以互换,而基本意思不变。也就是说,这种是字句如果把主语和宾语颠倒,句子都能成立且基本意思不变。请看:

《红楼梦》的作者是曹雪芹。→←曹雪芹是《红楼梦》的作者。

中华人民共和国首都是北京。→←北京是中华人民共和国的首都。

为什么这种是字句前后两部分可以互换? 这是因为主语和宾语所指相同(表示的概念的外延和内涵都相同),相同的所指当然可以互换。

第二种,表示归类。例如:

(27)她是一个温柔和美丽的人。(魏巍)

(28)蚕丝是一种高级纤维。

(29)梅雨潭是一个瀑布潭。(朱自清)

(30)老宋是个结实精干的壮年人。(杨朔)

在语义上表示归类关系的是字句的特点是:关系动词"是"后边部分是"类",前边部分是"类"的分子,前后两部分不能互换。如果把这种是字句颠倒主宾,或者不能成立,或者意义发生变化。请看:

老宋是一个结实精干的壮年人。→? 一个结实精干的壮年人是老宋。

蚕丝是一种高级纤维。→? 一种高级纤维是蚕丝。

为什么这种是字句主宾不能任意颠倒呢? 这是因为主语和宾语所指不同(表示的概念的外延和内涵都不同),如"老宋是一个结实精干的壮年人"这个句子里,"老宋"指称特定的个人(特指),"老宋"

只是"结实精干的壮年人"中的一个；而"结实精干的壮年人"泛指具有"结实、精干、壮年"等属性的一类人。特指和泛指概念范围显然不相同，表示这两个不同指称的主语和宾语当然不可以互换。①

第三种，表示存在。例如：

(31)处处是急流，处处是险滩。（刘白羽）

(32)后面是一片荒山。（杨朔）

(33)村外是稻田。（李庄）

(34)叶子底下是脉脉的流水。（朱自清）

在语义上表示存在关系的是字句的特点是："是"前边作主语的是表示处所的名词性词语，"是"后边作宾语的是表示人或事物的名词性词语。由于主宾所指完全不同，所以这类句子的主语和宾语也不能颠倒互换。这类句子中的关系动词"是"可换成表示某处所存在某人或某物的"有"字句，例如"村外是稻田"可以说成"村外有稻田"。这种是字句和"有"字句虽都有表示存在关系的意义，但意思上还是有细微的差别："有"字句偏重于表示某处"有"某人或某物；是字句不仅表示某处"有"某人或某物，而且还表示"断定"某处存在着某人或某物。（丁声树，1961）

与"是"用途类似而可归入"是"类动词的还有"系"、"为"等动词，它们也能构成断定关系的句子。例如：

(35)鲁迅系浙江绍兴人。（《现代汉语词典》例）

(36)十寸为一尺。（《现代汉语词典》例）

---

①　如果类名前有"这、那"之类有定标志词，就有可能主宾互换，如"老宋就是那个结实精干的壮年人"可以变换成"那个结实精干的壮年人就是老宋"。这是因为主宾的指称具有同一性：在上述句子里，有定的"那个结实精干的壮年人"就是指称"老宋"。

2.2　是字句语义平面的动核结构

关系动词"是"是一个二价动词。二价动词必有一个动核和两个动核所联系的动元组成。是字句在语义平面是一个动核结构，由动核"是"和"是"所联系的两个动元组成。动核"是"所联系的两个动元是起事（"是"所联系的主体）和止事（"是"所联系的客体）。比如"张三是学生"这个是字句里，"是"是动核，"张三"是起事，"学生"是止事。①

是字句的动核结构与句型结合而成为句子的语义结构模式时，就是是字句句模，也就是说，是字句的语义平面的句模是通过句法平面的句型表示出来的。典型的是字句句模和句型之间有对应关系。以"张三是学生"为例，可以图示如下：

例句／句子类型	张三	是	学生
句型	主语	动词	宾语
句模	起事	动核	止事

是字句的起事和止事一般由名词性词语充当，但有时也有非名词性词语充当的。如果是字句的起事和止事由非名词性词语充当，则该非名词性词语动元化了。由于"是"所联系的动元都是表示"名物"，所以也可以说成非名词性词语名物化了。例如"诚实是一种美德"、"打是疼，骂是爱"、"'关于'是一个虚词"等是字句里，"诚实、打、疼、骂、爱、关于"等非名词性词语都是动元化或名物化了。

---

①　关于动词的"价"和动核结构，参看范晓(1991)《动词的"价"分类》，《语法研究和探索》(5)，语文出版社。

3．是字句的语用分析

3.1 是字句所属的句类

根据句子所表达的用途（语气），句子可以分为陈述句、疑问句、祈使句、感叹句等句类。在这种句类中，是字句主要用于陈述句（如"他是老师"、"他不是学生"之类）或疑问句（如"他是老师吗"之类），不能用于祈使句和感叹句。

根据述题表述主题的情况，句子可以分为叙述句、描记句、解释句、评议句等句类，这也是从语用表达角度给句子所作的分类。从语用表达上看，由关系动词组成的句子是解释句。关系动词可分为三类，即"是"类动词、"像"类动词、"叫"类动词。由关系动词组成的句子相应地也可分为三类解释句：断定解释句、比较解释句、称呼解释句。"是"类动词构成的是字句就是典型的"断定解释句"。

是字句的句式语用意义可以概括为："断定性解释"。这种语用意义是由关系动词"是"决定的。"是"在解释"是"前后两种事物的关系时，表示"断定"（"判断"＋"肯定"），比如"小英是中学生"中，"是"在解释"小英"和"中学生"的关系时，断定"小英"属于"中学生"这个类。这种断定解释句在解释性的文章里使用得特别多。

关系动词"是"构成的断定性解释句里，"是"一般不能空缺，空缺以后句子往往不能成立。例如：

(37)他是老师。

(38)最理想的是骑马上天山。

如果把上面两句说成：

(37')＊他老师。

(38')？最理想的骑马上天山。

这(37')和(38')单独不能成立。

但是在一定的语用条件下，"是"也可以省略或隐含。主要有以下几种情形：

第一种，是字句若用来断定解释天气、节令、时间、籍贯等，可以省略或隐含"是"，例如：

(39)今天[是]阴天。

(40)后天[是]国庆节。

(41)明天[是]星期五。

(42)他[是]北京人。

第二种，"指人名词＋的"作"是"的宾语时，通常也可以省略"是"。例如：

(43)这本书[是]我的。

(44)那支笔[是]小王的。

(45)这块手表[是]妈妈的。

(46)这些钱[是]老张的。

第三种，并列对举用法，有时"是"也能省略。例如：

(47)你[是]老师，我[是]学生，咱们是师生关系。

(48)花[是]红的，草[是]绿的，多美啊！

(49)这件衣服[是]旧的，那件衣服[是]新的。

第四种，在某些宾语表示称呼语的句子里，有时也可省略或隐含"是"。例如：

(50)他[是]傻瓜，坐在墙角里，什么话都不说。

(51)你[是]"狗头军师"，尽出坏主意。

(52)你这个[是]坏蛋！

值得注意的是：上面说到的省略或隐含"是"的句子只能是在肯定句的条件下，如果是否定句，则不能省略或隐含"是"。下面的句子都是不能成立的：

(53)＊今天不阴天。

(54)＊明天不星期五。

(55)＊他不北京人。

(56)＊这本书不我的。

(57)＊那支笔不小王的。

(58)＊这块手表不妈妈的。

(59)＊你不老师，我不学生。

(60)＊花不红的，草不绿的，多美啊！

(61)＊这件衣服不旧的，那件衣服不新的。

(62)＊他不傻瓜，坐在一角，什么话都不说。

(63)＊你不"狗头军师"，为什么尽出坏主意？

(64)＊你这个人不坏蛋！

3.2 是字句中主语的语用意义

是字句中主语在语用平面是句子表述的对象，即句子的主题，一般表示有定的事物。后面的"是＋宾语"为述题，对主题进行解释性的表述。典型的是字句的语用平面的主题和句法平面的主语、语义平面的起事是对应的，图示如下：

例句 句子类型	张三	是	学生
句型	主语	动词	宾语
句模	起事	动核	止事
句类	主题	解释性述题	

虽然具有等同关系的是字句的主语和宾语一般可以颠倒而句子的基本内容或意思不变,但是主宾颠倒以后充当句子的主题和述题变了。由于主题是一种语用意义,所以可以说句子的语用意义变了。比较:

(65a)台湾是中国最大的岛屿。◄──►(65b)中国最大的岛屿是台湾。

(66a)三仙姑是于福的老婆。◄──►(66b)于福的老婆是三仙姑。

上面例(65a)和(65b)句的基本内容或意思是一样的。但是(65a)句的"台湾"在句首为主题,整个句子是以"台湾"作为表述对象,"是+中国最大的岛屿"是对主题"台湾"的断定性表述(作出判断或进行解释);(65b)句的"中国最大的岛屿"在句首为主题,整个句子是以"中国最大的岛屿"作为表述对象,"是+台湾"是对主题"中国最大的岛屿"的断定性表述(作出判断或进行解释)。(66a)和(66b)句的基本内容或意思也是一样的。但是(66a)句的"三仙姑"在句首为主题,整个句子是以"三仙姑"作为表述对象,"是+于福的老婆"是对主题"三仙姑"的断定性表述(作出判断或进行解释)。而(66b)句的"于福的老婆"在句首为主题,整个句子是以"于福的老婆"作为表述对象,"是+三仙姑"是对主题"于福的老婆"的断定性表述(作出判断或进行解释)。既然这类句子基本内容或意思是一样,为什么要颠倒主宾更换主题呢? 这是上下文的语境或篇章表达的需要决定的。比如"北京是中华人民共和国的首都"和"中华人民共和国首都是北京"基本意思一样,但是在一定的话语里是不能随便颠倒主宾更换主题的,请对比下面的(67)和(68):

(67)北京是中华人民共和国的首都,上海是中国最大的商业城市。如果说北京是中国的政治之都,那么上海就是中国的经济之都。

(68)第一百三十六条 中华人民共和国国旗是五星红旗。中华人民共和国国歌是《义勇军进行曲》。第一百三十七条 中华人民共和国国徽,中间是五星照耀下的天安门,周围是谷穗和齿轮。第一百三十八条中华人民共和国首都是北京。(《中华人民共和国宪法》第四章)

例(67)只能采用"北京是中华人民共和国的首都",如果说成"中华人民共和国首都是北京"就有问题;这是因为后面三个分句都是以城市名(北京、上海)为主题的,如果改变主题,就破坏了篇章中各个句子或分句之间的连贯性和并行性。例(68)"第一百三十八条"里只能采用"中华人民共和国首都是北京",如果说成"北京是中华人民共和国的首都"也有问题;这是因为《中华人民共和国宪法》第四章的第一百三十六条、第一百三十七条、第一百三十八条是叙述说明"中华人民共和国"的"国旗、国歌、国徽、首都"的,也就是说这几句分别以"中华人民共和国的国旗"、"中华人民共和国的国歌"、"中华人民共和国的国徽"、"中华人民共和国首都"为表述说明的对象,在上下文中形成一个名词中心语(国旗、国歌、国徽、首都)前具有相同定语"中华人民共和国"的并列形式。如果把第一百三十八条改为"北京是中华人民共和国首都",孤立地看似乎也能成立;但是第一百三十六条、第一百三十七条、第一百三十八条衔接起来看就破坏了叙述的并行性和连贯性。可见,在语境和篇章里具有等同关系的是字句的主语和宾语不能随意颠倒,用什么词语作主语或主题要根据上下文表达的需要。

3.3　是字句中宾语的语用意义

3.3.1　是字句的焦点

典型的是字句中的宾语置于"是"的后边。是字句中宾语在语用平面一般是句子的表达重心,即句子的自然焦点。[①]　宾语大多表示无定的事物,但也可以表示有定的事物。比如,在"李四是一个北京人"里,宾语"一个北京人"是无定的,在"北京是中华人民共和国的首都"里,"中华人民共和国的首都"是有定的。

具有等同关系的是字句的主语和宾语一般可以颠倒而句子的基本内容或意思不变,但是主宾颠倒以后句子的焦点变了。焦点是语用平面的意义,因此也可以说句子的语用意义变了。比较(67)、(68)中的两个句子:

　　A.北京是中华人民共和国的首都。

　　B.中华人民共和国的首都是北京。

上面例(A)和(B)句的基本内容或意思是一样的。但是这两个句子的焦点不一样:(A)句的"中华人民共和国的首都"在"是"后作宾语,是焦点;(B)句的"北京"在"是"后作宾语,是焦点。

3.3.2　宾语前置的语用意义

关系动词"是"后边一般要带宾语,但在一定的条件下,是字句"是"后宾语位置发生变异,宾语挪到了"是"的前边(宾语前置)。这是有条件的,大体有三种情形:

第一种,本是"是"后宾语的那个词语,作了前文动词的宾语或作了前文句子的主语,宾语承上隐含,当然不再出现。例如:

---

①　对比焦点和自然焦点有时不一致,是字句的对比焦点不一定在宾语上,如问:"在座的谁是北京人?"有人说:"李四是北京人"。在"李四是北京人"这个是字句里,焦点不是宾语"北京人",而是落在主语"李四"上。

(69)这叫无穷花,四十年前,朝鲜遍地都是。(杨朔)

(70)红叶就在高头山坡上,满眼都是。(杨朔)

这种句子是表示存在关系的是字句的变式。表示存在关系的是字句词语排列的结构特点是:"表处所的名词性词语＋是＋表事物的名词性词语"(记作"名_处＋是＋名_物")。上面两句如果用正式的表示存在关系的是字句表达,应当是:

(69')[四十年前],朝鲜遍地都是无穷花。

(70')高头山坡上[满眼]都是红叶。

由于(69)(70)两句里的"无穷花"和"红叶"在上文已经出现,在上文的烘托下分别承上省略了存在的事物"无穷花"和"红叶","是"字后面也就不再出现宾语。如果组成单句,就成了这样的句子:

(71)[四十年前]无穷花朝鲜遍地都是。

(72)高头山坡上红叶满眼都是。

上述句子的"是"后如果再带宾语,说成"无穷花朝鲜遍地都是无穷花"、"高头山坡上红叶满眼都是红叶",那就会使句子的宾语词语重复,成为画蛇添足的病句。

第二种,某些疑问句里,关系动词"是"的宾语有时可置于"是"的前边,后边宾语当然不再出现。例如:

(73)明天劳动节是吗?

(74)他北京人是不是?

在这样的句子里,"明天劳动节"和"他北京人"是提问的对象。现代汉语典型的是字句表示是非问有两种形式:一种是句末加疑问词"吗",另一种是关系动词"是"说成"是不是"。所以上面两句可以变换成:

(73')明天是劳动节吗?/明天是不是劳动节?

　　　　(74')他是不是北京人？/他是北京人吗？

在(73')、(74')这两句里,"是"后带有宾语,句子的提问的对象变了:"明天"、"他"变成提问对象了,焦点落在宾语上。那么(73)、(74)的疑问句里关系动词"是"的宾语为什么要置于"是"的前边呢？看来只能从语用表达上加以解释:一方面是把宾语所表事物当作主题,即宾语主题化的需要;另一方面句子的强调重点或焦点落在"是"或"是不是"上。

　　第三种,周遍性宾语句里,作宾语的代名词是表示任指或遍指,则也可置于关系动词"是"之前,后边也就不再出现宾语了。例如:

　　　　(75)甲问:他是团干部还是学生会干部？

　　　　　　乙答:他什么也不是,他是个群众。

(75)里的"他什么也不是"句中,"是"前有了宾语"什么","是"后就没有宾语。这是因为现代汉语中表示周遍性的词语作宾语一般要置于动词之前,如"我什么也不知道"、"他一个人都不认识"等。这是一条规则,是字句也不例外。

　　3.3.3　宾语省略的语用意义

　　在一定的上下文或对话环境中,关系动词"是"后的宾语可以省略。例如:

　　　　(76)敌人问他是不是八路,他说不是[八路]。(袁静)

　　　　(77)你们看老太爷吐出来的就是痰么？ 不是[痰]！ 一百个不是[痰]！ 这是白沫。(茅盾)

　　　　(78)贾政道:"这是爆竹吗？"宝玉答道:"是[爆竹]。"(《红楼梦》)

例(76)"是"后省略宾语"八路",例(77)"是"后省略宾语"痰",这两句省略的宾语在上文中已经出现过,所以是承上省略。例(78)"是"后省略宾语"爆竹",是对话省略。这种是字句省略宾语,是由于语用表达的需要:言语简洁,说话省力。如果补出宾语,句子虽也可以成立,但显得臃肿累赘。

3.4 是字句句中关系动词"是"的语用意义

3.4.1 "是"的引申意义

关系动词"是"在句子中表示"断定"意义,是一种典型的或基本的意义。此外,在一定语境里,还有引申意义。引申意义实际上是在一定的语境里出现的,所以也是一种语用意义(其中有些已经约定俗成,成为词汇意义)。这种引申意义主要有:

第一种,用于比喻。例如:

(79)一切反动派都是纸老虎。(毛泽东)

(80)这个人简直是盆火。(杨朔)

(81)草地,真是一个又大又好的露天餐厅。(初中《语文》)

(82)事实就是科学家的空气。(初中《语文》)

在语义上表示比喻关系的是字句的特点是:"是"一般可用"像"替换,例如"事实就是科学家的空气"可换说成"事实就像科学家的空气"。是字句改为"像"字句后,意义基本相同,只是比喻的类型不同:是字句是隐喻,"像"字句是明喻。明喻表明两事物并不"等同"或"同类"。比如"事实像科学家的空气",其主语"事实"和宾语"空气"根本是两回事。但由于"事实"对"科学家"而言是立身之本,科学研究基础是事实,没有事实,科学家就不可能得出科学的结论;而空气则是一个人的立命之本,没有空气,人就没法活。就是因为在"空气"和"事实"对人、对科学家的重要性上有相似点,才有"事实就像科学家的空气"这样的比喻。"事实"本身不是"空气",一般不能说"事实是空气";但是说成"事实是科学家的空气",就使"事实"和"空气"等同化或归类化。这种句子以"断定性"代替"比喻性",比明喻更进一步了。也就是说,用"是"比喻两事物之间的关系,就不仅表示宾语所表示的事物"像"主语所表示的事物,而且具有深一层的意义:宾语所表示的事物"是"主语所表示的事物。严格地说,这种句子在语用上具有"断定性+比喻性"的意义。

第二种,代替其他动词表示其他关系和意义。例如:

(83)我是一个儿子,一个女儿。(《现代汉语八百词》例)

(84)去年是水灾,收成不好。(叶圣陶)

(85)(这藤野先生)冬天是一件旧外套。(鲁迅)

(86)甲问乙丙夫妇:你们两位属什么(生肖)?

乙回答说:他是猪,我是狗。

这类是字句的主语和宾语之间不是"等同"、"归类"、"存在"关系,而是有其他一些意义和用法:或表示"领有",如例(83);或表示"发生"如例(84);或表示动作行为,如例(85)表示"穿着";或表示生肖的所"属",如例(86)。在这样的句子里,"是"实质上起代替某些动词的作用,因此这类句子的"是"往往可改用相应的其他动词,如例(83)的"是"可改成"有",例(84)的"是"可改成"发生",例(85)的"是"可改成"穿",例(86)的"是"可改成"属"。这样一改,句子基本意义还是一样的,但失去了判断的或肯定的意味。

3.4.2　"是"和"的"配合形成"是……的"的语用分析

关系动词"是"有时可与"的"配合构成"是……的"这样的固定格式,即形成"名词性词语+是+'X的'"句式。例如:

(87)这本书是我的。

(88)这房子是木头的。

(89)他穿的衣服是一件新的。

(90)两只苹果,弟弟拿的是大的,哥哥拿的是小的。

(91)我吃的鸡蛋是刚煮熟的。

(92)这些人都是来看热闹的。

例(87)、(88)句"是……的"中间是名词性词语,例(89)、(90)句"是……的"中间是形容词性词语,例(91)、(92)句"是……的"中间是动词性词语。这类句子"是"后部分从句法上分析可看作"的"字短语作宾语,从语义上分析也可以理解为"的"后隐含一个名物性的语义成分,例如:

(93)这本书是我的[书]。

(94)他穿的衣服是一件新的[衣服]。

(95)这些人都是来看热闹的[人]。

尽管可以这样理解,但一般毋需说出隐含的名物性词语。这类句子一般表示归类,跟"名+是+名"("他是学生"之类)基本相同。从语用上分析可以认为:"的"字短语作是字句的宾语或"的"后隐含一个名物性的语义成分,其目的是为了语用表达的简洁性。如果把"的"后隐含的语义成分补出,就显得画蛇添足。试看:

(93')? 这本书是我的书。

(94')? 他穿的衣服是一件新的衣服。

(95')? 这些人都是来看热闹的人。

值得注意的是,由关系动词演变过来的虚词"是"[①]也可构成"是……的"格式。例如:

---

① 虚词"是"是从关系动词"是"的"断定"意义引申过来的,在语用平面有表示强调肯定"是"后成分的意义,所以人们常把它看作焦点标记。

(96)沙漠是可以征服的。（竺可桢）

(97)刚才吴老同志的话，我是赞成的。（毛泽东）

(98)他心头是热辣辣的。（郑文光）

(99)你去吧，我是不去的。

这几个句子中的"是"是虚词，"是……的"不是对主语事物的断定性解释，而是分别表示对主语事物的评议、叙述和描写，"是"带有强调的口气。

虽然关系动词"是"和虚词"是"都能构成"名词性词语＋是……的"格式，句子表面上看来似乎没有区别，但是实际上还是可以区别开来的。区别方法是：

第一，否定形式不一样。关系动词"是"构成的"是……的"前边可以加上否定词，使句子成为否定句。例如：

(100)这本书是我的。——这本书不是我的。

(101)这房子是木头的。——这房子不是木头的。

(102)他穿的衣服是一件新的。——他穿的衣服不是一件新的。

而虚词"是"构成的"是……的"前边不能加否定词。例如：

(103)沙漠是可以征服的。——? 沙漠不是可以征服的。

(104)刚才吴老同志的话我是赞成的。——? 刚才吴老同志的话我不是赞成的。

(105)他心头是热辣辣的。——? 他心头不是热辣辣的。

这类句子有的内部也可用否定词，如果要用，否定词通常在"是……的"之中，即在"是"的后面，但意义已完全改变了，变成对否定叙述或否定评议的肯定。例如：

(106)你的话我是赞成的。——你的话我是不赞成的。

(107)你是应该去的。——你是不应该去的。

(108)他是应当这样说的。——他是不应当这样说的。

也有些"是……的"构成的句子有两种否定形式，例如"老王是戴眼镜的"可以说成"老王不是戴眼镜的"、"老王是不戴眼睛的"。这就是说，这种句子有两种可能的分析：否定词在"是"前的属于否定性解释句，否定词在"是"后的属于肯定性的叙述句。选择哪一种分析，要由上下文来决定的。

第二，关系动词"是"构成的"是……的"句式中，"是"和"的"一般不能同时省去，省去了往往不通。例如：

(109)这本书是我的。——＊这本书我。

(110)这房子是木头的。————＊这房子木头。

(111)他穿的衣服是一件新的。——＊他穿的衣服一件新。

但虚词"是"构成的句式里，"是"和"的"常可同时省去而基本意义不变，只失却了强调的口气。例如：

(112)沙漠是可以征服的。——沙漠可以征服。

(113)他心头是热辣辣的。——他心头热辣辣。

(114)他是应当这样说的。——他应当这样说。

3.4.3　"X是X"的语用分析

有些是字句主语和宾语是同一个词语，构成"X是X"格式，例如：

(115)张三是张三，李四是李四，别把他们混在一起。

(116)往年是往年，今年是今年，不会年年一样。

(117)你是你，我是我，我们井水不犯河水。

(118)他演得真好，眼神儿是眼神儿，身段是身段，做派是做派。

（119）事实总是事实，那是否认不了的。

（120）这东西啊，好是好，只是太贵，买不起。

（121）我们对这件事进行了调查。调查是调查了，只是还没调查出个结果。

（122）意见嘛，有是有，但是不想说。

"X是X"格式的是字句里，作为X，词语的性质多种多样，有的是名词，如例（115）、（116）、（118）、（119）；有的是代名词，如例（117）；有的是形容词，如例（120）；有的是动词，如例（121）、（122）。这些句子的主语和宾语所指等同，但和"中华人民共和国的首都是北京"的是字句的等同关系不完全一样：首先，后者表示等同关系的词语形式是不一样的，而这种句子表示等同关系的词语形式是一样的；其次，后者一般可以单独成句；而且通常以分句对举的形式出现；再次，后者句式主要的语用意义是表示断定性的解释，而这种句子除了表示断定以外，还附加有其他意义：或强调X和X的绝然不同，不可相混，如例（115）、（116）、（117）；或表示说话算数、做事认真，不含糊，如例（118）；或强调事实的客观性，如例（119）；或在复句中表示让步、转折等关系，如例（120）、（121）、（122）。表示这些意义时的"X是X"往往做句子的谓语。还有一种"V＋X＋是＋X"格式，例如：

（123）你别多想了，过一天是一天吧！

（124）我们急也没用，只能走一步是一步了。

（125）吃一口是一口，能吃多少是多少。

这种句子里的"V"是动词，"X"表示数量，"X是X"格式常充当句子的谓语，除了表示断定以外，还附加有"发生什么数量就是什么数量"的意思。这种句子的"是"前有时可以加上"就",如"吃一口就是一口,能吃多少就是多少"。

主要参考文献:

丁声树等(1961)《现代汉语语法讲话》第 86—87 页,商务印书馆。

范　晓(1980)《"是"字句的修辞用法》,《语文学习》第 5 期。

范　晓(1980)《略论断词》,《复旦学报》(增刊)。

范　晓(1983)《"是"字句的提问形式》,《语文学习》第 6 期。

范　晓(1991)《动词的"价"分类》,《语法研究和探索》(5),语文出版社。

范　晓(1996)《三个平面的语法观》,北京语言学院出版社。

范　晓(1996)《同音同形的"是"的分化》,《辞书研究》第 2 期。

胡裕树、范 晓(1994)《动词形容词的"名物化"和"名词化"》,《中国语文》第 2 期。

刘月华等(1983)《实用现代汉语语法》,外语教学与研究出版社。

吕叔湘(1979)《汉语语法分析问题》,商务印书馆。

吕叔湘主编(1980)《现代汉语八百词》,商务印书馆。

朱德熙(1982)《语法讲义》,商务印书馆。

第二章　把字句*

　　"把"字句指谓语为"（介词'把'＋宾语）＋谓词性词语"构成的句子。"把"字句是以特征字"把"命名的。（为简便起见，下面把"'把'字句"简化为把字句）。先看例句：

　　　　武松把老虎打死了。

　　　　黄狗把小花猫咬伤了。

　　　　台风把大树刮倒了。

把字句的基本构造分为三部分：前段、中段、后段。前段指谓语前的部分，一般是名词性词语，如上面例句中的"武松"、"黄狗"、"台风"。中段指谓语中的"把＋宾语"（作"把"后宾语的一般是名词性词语），如上面例句中的"老虎"、"小花猫"、"大树"。后段指把字短语（"把"＋宾语）后面的部分，一般是谓词性词语，如上面例句中的"打死"、"咬伤"、"刮倒"。如果把名词性词语记作 NP，谓词性词语记作 VP，典型的把字句可以记作：$NP_1 ＋（把＋NP_2）＋VP$。其中 NP_1 表示前段主语位置上的名词性词语，NP_2 表示中段"把"后宾语位置上的名词性词语，VP 表示后段作谓语中心的动词性词语。

_____

　　* 本文曾以《动词的配价与汉语的把字句》为名发表于《中国语文》2001 年第 5 期，后被转载于人大资料中心《语言文字学》2001 年第 11 期。收入本书时文字上有所修改。

从句法平面分析,把字句句型是状心短语(状语[把＋宾语]＋中心语[动词性词语])作谓语的主谓句。如果把动词性词语记作 VP,主语记作 S,宾语记作 O,则典型的把字句句型是:S(把＋O)＋VP。主语 S 由 NP_1 充当,"把"后宾语 O 由 NP_2 充当,VP是谓语中心,由动词性词语充当。VP 有的是一个动词,如"汽车把他撞了";有的是两个以上的动词,如"汽车把他撞伤了"。如果谓语中有两个动词,通常一个是主要动词,另一个是次要动词,主要动词和次要动词构成动补结构的短语(如"汽车把他撞伤了"里"撞"为主要动词,"伤"为次要动词,"撞伤"为动补结构的短语)。

把字句的生成与动词的配价密切相关。配价语法强调动词是句子的中心[①]。笔者认为动词的配价与句子的生成有极其密切的关系,要生成(编码)或理解(解码)一个句子,关键在动词。由动词为核心组成的动核结构(或称"谓核结构")是生成句子的基底,任何句子都是运用语法手段让动核结构与一定的句法结构结合成句模并给以某种语用价值生成的(范晓 1996)。所以,要研究动词生成把字句的机制或理解把字句的基本思想,关键问题是研究动词配价与把字句的关系。

并不是所有动词都能构成把字句,这是众多研究者的共识。但在"哪些动词能组成把字句、哪些不能组成把字句"这个问题上,人们的说法不尽一致:有的说表处置性质的动词才能用于把字句(王力 1943,赵元任 1979);有的说"把字句的动词必须是表示动作

---

① 这里说的动词是指"广义动词"(即谓词),包括一般语法书上说的动词和形容词。

的及物动词"(马真 1981);有的说"能进入'把'字句的动词是动态动词……静态动词则不行"(崔希亮 1995);有的说不能用于把字句的动词"大部分为非自主动词"(金立鑫 1997)。尽管有的论断讲得太绝对,有的只是罗列现象,但还是有所发现的。尽管研究动词构成把字句的规律有一定难度,然而不能由此忽视研究把字句的动词,因为动词"是句子的中心、核心、重心,别的成分都跟它挂钩,被它吸住"(吕叔湘 1987),所以在已有成果的基础上加深对把字句动词的研究很有必要。

本章着重探讨动词配价组成把字句句式的一些规律兼及把字句的某些相关的语义和语用问题。

1. 把字句的动词

1.1 动词的分类

动词可从不同的角度来分类,主要有三种:一是根据它的句法功能来分类,可分为及物动词和不及物动词两大类(下面还可以分为若干小类);二是根据它的语义特征来分类,可分为动作动词(包括动作动词和行为动词)、经验动词、性状动词(包括状态动词和形容词)、关系动词四类;三是根据它联系的动元(动词所联系的强制性语义成分)的数量来分类,即动词的"价"分类,可分为一价动词、二价动词和三价动词三类。这三种分类与把字句都有关系,但从动词配价对把字句的生成的角度来说,本章更关心的是动词的"价"分类,另两类将结合动词的"价"分类来加以说明。为了说清动词的类别和把字句的关系,先将动词的配价系统作扼要的说明。

1)一价动词有:动作动词(包括无客动词和准客动词)、性状动词(包括状态动词和形容词)、趋向动词。无客动词指没有客体的动作动词,如"休息、咳嗽"等;准客动词指自身能分裂出客体的一种离合动词,如"洗澡、睡觉"等;状态动词指表示事物状态的动词,如"醉、倒塌"等;形容词指表示事物性质或属性的形容词,如"高、聪明"等;趋向动词指表动作趋向的动词,如"起来、下去"等。

2)二价动词有:动作动词(包括及受动词、结果动词、致使动词、定位动词、互向动词、针对动词)、经验动词(包括心理动词、感知动词和遭受动词)、关系动词。及受动词如"吃、看"等,结果动词如"造、织"等,致使动词如"美化、振兴"等,定位动词如"到、在"等,互向动词如"结婚、约会"等,针对动词如"求婚、看齐"等,经验动词如"喜欢、知道、看见、遭遇"等,性状动词如"陌生、生疏"等,关系动词如"是、属于"等。

3)三价动词有:针对动词、置放动词、使令动词、互向动词。针对动词如"转交、讨还"等,置放动词如"放、搁"等,使令动词如"派、强迫"等,互向动词如"商量、交换"等。

1.2　把字句的谓语中心词

如果把字句谓语里只有一个动词,则该动词就是谓语中心词;如果把字句谓语由两个或两个以上的动词构成的动词短语充当的,则该动词短语中主要动词是谓语中心词。

1)一价动词作把字句的谓语中心词,例如:

(1)要小心,别把那个犯人跑了。

(2)这天气把她冻得够呛。

(3)这点酒就把他醉倒了。

(4)他们把简单问题复杂化了。

(5)这活儿可把他累坏了。

(6)这件事把他忙了一阵子。

把字句中谓语中心词为一价动词的较少,主要有三种:一种是不及物的动作动词,如例(1)(2)中的"跑、冻";一种是状态动词,如例(3)(4)中的"醉、复杂化";一种是形容词,如(5)(6)中的"累、忙"。大部分一价动词不能作把字句的谓语中心词,能进入把字句作谓语中心词的一价动词的条件是:能带使事宾语(有使动用法),不能带使事宾语的一般不能作把字句的谓语动词;组成把字句时,"把"后的宾语表示使事。比较:

　　a.别跑了犯人←→别把犯人跑了 ‖ 累了他←→把他累了

　　b.睡了个人←→*把个人睡了 ‖ 倒塌了一间房子←→*把一间房子倒塌了

上面的"跑、累"符合条件,可进入把字句;"睡、倒塌"不符合条件,就不能进入把字句。

　　2)二价动词作把字句的谓语中心词,例如:

(7)张三把李四批评了。

(8)他把房间收拾干净了。

(9)他把那东西扔了。

(10)我把杂草铲除了。

(11)她把你恨死了。

(12)我把这件事忘了。

把字句谓语中心词为二价动词的最多,主要是及物的自主的二价动作动词,如例(7)至(10)中的"批评、收拾、扔、铲除";个别及物心理动词也能作把字句的谓语中心词,如例(11)(12)中的"恨、忘"。二价的定位动词、互向动词、针对动词、经验动词、性状动词、关系动词一般不能作把字句的谓语中心词。

　3)三价动词作把字句的谓语中心词,例如:

　　(13)我把那本书给资料室了。

　　(14)他昨天就把这好消息告诉我了。

　　(15)我要把这件事跟他商量一下。

　　(16)公司派他去广州了。

　　(17)他把你称作财神。

　　(18)你把书放桌上吧。

把字句中谓语中心词为三价动词也不少,主要是及物的自主的三价动作动词,细分有六类:一是"给予"类,如例(13)中的"给";二是"告诉"类,如例(14)中的"告诉";三是"互向"类,如例(15)中的"商量";四是"使令"类,如例(16)中的"派";五是"认定"类,如例(17)中的"称作";六是"放置"类,如例(18)中的"放"。"取得"类("接到、收受"等)三价动词一般不能作把字句的谓语中心词。

　4)动介结合体出现在把字句的谓语中心词位置上,例如:

　　(19)他把字写在黑板上。

　　(20)他把老王护送到车站。

　　(21)司机把这些货物运往南京。

　　(22)良英把小船划向湖中。

　　(23)老师把知识传授给学生。

　　(24)小摊贩把劣质商品卖给顾客。

上述把字句中的"把+名"后是个述宾短语,作述语的"写在、护送到、运往、划向、传授给、卖给"等是一个"动介结合体",它不是一个短语,可以看作一个相当于动词的"语法词"。[①] 这些"动介结合体"的配价功能相当于三价动词。

1.3　把字句谓语中的次要动词

有些把字句"把+名"的后面是个述补短语或连动短语等。这些动词性短语都由两个或两个以上的动词构成,在前的动词是谓语中心词,也就是主要动词,在后的动词为次要动词,如"把敌人打败了"中"打"是主要动词,"败"是次要动词。

1)一价动词作把字句谓语中的次要动词,例如:

(25)树枝把我的衣服刺破了。

(26)孩子的哭声把大家吵醒了。

(27)张老师把她的学生都带进来了。

(28)他们把粮食都交出来了。

(29)她把眼睛都哭肿了。

(30)你把这件事说得严重了。

把字句的次要动词主要是一价动词,有三种:一种是状态动词,如例(25)(26)中的"破、醒";一种是趋向动词,如例(27)(28)中的"进来、出来";一种是形容词,如例(29)(30)中的"肿、严重"。

2)二价动词作把字句谓语中的次要动词,例如:

(31)他把我气得吐血。

(32)他把窗帘拉上避阳光。

(33)经理把他派往北京做推销员。

---

① 　关于动介结合体,也称"动介组合体",可参看范晓(1998)《动介组合体的配价问题》,《现代汉语配价语法研究》第二辑,北大出版社。

(34)他把面揉成馒头。

(35)我把他看为知已。

(36)四周的山把山谷包围得像一口井。

能作把字句次要动词的二价动词很少,主要有两种:一种是动作动词,如例(31)(32)(33)中的"吐、避、做";另一种是关系动词,如例(34)(35)(36)中的"成、为、像"。

　3)动词性固定短语出现在把字句次要动词的位置上,例如:

(37)老李把小张批评得一无是处。

(38)我们把敌人打得落花流水。

(39)他把剧中的人物演得活龙活现。

(40)孩子吵得妈妈心烦意乱。

　在上述谓语动词带"得"的把字句中,"得"后次要动词位置上出现的都是固定短语,其语法功能相当于一价动词中的状态动词或形容词。

1.4　动词构成把字句的其他条件

　动词的语义特征往往影响到动词能否组成某种把字句。如语义特征上有"损除(损失、去除)"义的动词带上语气词"了"一般能组成把字句,如"损除"义动词"丢、卖、退"能说成"把钢笔丢了、把衣服卖了";而有"益加(增益、添加)"义的动词一般不能组成把字句,如"益加义"动词"拾、买"就不能说成"把钢笔拾了、把衣服买了"。

　补语位置上的动词 V_2 的语义指向也会影响到把字句能否成立。以动词"砍"进入动结式把字句为例,可以有"把树砍倒了、把刀砍折了、把碗砍碎了、把人砍伤了、把野兽砍死了、把绳子砍断了、把桌子砍坏了、把我砍累了"等。这些把字句中"把"后的名词有的是受事,有的是施事,有的是工具;受事里有的是有生命的,有的是无生命的。由于这些"把"后名词的语义身份和所指物性质的差异,决定了上述把字句里的 V_2 不能互相替换,如果替换一下,说成"把树砍累了、把刀砍倒了、把绳子砍死了、把桌子砍伤了、把野兽砍碎了"等,就不能成立。又如"我们打败了敌人",可变换成把字句"我们把敌人打败了";但"我们打胜了敌人",却不能变换成"我们把敌人打胜了",原因也是语义指向上的问题。

2. 把字句的语义结构

2.1 动核结构

动核结构是由两个或两个以上的语义成分构成的。动核结构里,动词所表现的动核是动核结构的核心成分,动核所联系的动元和状元是围绕动核的成分,其中动元是动核的内围成分,它和动核组成基干动核结构,状元是动核的外围成分,它附加在基干动核结构上可组成扩展动核结构。比如"我把文章修改了"中,"我修改文章"是个基干动核结构,其中"修改"是动核,"我、文章"是动元;如果加上状元"昨天、图书馆",说成"我昨天在图书馆把文章修改了",就成为扩展动核结构。

把字句都是由动核结构组成的,有些把字句由一个动核结构组成,如"学校把他开除了"(学校开除他);有些把字句由两个动核结构组成,如"小王跑累了"(小王跑+小王累);还有些把字句由两个以上的动核结构组成,如"老李把碗拿出来砸碎了"(老李拿碗+老李砸碗+碗碎)。

2.2 语义角色

由于动核的语义性质不同,它所联系的动元和状元的语义身份也不一定相同,所以在研究把字句的动核结构时仅仅研究动词的价类还是不充分的,还得研究动核结构内部扮演动核、动元、状元的各种语义身份或语义角色①。

扮演动核的语义角色有 4 种:(1)动作核,指动作动词表现的动核;(2)经验核,指经验动词表现的动核;(3)性状核,指性状动词表现的动核;(4)关系核,指关系动词表现的动核。

扮演动元的语义角色主要有三类 13 种:

三类是:主事(指动词联系的主体动元),客事(指动词联系的客体动元),与事(指动词联系的与体动元)。

主事有 4 种:(1)施事(指动作动词联系的主事),(2)经事(指经验动词联系的主事),(3)系事(指性状动词联系的主事),(4)起事(指关系动词联系的主事)。

客事有 7 种:(1)受事(指动作动词联系的客事),(2)成事(指结果动词联系的客事),(3)使事(指致使动词联系的客事),(4)位事(指定位动词联系的客事),(5)补事(指使令动词联系的客事),(6)涉事(指经验动词联系的客事),(7)止事(指关系动词联系的客事)。

与事有 2 种:(1)当事,指针对动词联系的与事;(2)共事,指互向动词联系的与事。

2.3 把字句的句模

2.3.1 动核结构和句模②

动核结构是生成句子的基底。把字句里的动核结构和句法结

---

① 关于语义身份或语义角色,可参看范晓(1991)《动词的"价"分类》,《语法研究和探索》(5),语文出版社;范晓(2003)《说语义成分》,《汉语学习》第 1 期。

② 关于动核结构和句模,可参看范晓(1996)《动词的配价与句子的生成》,《汉语学习》第 1 期;范晓(1995)《句型、句模和句类》,《语法研究和探索》(7),商务印书馆。

构结合就形成把字句句模。由一个动核结构组成的句模称作单动核句模,由多个动核结构组成的句模称作多动核句模;多动核句模中由两个动核结构组成的句模称作双动核句模,由三个动核结构组成的句模称作三动核句模。两个以上的动核结构组成的句模,动核结构之间有一定的语义关系。就"主语+(把+名)+述补短语"构成的双动核句模来说,两动核结构间有致使关系(作述语的动词记作 V_1,作补语的动词记作 V_2,致使关系记作→→)。这种致使关系的形式可分两种:

第一种,"(把+名)+V_1V_2 式"。V_1V_2 为动结式短语或动趋式短语,V_1 是施事发出的动作,补语 V_2 说明 V_1 动作发出后致使受事或施事产生的结果或趋向。有的主语是施事词语,V_2 在语义上指向动作的受事,如"武松把老虎打死了"(武松打老虎→→老虎死);有的主语是受事词语,V_2 在语义上指向施事,如"这篇文章把我写苦了"(我写文章→→我苦)。

第二种,"(把+名)+V_1 得 V_2"式。动词 V_1 后附加"得"再带 V_2 补语。V_1 是施事发出的动作,补语 V_2 描写 V_1 动作发出后致使受事或施事产生的情状。有的主语是施事词语,V_2 在语义上指向动作的受事,如"我们把敌人打得大败"(我们打敌人→→敌人大败);有的主语是受事词语,V_2 在语义上指向施事,如"这事把他激动得流泪了"(这事激动他→→他流泪)。

"这篇文章把我写苦了"、"这事把他激动得流泪了"这样的把字句,"把"后的名词表使事,这类句子中的"把"可用"使"替换,如上面的句子可说成"这篇文章使我写苦了"、"这事使他激动得流泪了"。

2.3.2 一价动词为谓语中心词组成的把字句句模

一价动词为谓语中心词组成的把字句句模主要有以下 3 种:

1)施事＋使事＋动作核。如"你别把犯人跑了",这是由动作动词组成的单动核句模。

2)施事＋使事＋性状核。如"他把问题简单化了",这是由性状动词组成的单动核句模。

3)施事＋使事＋性状核→→系事＋性状核。如"这活儿把他累垮了"、"这点酒就把他醉倒了",这是由性状动词组成的双动核句模。

2.3.3　二价动词为谓语中心词组成的把字句句模

二价动词为谓语中心词组成的把字句句模主要有以下 10 种:

1)施事＋受事＋动作核。如"你把那个菜吃了"、"他们已经把货物卖了",这是由动作动词组成的单动核句模。

2)施事＋成事＋动作核。如"他把洞挖好了"、"我们把合同签订了吧",这是由动作动词为主要动词组成的单动核句模。

3)施事＋使事＋动作核。如"他把事实颠倒了"、"工业废水把河流都污染了",这是由动词使动用法组成的单动核句模。

4)施事＋受事＋动作核→→系事＋性状核。如"我们把敌人打败了"、"她把孩子打扮得很漂亮",这是由动作动词为主要动词、性状动词为次要动词组成的双动核句模。

5)施事＋成事＋动作核→→系事＋性状核,如"工人们把隧道挖通了"、"他们把洞挖得很深",这是由动作动词为主要动词、性状动词为次要动词组成的双动核句模。

6)施事＋受事＋动作核→→施事＋动作核＋位事。如"我把他拉上山冈"、"他把球踢入球门里",这是由动作动词为主要动词、定位动词为次要动词组成的双动核句模。

7)施事＋受事＋动作核→→起事＋关系核＋止事。如"他把面揉成了馒头",这是由动作动词为主要动词、关系动词为次要动词组成的双动核句模。

8)施事＋成事＋动作核──→起事＋关系核＋止事。如"他把洞挖得像口井",这是由动作动词为主要动词、关系动词为次要动词组成的双动核句模。

9)施事＋动作核＋使事──→施事＋动作核。如"他把老师请过来了",这是由致使动词为主要动词、趋向动词为次要动词组成的双动核句模。

10)施事＋动作核＋使事──→起事＋关系核＋止事。如"人们把他称呼为及时雨",这是由致使动词为主要动词、关系动词为次要动词组成的双动核句模。

2.3.4　三价动词为谓语中心词组成的把字句句模

三价动词为谓语中心词组成的把字句句模主要有以下 8 种:

1)施事＋受事＋动作核＋当事。如"公司把一套房子奖给他了"、"他把这个好消息告诉我了",这是由给予义、言说义针对动词组成的单动核句模。

2)施事＋受事＋动作核──→施事＋动作核。如"他把东西讨过来了"、"我把那套书买回来了",这是由取得义针对动词为主要动词、趋向动词为次要动词组成的双动核句模。

3)施事＋受事＋当事＋动作核。如"我把这些情况向上级报告了"、"他把自己的心情向我表白了",这是由言说义针对动词组成的单动核句模。

4)施事＋当事＋动作核＋受事。如"人们把北京称为文化城"、"我们把三个平面的语法简称三维语法",这是由称呼义针对动词组成的单动核句模。

5)施事＋受事＋动作核＋补事。如"他们把张老师请过来了"、"领导上把他派去买原材料",这是由使令动词组成的单动核句模。

6)施事＋受事＋动作核＋位事。如"他把书放到书橱里去了"、"我把那幅油画挂在墙上",这是由置放动词组成的单动核句模。

7)施事＋受事＋动作核。如"我们把个问题讨论讨论"、"你们把这件事商量一下",这是由互向动词组成的单动核句模。

8)施事＋受事＋共事＋动作核。如"我把这件事再跟他商量商量吧",这也是由互向动词组成的单动核句模。

3. 把字句的句式

3.1 动词、动核结构与句式

把字句可根据谓语的内部结构特征分成若干句式。并不是任何动词都能进入把字句,即使能进入把字句的动词,也并不是都能进入把字句的任何句式;而且,各种句式的动核结构情况也不一样。因此,研究动词配价与把字句的关系,就得研究动词、动核结构与把字句各种句式的关系。

现代汉语的把字句的句式,概括起来主要有 10 种:

1)光杆动词式把字句:把这个提议取消　把两眼紧闭　把敌人歼灭

2)动体式把字句:把个凤丫头病了　把信寄了　把日子误了

3)动结式把字句:把敌人打败了　把大树刮倒了　把球踢飞了

　　4)动趋式把字句:把信寄出去　把话说出来　把水提上来

　　5)动介式把字句：　把书放在桌上　把钱上交给国家　把船划向湖心

　　6)动宾式把字句:把鞋穿了个窟窿　把大门上了闩　把衣服包了个包袱。

　　7)动得式把字句:把门关得紧紧的　把敌人打得大败　把地基夯得很结实

　　8)动量式把字句:把这书看了两遍　把工作放一下　把东西收拾收拾

　　9)动副式把字句:把你想死了　把小英恨透了　把南京城跑遍了

　　10)状动式把字句:把头一扬　把东西乱扔　把他朝后推

　　3.2　光杆动词式把字句

　　光杆动词式把字句,指"把+名"后是光杆动词(动词前后无任何附加成分)的句子。例如:

　　(41)你别把简单的事情复杂化。

　　(42)我不听你的话,你能把我怎么样!

　　(43)我们一定能把这股敌人消灭。

　　(44)把入学标准降低,为的是多招些学生。

　　(45)我建议大会把这个提案取消。

　　(46)我出了家门把车上,一头撞上了老大娘。

这种句子含有一个动核结构,属单动核句模。光杆动词式把字句很少。光杆动词作把字句的谓语通常要有一定的语境:有的是"把"前有表祈使的词语,如例(41)中的"别";有的是"把"前有评议性词语,如例(42)(43)中的"能";有的是把字句为复句中的分句,如例(44);有的是"(把+名)+V"组成短语在句子里作某个句法成分,如例(45);有的只能出现在曲艺或诗歌等文艺作品里,如例(46)。进入光杆动词式把字句的动词大多是二价动作动词;从音节上看,大多是多音节动词。

3.3 动体式把字句

动体式把字句,指"把+名"后是"动词+表'体'的动态助词('了、着、过'等)"构成的句子。动体式把字句中,"动词+了"较多。例如:

(47)要小心,别把个犯人跑了。

(48)他们把牦牛杀了。

(49)他已经把酒戒了。

(50)工厂把他解雇了。

(51)他把这件事忘了。

(52)战士们把敌人的武装解除了。

这种把字句含有一个动核结构,属单动核句模。句中动词后附着的"了"表完成态(或实现态)。出现在这种句式中的动词大多是二价动词,一价动词很少。除"动+了"式外,还有其他动体式把字句,例如:

(53)他把嘴张着。

(54)我曾把这篇文章研究过。

(55)我们把实验室建立起来了。

(56)你把文章念下去!

(57)雄伟的红门把山挡住了。

(58)他把大门关上了。

(59)工人们把大桥修好了。

(60)我已把他找着了。

这些句子的谓语动词后也附着有动态助词。有的表持续态(或进行态),如例(53);有的表经历态,如例(54);有的表开始态,如例(55);有的表继续态,如例(56);有的表结果态①,如例(58)至(60);进入上述各种动体式动词,大多是二价动作动词。

3.4　动结式把字句

动结式把字句,指"把＋名"后是动结式动补短语的句子。例如:

(61)我们把敌人打败了。

(62)他把电话打通了。

(63)洪水把幼苗淹死了。

(64)大火把天空和大地照红了。

(65)我们把野菜洗干净了。

(66)李惠把爸爸摇醒了。

(67)这些话把我听厌了。

(68)那些事把我的心都搞乱了。

这种把字句含有两个动核结构,属双动核句模,两动核结构之间有致使关系。动结式中主要动词一般为二价动作动词,表实在的动作;次要动词多为形容词和状态动词,表动作致使的结果。

3.5　动趋式把字句

动趋式把字句,指"把＋名"后是动趋式动补短语的句子。例如:

---

①　上面把字句里动词后的"好、上、住、着(zhao)"等已经虚化,这类词实际上已成为表"结果态"(着落义)的动态助词。参看范晓(1986)《略论 V－R》,《语法研究和探索》(3),北京大学出版社。

(69)他把儿子带进来了。

(70)我把钱送过去了。

(71)他们把羊群放出去了。

(72)祥子把骆驼拉起来了。

(73)他把军衣脱下来了。

(74)我把水桶提上来了。

(75)她把手缩回去了。

(76)母亲把我拉回来。

这种把字句含有两个动核结构,属双动核句模,两动核结构之间有致使关系。动趋式中主要动词为二价或三价动作动词,表实在的动作;次要动词为趋向动词,表动作致使的趋向。有的动趋式短语后可再带宾语,例如:"他们把粮食藏进仓库了"。

3.6　动介式把字句

动介式把字句,指"把+名"后是"动介结合体"的句子。动介结合体有"V给、V在、V到、V往、V向"等,后面再带位事宾语。例如:

(77)我把这任务交给您。

(78)我把我的鸽子送给你。

(79)两位小姐把老太爷夹在中间。

(80)他把书放在桌子上。

(81)她把花插到花瓶里。

(82)他们把目光投向海外市场。

(83)他把船划向湖心。

(84)小王把汽车开往杭州。

这种把字句含有一个动核结构,属单动核句模。动介式中介词前的动词大多是二价动作动词,也有三价动作动词。动词后的介词有两种:一种是表示"定位",如"在、到、往、向","V在、V到、V往、V向"相当于二价动词;另一种是表示"给予",如"给","V给"相当于三价动词。

3.7　动宾式把字句

动宾式把字句,指"把+名"后是动宾短语的句子。例如:

(85)他把老王的事迹写了篇报道。

(86)他把衣服包了个包袱。

(87)小山把济南围了个圈儿。

(88)他把这块地种了棉花。

(89)战士们把枪上了子弹。

(90)他把泥土捏了个泥人。

(91)我把礼品给朋友了。

(92)我把这好消息告诉了他。

这种把字句含有一个动核结构,属单动核句模。句中谓语中心词大多是二价动作动词,也有三价动作动词。二价动词组成的句子里,有的"把"后是受事,动词后宾语表成事,如(85)(86)(87);有的"把"后是处所或材料,动词后宾语表受事或成事,如(88)(89)(90)。三价动词组成的句子里,"把"后是受事,动词后宾语表与事,如(91)(92)。

3.8　动得式把字句

动得式把字句,指"把+名"后是"(动词+得)+补语"的句子。例如:

(93)夕阳把草原映得光辉灿烂。

(94)发青的酥油草把牛羊养得圆滚滚的。

(95)他把房子打扫得干干净净。

(96)劳动者的力量把大地改变得多美!

(97)中药汤把他苦得直想呕吐。

(98)他把这篇文章背得滚瓜烂熟。

(99)老冯把大家团结得像一个人。

(100)他把我恨得要命。

动得式把字句大多含有两个动核结构,属双动核句模,两动核结构之间有致使关系。动得式中谓语中心词 V_1 一般为二价动作动词,也有状态动词或心理经验动词,如(97)中的"苦"和(100)中的"恨",它们表致使的动作(或性状);"得"后补语多为动词性短语,表 V_1 动作(或性状)发生后引出的情状。少数含有一个动核结构,属单动核句模,如例(100)。

3.9 动量式把字句

动量式把字句,指"把+名"后是"动词+动量补语"的句子。例如:

(101)你把衣袋翻一遍!

(102)他把钱数了几遍。

(103)你把我吓了一跳。

(104)这件事把他忙了一阵子。

(105)我们要把这件事研究研究。

(106)你把桌子擦擦!

(107)我来把事情经过说一说。

(108)你把这本书看一看!

动量式可分为三种:一种是"V(了)数量"式,即用动词后带动量短语的形式来表示动量,如(101)至(104);另一种是"VV"式,即用动词重叠的形式来表示动量,如(105)(106);再有一种是"V—V"式,即两个动词重叠,在它们中间加"一"的形式来表示动量,如(107)(108)。这种把字句含有一个动核结构,属单动核句模。句中谓语中心词大多为动作动词,但也有少数性状动词出现,如例(103)和(104)中的"吓、忙"。

3.10　动副式把字句

动副式把字句,指"把+名"后是"动词+副词"的把字句。例如:

(109)这件事把我急死了。

(110)这样待我,真把我气死了。

(111)这几天可把我忙死了。

(112)你可把我想死了。

(113)他把整个上海都跑遍了。

(114)他把小英恨透了。

这种把字句含有一个动核结构,属单动核句模。句中的谓语中心词大多为状态动词,如"急、气、忙、吓"之类;也有少数表心理活动的经验动词,如"爱、恨"之类;还有个别动作动词,如"跑、走"之类。附加在动词上的副词常见的有"死、透、遍"等,用来表示动作的程度。

3.11　状动式把字句

状动式把字句,指"把+名"后是"状语+动词"的句子。例如:

(115)他就把书一放,挑水或放牛去了。

(116)他把腿一蹬,就跨上马背了。

(117)我把抹布一擦,污迹就去除了。

(118)张三把心一横,跟李四断交了。

(119)老人把孙儿向自己身边拉。

　　(120)他把钱往衣袋里塞。

　　(121)他把刀在石头上砍。

　　(122)他把垃圾乱扔。

状动式把字句中的状语是一种完句成分,没有它,句子就不能成立,如(115)至(118)的状语"一",表示动作发出时既迅速又短暂,这种把字句后面必有后续句,句中谓语中心词大多是表身体动作活动的动作动词,也有少数状态动词,如(118)中的"横";"把"后的名词有的表身体的某个部分,有的表具体事物。(119)(120)(121)中的状语是由介词短语充当的,表示动作发生的处所;这种状动式把字句可以变换成动介式把字句,如:他把刀在石头上砍→他把刀砍在石头上。(122)中的状语由形容词充当表示动作的情状。这种把字句由一个动核结构组成,属单动核句模;句中的谓语中心词一般为及物的动作动词。

4. 把字句的语用意义

　　把字句的句式意义就是把字句的语用意义。把字句的句式意义体现在把字句中的"把+名"和它后面"动词"的关系上。这种意义有两种:一种是处置意义,即"处置名物以某种 V";另一种是使动意义,即"致使名物以某种 V"。这两种语用意义是有联系的,使动意义是处置意义的引申。根据处置义和使动义这两种语用意义,把字句可以分为处置句和使动句两种:

　　1)处置句。关于处置的含义,有种种说法:有的认为处置是指一种有意识的行为,即把人怎样安排、怎样支使、怎样对付,或把物怎样处理,或把事情怎样进行(王力 1943)。有的认为处置"应理解为句中谓语动词所代表的动作对'把'字引介的成分施加某种积极的影响"(宋玉柱1991)。我们认为,处置的含义是:主语的"所指"①给"把"后名词的"所指"处置以某种动作。这种动作一般是有意识的,但也可以是无意识的,可以是积极的,也可以是不积极的。处置义把字句的特点是:"把"后名词一般表受事,句中的"把"不能换成"使"。根据句中动核结构的差异,处置句再可分为两类:

第一类,单动核处置句。这种处置句由一个动核结构组成,只有单纯的处置义,即S处置O以某种V(动作)。属于这类的,有些是光杆动词式把字句,如"你们别把入学标准降低";有些是动体式把字句,如"战士们把敌人歼灭了";有些是动介式把字句,如"我把那本书赠给小王了";有些是动宾式把字句,如"我把这好消息告诉他了";有些是动量式把字句,如"他把钱数了几遍";有些是状动式把字句,如"他把钱往衣袋里塞"。

第二类,双动核处置句。这种处置句由两个动核结构组成,两动核结构间具有致使关系。句子既有处置义,即S处置O以某种V_1(动作);又有致使义,即V_1又使O产生V_2(结果、趋向或情状)。属于这类的,有些是动结式把字句,如"我们把敌人打败了";有些是动趋式把字句,如"他们把羊群放出去了";有些是动得式把字句,如"我们把敌人打得落花流水"。

2)使动句(或称"使役句")。使动,指主语的"所指"能使"把"后名词的"所指"产生某种动作或状态。使动把字句的特点是:"把"后名词表使事,句中的"把"可换成"使"。根据句中动核结构的差异,使动句也可分为两类:

────────────

① "所指",指词语所指称的人、物、事等。

第一类,单动核使动句。单动核使动句由一个动核结构组成,只有单纯的使动义,即 S 使 O 产生 V(某种状态或动作)。属于这类的,有些是光杆动词式把字句,如"你别把简单的事情复杂化";有些是动体式把字句,如"这件事把他感动了";有些是动量式把字句,如"你把我吓了一跳"。

第二类,双动核使动句。这种使动句由两个动核结构组成,两动核结构间具有致使关系。这种句子既有使动义,即 S 使 O 发生 V_1(状态或动作);又有致使义,即 V_1 又使得 O 产生 V_2(结果或情状)。属于这类的,有些是动结式把字句,如"这个咆哮的野兽把他吓昏了"、"这些话把我听厌了";有些是动得式把字句,如"你把他气得说不出话来了"。

主要参考文献:

崔希亮(1995)《关于把字句的若干句法语义问题》,《世界汉语教学》第 3 期。

范 晓(1991)《动词的"价"分类》,《语法研究和探索》(5),语文出版社。

范 晓(1995)《句型、句模和句类》,《语法研究和探索》(7),商务印书馆。

范 晓(1996)《动词的配价与句子的生成》,《汉语学习》第 1 期。

范 晓(1996)《关于动词配价研究的几个问题》,《三明大学学报》第 1 期(又收入《配价理论与汉语语法研究》,语文出版社,2000 年 1 月)。

范 晓(1996)《语法研究的三个平面》,北京语言学院出版社。

傅雨贤(1981)《把字句与"主谓宾"的转换及其条件》,《语言教学与研究》第 2 期。

金立鑫(1997)《把字句的句法、语义、语境特征》,《中国语文》第 6 期。

马 真(1981)《简明实用汉语语法》,北京大学出版社。

吕叔湘(1955)《"把"字用法的研究》,《汉语语法论文集》,科学出版社。

吕叔湘(1987)《句型和动词学术讨论会开幕词》,《句型和动词》,语文出版社。

吕文华(1994)《把字句的语义类型及其教学》,《对外汉语教学语法探索》,语文出版社。

饶长溶(1990)《把字句·被字句》,《教学语法丛书》,人民教育出版社。

沈　阳(1997)《名词短语的多重移位形式及把字句的构造过程与语义解释》,
　　《中国语文》第 6 期。

宋玉柱(1991)《现代汉语特殊句式》第 15 页,山西教育出版社。

王　力(1943)《中国现代语法》第 83 页,商务印书馆,1985 年版。

王　还(1985)《把字句中"把"的宾语》,《中国语文》第 1 期。

薛凤生(1987)《试论把字句的语义特性》,《语言教学与研究》第 1 期。

薛凤生(1994)《"把"字句与"被"字句的结构意义》,《功能主义与汉语语法》,
　　北京语言学院出版社。

张旺熹(1991)《"把"字结构的语义及其语用分析》,《语言教学与研究》第
　　3 期。

郑定欧(1999)《实例分析:把字句》,《词汇语法理论与汉语句法研究》,北京语
　　言学院出版社。

第三章　被字句[*]

"被"字句指谓语为"(介词'被'＋宾语)＋谓词性词语"构成的句子。"被"字句是以特征字"被"命名的(为简便起见,下面把"'被'字句"简化为:被字句)。先看例句:

老虎被武松打死了。

小花猫被黄狗咬伤了。

大树被台风刮倒了。

被字句的基本构造分为三部分:前段、中段、后段。前段指谓语前的部分,一般是名词性词语,如上面例句中的"老虎"、"小花猫"、"大树"。中段指谓语中的"把＋宾语"(作"把"后宾语的一般是名词性词语),如上面例句中的"武松"、"黄狗"、"台风"。后段指被字短语("被"＋宾语)后面的部分,一般是谓词性词语,如上面例句中的"打死"、"咬伤"、"刮倒"。如果把名词性词语记作 NP,谓词性词语记作 VP,典型的被字句可以记作:$NP_1 ＋(被＋NP_2)＋VP$。其中 NP_1 表示前段主语位置上的名词性词语,NP_2 表示中

＊ 本文曾以《被字句谓语动词的语义特征》为名在 2005 年举行的"第三届现代汉语语法国际研讨会"上宣读过,发表于《长江学术》2006 年第 2 期,后被转载于人大资料中心《语言文字学》2006 年第 8 期。收入本书时文字上略有修改。有关被字句,笔者还发表有《被字句主语在篇章中与上下文的关系》(《语言研究集刊》第三辑,上海辞书出版社 2006 年 7 月出版)和《"被"后宾语在篇章中与上下文关系的考察》(《语言科学》2007 年第 3 期)两文,由于字数太多没收入本书,也可参考。

段"把"后宾语位置上的名词性词语,VP 表示后段作谓语中心的动词性词语。

从句法平面分析,被字句句型是状心短语(状语[被＋宾语]＋中心语[动词性词语])作谓语的主谓句。如果把动词性词语记作VP,主语记作 S,宾语记作 O,则典型的把字句句型是:S(被＋O)＋VP。主语 S 由 NP_1 充当,"被"后宾语 O 由 NP_2 充当,VP 是谓语中心,由动词性词语充当。VP 有的是一个动词,如"他被汽车撞了";有的有两个以上的动词,如"他被汽车撞伤了"。如果谓语中有两个动词,通常其中一个是主要动词,另一个是次要动词,主要动词和次要动词构成动补结构的短语(如"他被汽车撞伤了"里"撞"为主要动词,"伤"为次要动词,"撞伤"为动补结构的短语)。

从语义平面分析,如果 VP 为单个动词,则被字句由一个动核结构组成,比如"他被狗咬了"这个被字句,就是由"狗咬他"这个单动核结构组成的。如果 VP 中有两个或两个以上动词,则被字句由两个或两个以上的动核结构组成,比如"他被汽车撞伤了"这个被字句,就由双动核结构("汽车撞他"和"他伤")组成;又如"那个女孩被人贩子拐卖给山区人家作媳妇了"这个被字句,就由三个动核结构("人贩子拐那个女孩"、"人贩子卖给山区人家女孩"、"女孩作山区人家媳妇")组成。从语义角度看,谓语动词是句核(句子的语义核心),它的语义特征制约着句子中与之相配的名词,从而影响到组成什么样的句子;所以句子的句式跟动词的语义特征以及动词在句中与名词的搭配选择有密切的关系。

从语用平面分析,被字句是以主题所表示的事物为视角进行叙述的,即述题叙述该主题事物"受到"(遭受/承受)某种动作及其结果。被字句句式的语用意义最概括的表述就是表示"被动"(或

"受动")态,就是强调客体事物的"被动性"(或"受动性"),强调该事物"受到"(某人或某物所发出的)某种动作或在某种动作作用下发生某种结果或情状(变化、移动、损失等)。被字句是现代汉语中典型的被动句。

这里不准备全面研究被字句,只着重探索被字句的谓语动词(谓语中的主要动词)的语义特征与被字句句式的关系。

1. 被字句谓语动词的语义配价特征

1.1 谓语动词具有多价性的语义特征

从语义平面看,被字句必有动作、动作的主体和客体(有的被字句还有与体)。而由名词(NP_1 和 NP_2)表示的客体、主体的选择跟 VP 位置上的谓语动词的语义配价特征有密切的关系。[①] 并不是任何"价"类的动词都可以作被字句的谓语动词,从实际语料观察,典型被字句中的谓语动词具有[＋多价性],即它是二价动词或三价动词(被字句里较多的是二价动词)。例如:

(1)他被汽车撞了。("撞"为二价动词)

(2)张三被李四批评了。("批评"为二价动词)

(3)那本书被我送给小李了。("送"为三价动词)

上面(1)(2)中谓语动词"撞、批评"为二价动词,分别联系着主体名词"汽车、李四"和客体名词"他、张三";(3)中谓语动词"送"为三价动词,联系着主体名词"我"、客体名词"书"和与体名词"小李"。谓

---

① 关于配价,可参看范晓(1991)《动词的"价"分类》,《语法研究和探索》(5),语文出版社。

语动词若是一价动词,由于它只有发出动作的主体而没有动作所支配的客体,所以一般不能构成被字句。比如"飞、跑、死、跌、休息、生病、倒塌"等一价动词,单独作谓语是不可能构成被字句的(如不能说"我被休息了、他被死了、他被跌了"等)。但是少数一价动词有时也可以出现在被字句的谓语位置上。这是有条件限制的,主要的限制条件有:

一是某些述宾式的双音节一价动词(如"撤职、降职、免职、罢官、停刊、停业"等),有时也可以构成被字句。例如:

(4)他被上级撤职了。

(5)那个不胜任工作的干部被免职了。

这类动词是动宾式的离合动词。这类离合动词的后一个名语素能以客体身份受动作影响而起变化(如"他被上级撤职了→他的职(务)被上级撤了"),所以能构成被字句。如果动宾式离合动词的后一个名语素不能以客体身份受动作影响而起变化,就不能构成被字句,如"上当、吃亏"之类便是。

二是具有致使力的特征(它所联系的主体有致使客体变化的能力)的一价动词(如"累、气、惊、急、感动、震惊"等),也可组成被字句。例如:

(6)我被他的英雄事迹感动了。(他的英雄事迹使我感动)

(7)她被这血腥的场面震惊了。(这血腥的场面使她震惊)

有些具有致使力的特征的一价动词或某些不具有致使力的特征的一价动词,当后面带上补充成分表示客体的变化的情状时也可组成被字句。例如:

(8)李正平被工作累病了。

(9)丁四被赵老的怒吼声震呆了。

　　(10)马先生被他的孩子哭醒了。

例(8)的"累"、例(9)的"震"、例(10)的"哭"都是一价动词,它们分别致使客体"李正平、丁四、马先生"产生"病、呆、醒"等变化情状。不带补语的一价动词一般不能构成被字句,如"李正平被工作累"、"丁四被赵老的怒吼声震"、"马先生被他的孩子哭"等不能成立①。上面例句中一价动词后有补充成分,补充说明由于"累、震、哭"而引起施事产生某种情状。这种句子尤其说是一价动词组成被字句,还不如说是一个多价性的动词性结构体组成的被字句。②

　　1.2　动词的配价特征制约着动元的数量

　　被字句中谓语动词"多价性"的语义特征制约着充当动元的数量。二价动词决定了被字句的谓语动词在语义平面至少联系着两个动元(施事、受事),三价动词决定了被字句的谓语动词在语义平面至少联系着三个动元(施事、受事、与事)。某些一价动词当它组成被字句时,可以看作取得了二价化的资格(联系着两个动元)。

　　由于被字句中的动元一般由名词充当的,所以也就要求有两个或三个名词与其搭配。如"张三被李四批评了"中,谓语动词"批评"是个二价动词,它联系着名词"李四"(施事)和"张三"(受事);又如"我的那本书被他借给小王了"中,动词"借"是个三价动词,它联系着名词"他"(施事)、"书"(受事)、"小王"(与事)。一价动词本来只能联系一个表示主体的名词,但某些一价动词在被字句中作谓语动词时,可看作一价动词二价化,如"他被上级撤职了"中,一价动

---

　　①　某些具有致使力特征的一价动词不带补语也可组成被字句,这只能出现在"被/为……所"这种文言遗留格式里,如"他被工作所累"中的"累"便是。

　　②　动词性结构体也可以有"价"的区分,"累病、震呆、哭醒"可以看作二价的动补结构体。参看范晓(1991)《动词的"价"分类》,《语法研究和探索》(5),语文出版社。

词"撤职"二价化,联系有两个名词:"他"(受事)"上级"(施事)。

2. 被字句谓语动词的语义情状特征

2.1　动词具有[＋动作性]的语义特征

单纯从动词配价的语义特征角度还不能完全说明动词的语义特征跟被字句的关系,因为并不是任何二价动词和三价动词都能出现在 VP 位置上组成被字句。

从谓语动词的语义情状特征来看,典型的被字句里的谓语动词一般是具有[＋动作性]的动作动词(如"吃、咬、打、撞、批评、欺负、压迫"等),如"他被狗咬了"、"李四被张三批评了"。而关系动词(如"是、姓、属于、等于"等)、评议动词(如"应该、能够、可以"等)、形式动词(如"加以、给以、进行"等)以及大多数心理动词("害怕、希望、企图"等)和性状动词(如"陌生、友好、客气"等)等二价性非动作动词是不能组成被字句的。

2.2　动结性[＋动作性＋结果性]动作动词是被字句谓语动词的典型

从动词具有[＋动作性]语义特征角度也还不能完全说明动词的语义特征跟被字句的关系,因为并不是任何具有[＋多价性]的动作动词(二价和三价的)都能组成被字句的,比如某些二价动作动词(如"代表、耕种、检讨、赞成、格斗、交火、摔跤"等)以及某些表示内向性的三价动词(如"受、收到、归还"等)就不能作被字句的谓语动词。这是因为被字句的语用意义是强调客体事物"受到"(某种人或物所发出的)某种动作或在某种动作作用下发生某种结果情状(变化、移动、损失等),就要求做谓语或述题的动词性词语不仅要有"动作性",还要有"结果性"。由此可见,具有"＋多价性"、"＋动结性"的动词是被字句谓语动词的典型。这类动词主要有两种:

第一种,具有显性的[＋动结性]语义特征的动词。这种动词既有[＋动作性],又有[＋结果性]。这种动词有两个小类:

一类如"撤职、降职、免职、罢官"等,即一般所说的动宾式离合词。这类动词前一动语素表[＋动作性],后一动语素表[＋结果性]("他被撤职"就是"他"由"有职"变成"无职"的结果)。这样的动词后面带上动态助词"了"就可以组成被字句,例如:

(11)领队及教练员全部被撤职了。

(12)32名官员都被降职了。

动宾式离合动词作谓语动词组成的被字句只能分析为单动核结构。

另一类如"推翻、提高、缩小、改正、夸大、打倒、解散"等,即一般说的动结式复合动词。这样的动词后面带上动态助词"了"就可以组成被字句。例如:

(13)公路建设的成绩被局长夸大了。

(14)那腐败政权被人民推翻了。

(15)不合法的组织已被政府解散了。

动结式构成的复合动词组成的被字句从现代汉语角度分析是单动核结构,但是通过语素分析追溯其来源还是可以看到双动核结构的影子,如"腐败政权被人民推翻了",包含着"人民推腐败政权"和"腐败政权翻"两个动核结构。

第二种,具有隐性的[＋动结性]语义特征的动词。这种动词的[＋动作性]是明显的,但是[＋结果性]是隐性的(是蕴含着的)。这种动词也有两个小类:

　　一类如"吃、撞、偷、捕、杀、咬、扔、丢、骗、偷"等单音节动作动词,这类动作动词后面带上动态助词"了"就可以组成单动核结构的被字句。例如:

　　　　(16)老人被汽车撞了。(单动核结构:"汽车撞老人")

　　　　(17)牲畜都被敌人杀了。(单动核结构:"敌人杀牲畜")

　　　　(18)孩子被狗咬了。(单动核结构:"狗咬孩子")

上述句子里的"撞、杀、咬"的[+动作性]是显性的。这些动作发出后必有其结果,比如"老人被汽车撞",必对"老人"产生某种影响,如老人会有"倒、伤、痛、死……"之类结果。但是上面各句中动词的[+结果性]是蕴含着的。如果这类动词带上表结果性的动词(表结果的动词主要是一价性状动词,还有少数是一价动作动词)形成动结式结构体,就能组成显示动作及其结果的双动核结构的被字句,例如:

　　　　(19)老人被汽车撞倒了。(双动核结构:"汽车撞老人"+"老人倒")

　　　　(20)牲畜都被敌人杀光了。(双动核结构:"敌人杀牲畜"+"牲畜光")

　　　　(21)孩子被狗咬伤了。(双动核结构:"狗咬他"+"孩子伤")

这类动词还可以用其他形式表示其[+结果性],如动词后加"得"然后再加上表结果情状的词语组成双动核被字句,例如:

　　　　(22)牲畜都被敌人杀得精光。(双动核结构:"敌人杀牲畜"+"牲畜精光")

　　　　(23)孩子被狗咬得哭了。(双动核结构:"狗咬他"+"孩子哭")

值得指出的是,虽然具有"动结性"语义特征的动词性结构体(包括复合词和短语)一般能组成被字句,但并不是都能组成被字句。如我们可以说"敌人被我们打败了",但不能说"敌人被我们打胜了"。同为"动结式"结构体,为什么"打败"能组成被字句而"打胜"不能组成被字句? 这里涉及表结果的词语的语义指向问题。从上面例子可以得到一条规则:凡动结式结构体中表结果的词语在语义上指向受事(动作的客体)的,可以组成被字句;反之,如果动结式结构体中表结果的词语在语义上指向施事(动作的主体)的,就不能组成被字句。有些动结式结构体(如"累坏")出现在非被字句中表结果的词语在语义上指向主体;但是一旦在被字句中出现,表结果的词语在语义上一定指向客体,如"他累坏了"和"他被工作累坏了",前句的"他"是主体,后句的"他"是客体。

另一类如"欺负、辱骂、压迫、剥削、批评"等双音节动作动词,这类动作动词也具有隐性的[+动结性],后面带上动态助词"了"就可以组成单动核结构的被字句。例如:

(24)孩子被强人欺负了。(单动核结构:"强人欺负孩子")

(25)他被那婆娘辱骂了。(单动核结构:"婆娘辱骂他")

这类动词后边如果要显示[+结果性],一般是在后边加"得",然后再加上表结果情状的词语组成双动核被字句,例如:

(26)孩子被那个人欺负得哭了。(双动核结构:"那个人欺负孩子"+"孩子哭")

(27)他被那婆娘辱骂得流泪了。(双动核结构:"婆娘辱骂他"+"他流泪")

2.3 不蕴含[+结果性]的动作动词作被字句谓语动词的情形

有些动词本身含有[+动作性]但不含有[+结果性]。这类动词(如"划、说、写、造、戴、听、看、选、评、称、制作、介绍、保留、保护、培养"等)由于本身不含有[＋结果性]，其特点是不能组成单动核结构的被字句(如不能说"文章被他写了、悄悄话被她听了"等等)；但是后面如果加上表结果的补语构成动补结构体时，也能组成双动核被字句。例如：

(28)我的钢笔被他写坏了。

(29)他的衣服被树枝划破了。

(30)你们的悄悄话被我听到了。

此外，这类动作动词加上某些表示补充意义的动词或介词构成的"V 为"、"V 成"、"V 作"、"V 给"、"V 到"、"V 在"、"V 趋"式结构体(如"称作/称为、看作/看为/看成、选为/选作、当作/当成、评为/评作、聘为/聘作、看成、说成、培养为、诊断为、制作成、赠给、寄给、说出来、保留下来"等)，也可组成被字句。这是因为这样的结构体符合被字句谓语的"动作＋结果"的特点("为/作/成/给/到/在/趋"都表示着动作的广义的结果义)。例如：

(31)加纳被人们称为(称作)黄金海岸。

(32)他已被我们介绍给用人单位了。

(33)那幅画被挂在墙上最显眼的位置。

(34)那个秘密被他说出来了。

2.4 少数非动作动词作被字句的谓语动词的情形

虽然典型被字句的谓语动词是具有[＋动作性]语义特征的动作动词，但是我们也发现少数非动作动词有时也可以作被字句的谓语动词。比如，某些具有"感知"(表示经历、认知等)特征的多价感知动词(如"看见、听见、知道、发现、遗忘、忘记"等)以及少数具有致使语义特征的一价性状动词(如"累、急、愁"等)便是。

例如:

  (35)他被工作累坏了。

  (36)他被这烦心的事愁得睡不着觉。

  (37)他的隐私被大家知道了。

  (38)曲金光躲在床底下却被桂秋发现了。

"累、愁"是一价性状动词,之所以能出现在被字句的谓语位置上,是因为它们本身隐含有致使性;这类动词后面可以带表动作结果的补充成分,"动＋补"结构也就具有了被字句谓语的"动作＋结果"的特点。至于"知道、看见、忘记"等感知动词之所以能出现在被字句的谓语位置上,是因为它们本身暗含有"动作＋结果"的语义特点。这里说的结果并不是指客体本身有明显的变化,而是指客体不愿有的或受损的。比如"他的隐私"不想被别人知道"却被大家知道了",这种情形也可以看作"结果"义。①

3. 被字句谓语动词和名词的语义关系

3.1 被字句中充当动作主体的名词(NP₂)的语义身份

  被动句 VP 位置上动词"动结性"的语义特征,往往制约着对名词的选择,也制约着充当动元的名词所担任的语义角色。这种动词的语义特征决定了被字句中充当主体的名词一般是施事(大多数是"有生者",但也有少数"无生者"),例如:

  (39)小李被小王揍了。(动作的主体"小王"是有生施事)

---

  ① 结果性的含义应广义地理解,它主要表现为主体发出的动作对客体产生某种影响(变化、移动、损失等),也包含着主体发出的动作是客体所不愿有的或受损的。

(40)他被狗咬了。（动作的主体"狗"是有生施事）

(41)衣服被雨淋湿了。（动作的主体"大雨"是无生施事）

被字句"被"后的宾语是动作的主体事物，充当主体事物的语义成分一般是施事名词，也就是说施事名词作动作的主体事物是被字句的典型。但是某些非施事成分（如"工具、属事、经事、原因、材料"等）有时也可以出现在"被"后的动作主体位置上，这似乎可以看作"非施事成分的施事化"；这是因为这些非施事成分在被字句中赋予了其通过动核来支配或影响主题事物的能力。[①] 例如：

(42)她切菜时被刀切破了手指。（"刀"为"工具施事化"）

(43)他被仇恨蒙住了双眼。（"仇恨"为"属事施事化"）

(44)这消息被他知道了。（"这消息"为"经事施事化"）。

(45)我被那件事愁坏了。（"那件事"为"原因施事化"）

(46)那墙壁被白漆漆得雪白。（"那墙壁"为"材料施事化"）

3.2 有生动词和主体名词（NP_2）的语义关联

被字句中的典型动词具有"有生性"的语义特征，这就决定了表示被字句典型主体的通常是"有生名词"。但表示无生命事物的名词有时也可能出现在动作主体的位置上，如"衣服被雨淋湿了"中的"雨"。在有些语境里无生命事物带有"拟生化"（由心理的联想或认知的隐喻而产生"无生名词有生化"）的情形，例如：

(47)信用卡被机器"吃"了。（"吃"要求有生命的人作动作主体，但这句里却是无生命的"机器"作发出动作主体）

---

① 这些 NP_2 所表示的语义成分的原型不是施事，但如果出现在动作的主体位置上并具有了动作的施力作用，便"施事化"了。

(48)那向来冷静的地方,也被和风晴日送来游人。("送"也要求有生命的人作动作主体,但在这句里却是无生命的"和风晴日"作发出动作主体)

(49)静静的夜被寂寞吞噬了。("吞噬"也要求有生命的人作动作主体,但在这句里却是无生命的"寂寞"作发出动作主体)

3.3 被字句中充当动作客体的名词(NP₁)的语义身份

被字句中动词"动结性"的语义特征也决定了被字句中充当直接客体的名词多数是受事,也可以说受事作动作的客体是被字句的典型。例如:

(50)房子都被坏人烧了。(动作的客体"房子"是受事)

(51)老李的金表被小偷偷走了。(动作的客体"金表"是受事)

(52)大树被台风刮倒了。(动作的客体"大树"是受事)

但是某些非受事成分(如"成事、涉事、使事、工具"等)有时也可以出现在客体位置上。例如:

(53)这条裤子被她裁短了。(动作的客体"这条裤子"是动词"裁"的成事)

(54)我们说的话被她听见了。(动作的客体"我们说的话"是动词"听见"的涉事)

(55)我被邻居家的孩子哭醒了。(动作的客体"我"是动词"哭"的使事)

(56)镰刀都被他砍折了。(动作的客体"镰刀"是动词"砍"的工具)

还有一些间接客体,乃是动作所联系的与事。例如:

（57）小周被小偷偷去了手表。（动作间接客体"小周"是动词"偷"的与事）

（58）她被骗子骗去不少钱。（动作间接客体"她"是动词"骗"的与事）

3.4　有生动词和客体名词（NP₁）的语义关联

被字句中的动词无论是"有生性"或"无生性"，它们发出的动作所支配的对象既可以是[＋有生]的，也可以是[＋无生]的，所以被字句客体位置上的名词比较自由：既可以是有生名词，也可以是无生名词。此外，表示动作、情状或事件的谓词性词语有时也可以出现在动作客体的位置上，例如：

（59）他偷偷喝酒被人看见了。（"他偷偷喝酒"在客体位置上）

（60）这寂静突然被喧闹声打破了。（"寂静"在客体位置上）

这两例中"看见"和"打破"的客体都是谓词性词语，在这里不是表示被字句谓语中的动作或性状，而是作为被字句谓语动词所支配的客体，可以说是谓词性词语名物化或事物化了。①

值得指出的是，不同性质的有生动词对客体名词所扮演的语义角色是有影响的。比如制作义动作动词也属于有生动词，它就跟肢体动作的有生动词不一样：前者支配的客体名词所担当的语义角色是成事，后者支配的客体名词所担当的语义角色是受事。例如：

（61）这件衣服被她裁坏了。（制作义动作动词"裁"决定

---

① 　关于名物化或事物化的观点，可以参看范晓（1992）《VP 主语句》，《语法研究和探索》（6），语文出版社；胡裕树、范晓（1994）《动词形容词的"名物化"和"名词化"》，《中国语文》第 2 期。

了"这件衣服"是成事)

(62)这件衣服被他扔了。(肢体动作动词"扔"决定了"这件衣服"是受事)

4. 语义色彩对被字句谓语动词的影响

4.1 被字句的语义色彩

被字句谓语中的VP对主语所表示的客体事物而言有一定的语义色彩,它对被字句谓语动词的选择有一定的影响。这种语义色彩跟"被"有一定关系。

介词"被"是从"蒙受"、"遭受"义的动词"被"虚化而来的,它的意义当然跟"蒙受"、"遭受"义有一定的联系。(王力1995)由于"蒙受"、"遭受"义一般表示比较意外或不易发生的事件,所以在早期的被字句里,谓语动词主要用来表示客体事物所蒙受或遭受的不幸或者不愉快的事情,即人们遭遇到不如意或不希望发生的事。[①] 例如:

(63)秦王复击轲,[轲]被八创。   (刘向)

(64)错卒以被戮。   (司马迁)

(65)孔融被收,中外惶怖。   (刘义庆)

(66)亮子被苏峻害。   (刘义庆)

但被字句在历史发展中使用的范围不断扩大,这种扩大表现在两方面:

---

① 应该承认也有少数谓语动词表示客体如意或希望发生的事,如《世说新语》中有"被举、被礼遇、被知遇"《北齐书》中有"被宠、被宠爱、被宠遇",《新五代史》有"被恩宠"。

一方面是,早期的被字句客体名词(NP_1)一般是有生名词(多指"人"),如上面例句中的"轲、错、孔融、亮子"等。在这样的被字句里,动词表示客体事物所遭受的"不如意或不希望"的事情。发展到后来(特别是现在),无生名词也常可以出现在表示客体事物的主语位置上,如下面例句中的"黄河沿上的州县、那座大桥、大厦的墙脚、龙皇庙"等:

(67)黄河沿上的州县,被河水淹了。(吴敬梓)

(68)那座大桥被敌人炸毁了。

(69)大厦的墙脚被挖土机挖坏了。

(70)龙皇庙被大水冲倒了。

由于无生事物没有感觉或感情,当然也就无所谓"不如意或不希望"。在上述这种句子里,谓语中的动词性词语实际上表示主语所代表的无生事物的"受损"的遭遇。所以现代汉语被字句的动词主要是表示客体所遭受的"比较意外的、难得发生的"事,准确地说是有生事物的"不如意、不希望"或无生事物的"受损"的结果情状。

另一方面是,早期的被字句中的谓语动词表示客体位置上有生事物(主要是人)所遭受"不如意或不希望"的事情,如(63)—(66)的"创、戮、收、害";但是随着语言的不断发展,现代特别是当代(19世纪50年代以来)被字句(即便客体位置上是有生事物"人")中谓语动词也不全是表示这种意义,有时也可以表达客体有生事物"如意的、希望的"事情,例如:

(71)小明的学习成绩很好,经常被老师表扬。

(72)她被大家推选为人民代表。

(73)某出版社出了一套"明清小说丛书"而大获其利,社长因此被嘉奖。

其他如"被表彰、被奖励、被评为、被封为、被选为、被推荐"等也是如此。在现当代的被字句里，还有一些被字句的动词对客体而言，所表示的很难说是表示如意不如意或者受损不受损。例如：

(74)我们被介绍给一个黄先生，并被引导去看了他的商品。

(75)桑塔老爹被自己创造的奇迹所陶醉。

(76)房间被灯光照耀得如同白昼。

上面例(74)中的谓语动词"介绍、引导"和(75)中的"陶醉"对有生事物"我们、桑塔老爹"而言，很难说是如意的还是不如意的；例(76)中的"照耀"对无生事物"房间"而言，也很难说是受损的还是受益的。这都可以看作是中性的。可见，现代汉语被字句中谓语动词有表如意的、受益的以及中性意义的情况。但是总的来说，现当代汉语被字句中的谓语动词主要还是用来表示客体事物遭受到的比较意外的事件，大多表示客体所遭受的"不如意、不希望"或"受损"的那种动作或事情，或者说有这样一种倾向性。①

4.2　被字句的语义色彩制约着句中的动词

被字句主要表示客体所遭受到的"不如意"、"不希望"或"受损"的事情，这种语义色彩制约着句中的动词。这可以从语义特征

---

① 李临定(1980)对《骆驼祥子》的被字句统计：102 个被字句里表不如意的 81 个，表中性意义的 21 个，没有表如意的实例。祖人植(1997)对《钟鼓楼》、《刘恒自选集》、《渴望》三书的被字句统计：377 被字句里，表不如意的 246 个，占 65.2%，非不如意的 131 个，占 34.8%。这些统计，不一定十分准确，因为人们对"如意不如意"以及何谓中性理解不完全一样，判定也就不一样。比如李临定认为《骆驼祥子》里"没有表如意的实例"，但我们发现该书有"被人怜爱、被称为文明人、被请去"等似可看作表如意的。另外有些动词对客体来说，究竟是"如意还是不如意"可能在不同的语境里是不一样的(如"被催眠"之类)，所以这里只是提供一个大概罢了。

上有对立的动词或动词性结构体在组成单动核被字句的能力上得到证明。这种对立意义的动词主要有两种：

第一种，在"得失"义对立的动词里，具有"失义"特征的动词比较容易组成单动核被字句。"失义"指动作的客体和这种动词搭配时会有所"失"，即主体失去客体，客体对主体而言是往外的，所以语义特征是[＋失去]、[＋外向]。具有"失义"特征的多价性动作动词或动词性结构体如"丢、抛、扔、卖、给、送、抛弃、丢掉"以及"V给"式等，它们作被字句的谓语中心时，只要后面带有语气词"了"，就可以组成单动核被字句。例如：

(77)我借给他的手表被他丢了。

(78)那辆自行车被我卖了。

(79)那几双旧皮鞋都被他扔了。

(80)那本书被我送给老李了。

相反，与"失"义动词相对的"得"义特征的动词一般不能组成单动核被字句。"得义"指动作的客体和这种动词搭配时会有所"得"，即主体得到客体，客体对主体而言是往内的，所以语义特征是[＋得到]、[＋内向]。多价的"得"义动词如"得、受、拾、收、买、收入、接受、收到、归还"等就不能作单动核被字句的谓语动词，如不能说"他昨天丢失的手表被我拾了"、"那辆自行车被我买了"。但是有的"得"义动词在一定条件下可以出现在被字句的谓语位置上。这条件是后面必须带上一个着落性、趋向性的补充成分，如"他昨天丢失的手表被我拾到了"、"那辆自行车被我买下来了"。

第二种，在"损益"义对立的动词里，具有"损义"特征的动词较容易组成单动核被字句。"损义"是指表示动作的客体和动词搭配时会有所"损害"或"损失"。多价的"损"义动作动词如"毁、拆、拔、删、害、吃、锯、损害、损坏、破坏、毁坏、扼杀、抛弃、诽谤、激化、解散、关闭、冷落、漠视、轻视、摧残、消耗、伤害、迫害、侮辱、污染、嫌弃、泄密、撤职、泄露、削弱、削减、解散、压缩、隐瞒、糟蹋、中断"等，它们只要后面带有语气词"了"，即使不加其他补充成分也可以作谓语动词组成单动核被字句。例如：

(81)他的名誉被损害了。

(82)这一大段文字被编辑删了。

(83)工人们的积极性被扼杀了。

(84)这条街上的老房子都被施工队拆了。

相反，与"损"义动词相对的多价的"益"义动作动词大多不能组成单动核被字句。"益义"是指表示动作的客体和动词搭配时会有所"受益"或"收益"。多价的"益"义动词如"造、煮、种、培育、保持、赞成、建立、珍视、造福、保密、增加、爱惜"等如果作谓语动词组成单动核被字句就不通，如不能说"那座桥被工人造了"、"大米饭已经被她煮了"、"工人们的积极性被保持了"等。但是有的"益"义动词在一定条件下可以出现在被字句的谓语位置上。这条件是后面必须带上某些表示着落意义或损害意义的补充性的成分，如"那座桥终于被工人造好了"、"大米饭被她煮糊了"。

但是随着与外族语言的不断交流，随着书面语影响的扩大，随着被字句作为被动句典型的地位越来越巩固，随着"被＋VP"结构越来越多，[①]今后，凡表示客体被动地接受到某种动作、事件、情

---

① "被＋VP"跟被字句既有联系也有区别："被＋VP"作谓语时可组成被字句；但是出现在其他句法位置上"被＋VP"不一定都能组成被字句，如"支持与被支持的关系、帮助和被帮助关系、陈述和被陈述关系"中的"被＋VP"便是。现在似乎不能说"他被我帮助了"，但是将来也许未必绝对不能说。

状,都有可能用被字句(VP 较多的采取"动补"式形成的结构体)。这样一来,被字句的 VP 的语义色彩表示中性的乃至"如意的、受益的"将会逐渐增多,被字句对动词的选择面也会起更大的变化。

5. 义项分合对被字句谓语动词的制约

词的语义特征决定于约定俗成的词汇意义(概念意义)。以动词"吹"为例,《现代汉语词典》标明它有 5 个义项:

①合拢嘴唇用力出气:~灯/~一口气。

②吹气演奏:~笛子。

③(风、气流等)流动;冲击:风~雨打/~风机。

④夸口:先别~,做出具体成绩来再说。

⑤(事情、交情)破裂;不成功:不用提啦,这件事~啦!

"吹"的义项的词汇意义义项分合决定了它的语义特征:义项①②③④中"吹"的词汇意义决定了"吹"具有二价性、动作性、结果性等的语义特征,也就决定了可以作被字句的谓语动词。例如:

(85)桌上的灯被武英吹灭了。(属于例①义项的"吹")

(86)笛子被他吹坏了。(属于例②义项的"吹")

(87)火焰被风吹灭了。/黄蜡被热气吹化了。/头发被电扇吹乱了。(属于例③义项的"吹")

(88)罗斯被人们吹得天花乱坠。/他被阿谀者吹得麻木了。/成绩被他吹大了。(属于例④义项的"吹")

反之⑤中"吹"的词汇意义决定了"吹"具有一价性、状态性、非动作性、非结果性等的语义特征,也就决定了它不能组成被字句,如"这件事被吹啦"这样的句子是不能成立的。

即使①②③④中的"吹"都能作被字句的谓语动词,但是它们的义项所反映出的语义特征也还有差别,也会影响到各个"吹"所联系的动元的语义角色,从而制约着被字句的主语名词(NP₁)和"被"后名词(NP₂)的选择。如义项①②④和③语义特征有一定区别:前者具有[＋有生性]的语义特征,发出"吹"这种动作的一定是人,作施事的是有生名词中的指人名词,不可能是无生名词,如上面的"武英、他、人们"便是。后者具有[＋无生性]的语义特征,发出"吹"这种动作的一定是风或气流等,作施事的是无生名词,不可能是有生名词,如上面的"风、热气、电风扇"便是。又如义项①②③和④也有一定的区别:前者受事一般是无生物,作受事的多数是无生名词,如上面的"灯、笛子、火焰"便是;后者受事是人或属于人的某种东西,作受事的可以是指人名词,也可以是跟人有关的无生名词,如上面的"罗斯、他、成绩"便是。

　　总之,词汇意义(概念意义)决定语义特征,一个动词的不同的义项规定了该动词可能有的不同的语义特征。动词的语义特征决定了它能组成何种句式,决定了与之搭配的动元数量、动元的语义角色,决定了它在句中与名词的选择关系。

主要参考文献:

范　晓(1991)《动词的"价"分类》,《语法研究和探索》(5),语文出版社。

范　晓、张豫峰等(2003)《语法理论纲要》,上海译文出版社。

范　晓主编(1998)《汉语的句子类型》,书海出版社。

李临定(1980)《"被"字句》,《中国语文》第6期。

李　珊(1994)《现代汉语被字句研究》,北京大学出版社。

陆俭明(1991)《语义特征分析法在汉语语法研究中的运用》,《汉语学习》第1期。

陆俭明(2004)《有关被动句的几个问题》,《汉语学报》第 2 期。

饶长溶(1990)《"把"字句·"被"字句》,上海教育出版社。

邵敬敏(2001)《汉语语法的立体研究》,商务印书馆。

王 还(1984)《"把"字句和"被"字句》,人民教育出版社。

王红旗(2002)《语义特征及其分析的客观基础》,《汉语学习》第 6 期。

王 力(1958)《汉语史稿》中册第 430 页,科学出版社。

薛凤生(1994)《"把"字句和"被"字句的结构意义》,《功能主义与汉语语法》,
        语言文化大学出版社。

袁明军、张慧晶(1999)《语义特征研究概观》,《汉语学习》第 5 期。

张伯江(2001)《把字句和被字句的对称与不对称》,《中国语文》第 6 期。

祖人植(1997)《被字句语义特征分析》,《汉语学习》第 3 期。

第四章　交接句[*]

"交、给、送、教、告诉、接、收、欠"等动词,本章称为交接动词,也有语法论著称之为"给取动词"或"双宾动词"。由交接动词作谓语中心词构成的句子称作"交接动词句",简称"交接句"。此类句子在言语表达中的作用相当重要,前人也有不少研究。我们试图运用"三维语法"的理论,在前人研究的基础上对"交接"类动词及其构成的句式作进一步的探索。

1. 交接句的句法、语义和语用分析

1.1　交接句的句法结构分析

从句法结构上看,交接动词能带双宾语,所以也有些论著称交接动词构成的句子为"双宾语句"。例如"我送给他一件礼物"这句里,"我"是主语,"送"是交接动词,"他"和"一件礼物"是交接动词所带的两个宾语,一般语法著作按照传统的说法把靠近交接动词的那个宾语叫作"近宾语"或"间接宾语",把另一个宾语叫作"远宾语"或"直接宾语"。如果把主语记作 S,交接动词记作 V,近宾语

---

　*　本文曾以《交接动词及其构成的句式》为名发表于《语言教学和研究》1986 年第 3 期。收入本书时文字上作了一些修改。

记作 O_1,远宾语记作 O_2,则交接动词作谓语中心词所构成的典型句式可记作:$S—V—O_1—O_2$。从句法结构的层次角度分析,上述句式可分析成 $S+[(V+O_1)+O_2]$。可见 O_1 和 O_2 不在一个层次上,其中 O_1 跟 V 构成直接关系,O_2 跟 V 构成间接关系。着眼于层次关系,似可把 O_1 看作 V 的直接宾语,O_2 看作 V 的间接宾语。这跟传统说法完全相反。

1.2　交接句的语义结构分析

从语义结构上看,交接动词是一种表交接行为的三价动词,在句子里需要有三个强制性的语义成分与它共现。这三个强制性的语义成分是:

1)施事——交接动作的发出者。作施事的通常指人,如"张三给了李四一件礼物"中的"张三"就是;但也有不是指人的,例如:

(1)这座城给了他一切。(老舍)

2)与事——交接动作的对象。作与事的也通常指人,如"张三给了李四一件礼物"中的"李四"就是;但也有不是指人的,例如:

(2)太阳给草叶的露珠一点儿金光。(老舍)

3)受事——交接的物事。作受事的通常指具体事物,如"张三给了李四一件礼物"中的"礼物"就是;但有时也有指人的,例如:

(3)刘修德,(你)还我闺女!(赵树理)

在 $S—V—O_1—O_2$ 这样的句式里,S 是施事,O_1 是与事,O_2 是受事。由于语境的影响,这三个强制性的语义成分有时可能空缺某一个。例如:

(4)我很欣幸他的得释,[S]就赶紧付给[O_1]稿费。(鲁迅)

(5)二强子买回一大堆食物,[S]给他们俩[O_2]吃。(老舍)

(6)老者! 我求[O_1]一件事。(老舍)

(7)祥子一把抓起那张钞票,摔在太太的胖脸上:"[S]给我四天的工钱!"(老舍)

上边例句有的空缺一个强制性的成分,有的空缺两个强制性的成分。例(4)、(5)是由于上下文关系而空缺。例(6)、(7)是由于对话环境而空缺。这些空缺的成分一般是交际双方都知晓的,所以是有定的。

1.3　交接句的语用意义

交接句的句式意义是"交接"义,这种句式意义就是交接句的语用意义。所以"交接句"这个术语是以语用意义命名的。虽然交接句在句法上可分析为双宾句,但是由于一方面汉语的双宾句不一定都表示交接意义,如"你把书放桌上"、"他用钢钎捅了墙一个窟窿",而另一方面有些论著把没有交接意义的"我喜欢她聪明"、"我爱他诚实"之类也看成是双宾语句;所以本章以交接句命名此类句子使得研究的对象比较明确。

在 $S—V—O_1—O_2$ 交接句里,V 是交接动词(发出"交接"动作行为),S 和 O_1 是代表交接双方,其中 S 代表动作的发出者即施事(动作的主体),O_2 代表移动着的事物即受事(动作的客体),O_1 代表与事(邻体)。

所谓"交接"义,是指这种句子是表达交接行为态势的,表示一个交接行为或事件:或是施事把受事交给(给与)邻体(与事);或是施事从邻体(与事)那里接纳到(接得)受事。这种句式的交接意义在大多数情况下跟交接动词本身的有"向"[①]性质密切相关:交接动词句中的动词所发出的动作行为有一定的交接方向,因此它是一种有"向"动词。由有向的交接动词作谓语动词构成的句子,也就有一定的交接方向。

交接动词句中决定 O_2 转移方向(外向或内向)的,是 V 的性质。根据 O_2 的转移方向,可以把交接动词分为三类:"交"类动词(外向动词),"接"类动词(内向动词),"借"类动词(兼向动词);相应地也可以把交接动词句分为三类:

第一类,"交"类动词句,或称"外向"动词句,它表现为"外向"的"交"过程,即 O_2 由 S 转移至 O_1。

第二类,"接"类动词句,或称"内向"动词句,它表现为"内向"的"接"过程,即由 O_1 转移至 S。

第三类,"借"类动词句,或称"兼向"动词句,它表现为既可以是"外向"的"交"过程,即 O_2 由 S 转移至 O_1;也可以是"内向"的"接"过程,即由 O_1 转移至 S。[②]

2. "交"类动词句

2.1 "交"类动词句的特征和内部分类

"交"类动词作谓语动词构成的句子,称作"交"类动词句。

---

① 这个"向"是指动作交接的"方向"(外向或内向)。
② 在具体的有语境的句子里,它只能表现为"外向"或"内向"。出现在孤立的句子里有时会产生歧义,如"他借我一本书"。

2.1.1 "交"类动词句的特征

1)"交"类动词句在语义上的特征,主要表现在:

A. 行为过程($S \rightarrow V \rightarrow O_1 \rightarrow O_2$)是:S 发出某种动作行为使 O_2 由 S 向 O_1 转移。

B. 谓语动词 V("交"类动词)具有"给予"的意义(使 O_1 得到),所以"交"类动词是一种表"给与"行为的三价动词。

C. 谓语动词 V("交"类动词)联系着三个必有的、强制性的语义成分:

S(施事)是 O_2(受事)的"交者"(即"给予者"),即把 O_2(受事)交给 O_1(与事);O_1(与事)是从 S 那里接受 O_2(受事)的"接者"(即"得到者");O_2(受事)是从 S 那里转移到 O_1 那里的事物,一般属于 S(施事)所有。

D. 由于谓语动词 V("交"类动词)是外向动词,所以交类动词句是外向动词句。

2)"交"类动词句在句法上的特征,主要表现在:

A. 谓语动词能带双宾语,如"送我书"、"还你笔"、"教他英语"等。

B. 谓语动词大都能带"给"构成"V 给"式,如"送给"、"还给"、"交给"、"寄给"、"递给"等。

C. 谓语动词所联系的 S 与 O_2 多数语义上有领属关系,句法上能构成偏正式"S 的 O_2"(定心结构),如"我送他一本书"里,"我"与"一本书"可构成"我的一本书"。

2.1.2 "交"类动词句的内部分类

根据"交"类动词的"句法—语义"特征,内部还可以分为六个主要的小类:a."给"类动词;b."送"类动词;c."教"类动词;d."写

(给)"类动词;e."唱(给)"类动词;f."称"类动词。相应地"交"类动词句也可以分为六个小类:

　　a."给"类动词句(如"他给我一个封信"之类);

　　b."送"类动词句(如"他送我一本书"之类);

　　c."教"类动词句(如"他教我英语"之类);

　　d."写(给)"类动词句(如"他写给我一封信"之类);

　　e."唱(给)"类动词句("我唱给他听"之类);

　　f."称"类动词句(如"人们称他为'及时雨'"之类)。

　　2.2　"给"类动词句

　　"给"类动词句简称"给"类句,是指"给"类动词作谓语中心词构成的句子。"给"类动词最常见的是"给",它是"交"类动词中最典型、使用频率最高的一个词。它具有"给予"义,形式特征是不能构成"给给"式[①]。"给"类动词作谓语中心词构成的"给"类句可以有下几种句式:

　　S_1 式,即 $S—V—O_1—O_2$ 式,例如:

　　(8)他给了我一封信。(臧克家)

　　(9)我给你个好主意。(老舍)

这种句式中的 O_2 一般是名词;但有时也可能是动词为中心的名词性短语,或谓词性词语,这时,谓词"事物化"(或称"名物化")了。例如:

　　(10)他给了我莫大的支持。(魏巍)

　　(11)他给她个不辞而别。(老舍)

---

　　①　普通话里没有"给给"式,但在方言里有"给给"式。参看朱德熙(1983)《包含动词"给"的复杂句式》,《中国语文》第 3 期;邢福义(1984)《"关于给给"》,《中国语文》第 5 期。

S_2式,即 S—V—O_1—以 O_2 式,例如:

(12)人们给它们以很高的评价和美的命名。(刘白羽)

(13)他给了我们以武装。(毛泽东)

这种句式多用于书面语,O_2 一般是以动词为中心词的名词性短语;但动词有时也可作 O_2,只是比较少见。

S_3式,即 S—(把)O_2—V—O_1 式,例如:

(14)太太把四天的工钱给了他。(老舍)

(15)你把我前年在家穿的那身棉袄裤给了她吧。(朱自清)

在这样的句式里,O_2 由"把"字引进领提到 V 之前,即成了"把"字句(S—把 O_2—V—O_1)。这种句式跟 S_1 式常可互相变换,如:

他给了我一封信。←→他把一封信给了我。

变换的条件是:O_2 必须是表示具体事物的名词,如果不是表示具体事物的名词而是表示人物的名词,一般不能互相变换。例如:

(16)凉风给了人们许多希望。(老舍)

(17)这些话给了我莫大的鼓舞。(江耀辉)

(18)收生婆给祥子一点暗示。(老舍)

这些句子都不能变换成"把"字句。又例如:

(19)他把我给了你。(老舍)

这个"把"字句里 O_2 是表示人物的词语,不能变换成 S_1 句式。也有些句子,O_2 在 V 之前,却不用"把"字引进而构成 S—O_2—V—O_1式。例如:

(20)你面子都给他了,他也就不能不回心转意了。(老舍)

(21)我一个子儿也不给她。(老舍)

这类句式中的 O_2 具有周遍性,有的还用"一……不……"、"连……都……"格式,V 前一般有"都"、"也"之类的副词。这类句式也不能变换 $S—V—O_1—O_2$ 式。

S_4 式,即 $O_2—(被)S—V—O_1$ 式,例如:

　　(22)这个我给你吧!(秦牧)

　　(23)那支笔,我已给小王了。

O_2 在句首,也可能构成"被"字句($O_2—被 S—V—O_1$),例如:

　　(24)那支笔已被我给了小王了。

这类句子比较少。这样的句子 O_2 在句首,必须是具体名词,而且是有定的、被当作主题(话题)来使用的。

S_5 式,即 $S—有 O_2—V—O_1$ 式,例如:

　　(25)我有一本书给他。(《文汇报》)

　　(26)(我)有点东西给你。(曹禺)

这种句式里,O_2 必须是表示具体事物的名词,O_2 从属于 S,为 S 所有(如上例是"我的书"、"我的东西")。

S_6 式,即 $S—V_1—O_1—O_2—V_2$ 式,例如:

　　(27)他便给他们茴香豆吃。(鲁迅)

　　(28)一位同路者给了我一杯水喝。(周立波)

这种句式里,V_1 是"给",V_2 是一般动作动词,O_2 既是 V_1 的受事,又是 V_2 的受事。在 $S—V—O_1—O_2$ 式中,O_1 和 O_2 的次序一般是 O_1 在前,O_2 在后,语序相对固定;但在 $S—V_1—O_1—O_2—V_2$ 式中,O_1 和 O_2 的次序有时可以变动,即可以有 $S—V_1—O_2—O_1—V_2$ 式。例如:

　　(29)我给个东西你看看。(古华)

　　(30)奶奶给我粥吃。(转引赵元任例)

"给"类句中的"给"类动词除"给"外,在现代汉语里还有"给予"、"授予"、"赋予"等动词,多用于书面语,例如:

(31)学院给予每个学员一定的经济补贴。(《人民日报》)

(32)虹口区委授予安根娣优秀党员的称号。(《文汇报》)

2.3 "送"类动词句

"送"类动词句简称"送"类句,是指"送"类动词作谓语中心词构成的句子。"送"类动词常见的有:送、赠、赠送、献、赐、赏、赏赐、让、塞、交、退、还、找、递、递交、退还、赔、寄、汇、补、贴、补贴、拨、发、付、托、托付、拜托、卖、嫁、过继、推荐、介绍等。

"送"类句中的"送"类动词最重要的特征是它在语义上具有"给予"义;在句法形式上 V 后可以带上"给",构成"V 给"格式,而后再带双宾语,如"送给你一本书"。"送"类句没有 S_2 式和 S_6 式,但有 S_1、S_3、S_4、S_5 等句式,还可以有 S_7、S_8 式。

S_1 式,即 S—V—O_1—O_2 式,例如:

(33)我送你一个名字。(朱自清)

(34)你赔我一个排。(袁静)

"送"类动词经常在后面加"给"构成"V 给—O_1—O_2"格式,后面带双宾语,例如:

(35)热心肠的同志送给我两瓶荔枝蜜。(杨朔)

(36)他卖给他们木材和平价小麦。(张宁)

S_3 式,即 S—(把)O_2—V 给—O_1 式。例如:

(37)党把油印工作交给了他。(罗广斌等)

(38)(二强子)把女儿卖给了一个军人。(老舍)

"送"类句中"送"类动词构成 S_3 这种句式时,动词后面一般要带上

"给"，不带"给"有时不通，如例(38)"二强子把女儿卖给了一个军人"不能说成"二强子把女儿卖了一个军人"。但在一定条件下也可以不带"给"。[①] S—(把)O_2—V给—O_1式有时候可与S—V—O_1—O_2式互相变换，但有条件：O_2必须是表示具体事物的名词。如果O_2是人物名词或抽象名词，就只能构成"把"字句式，而不能构成S—V—O_1—O_2句式。例如：

(39)太太把孩子们通通交给了仆人。(老舍)

(40)他把苦恼交给了梦。(老舍)

O_2在"V给"之前通常用"把"引领，但如果O_2具有周遍性，也可不用"把"，例如：

(41)他一切都交给天了。(老舍)

(42)我袋里所有的钱都送给他了。

S_4式，即O_2—(被)S—V给—O_1式，例如：

(43)那辆车我已卖给人家了。

(44)那醉人的绿啊……我将赠给那轻盈的舞女。(朱自清)

O_2在句首，也可能构成"被"字句式(O_2—被S—V—O_1)，例如：

(45)他已经被我推荐给广播台了。

(46)小福子不是教二强子卖给了人家，就是押在了白房子。(老舍)

S_5式，即S—有O_2—V(给)—O_1式，例如：

(47)我有本书送给你。(《文汇报》)

---

①　也发现有个别不带"给"的，其条件是O_1是单音节的，如："你把这东西送人了吧"。(巴尔扎克《欧也妮·葛朗台》，高中语文)。

(48)我有一件事拜托你。(曹禺)

S₇式,即 S—V—O₂—给 O₁ 式,例如:

(49)他经常送书给他们。(李庄)

(50)小王寄了三十块钱给我。

S₈式,即 S—V₁—O₂—给 O₁—V₂ 式,例如:

(51)他寄了三十块钱给我用。

(52)我送一条鸡腿给你吃。(转引龚千炎例)

"送"类动词有时可构成 S₈ 这种句式。在 S₈ 这种句式里,V₁ 是"送"类动词,与"给"构成"V₁+O₂+给+……"式;V₂ 是一般动作动词;O₂ 既是 V₁ 的受事,也是 V₂ 的受事。这种句式可变换成"把"字句式,例如:"他寄了三十块钱给我用"可变换成"他把三十块钱寄给我用"。

"送"类句跟"给"类句比较,共有的句式是:S₁、S₃、S₄、S₅,这些句式里,"送"类 V 后常加"给",而"给"类则不能;"给"类使用而"送"类一般不用的句式是:S₂、S₆;"送"类使用而"给"类一般不能使用的句式是:S₇、S₈。

2.4　"教"类动词句

"教"类动词句简称"教"类句,是指"教"类动词作谓语中心词构成的句子。"教"类动词常见的有:教、授、教授、讲、告、告诉、报告、通知、回答、答复,等等。有学者认为"教"、"告诉"、"回答"这类动词"不表示任何方向"(李英哲 1983)。我们认为,这类动词还是表示一定的动作方向,这方向就是"外向"。理由有二:一是从语义上看,这类动词是言语行为动词,O₂ 是 S 通过言语行为"教、告诉"之类给予 O₁ 的,所以"暗含"给予的意义(汤廷池 1979)。例如"我教他技术知识"里,"技术知识"是抽象的"事物","我"是交者,"他"

是接者,是通过"教"使我的技术知识给予他。二是从形式上看,"教"类动词也能带"给"构成"V给"格式,然后再带宾语,如"教给他技术知识"、"教给我本领"、"讲给我们听"等;而"给"正是动词外向的标志。由此可知,"教"该是外向的。

"教"类句跟"送"类句比较,有相同处,也有不同处。相同之处表现在"教"类句中的动词也能带"给"(虽然没有像"送"类那样普遍),也是外向动词;"教"类句跟"送"类句一样,也有 S_1、S_3、S_4、S_5 等句式。例如:

(53)老向导又告诉我们一个故事。(杨朔)

(54)母亲教给我许多生产知识。(朱德)

(55)姑娘把自己的情形告诉了他。(初中语文)

(56)那个问题我已经答复他了。

(57)我有话告诉你。(鲁迅)

"教"类句跟"送"类句的不同之处表现在:"送"类句中动词带的 O_2 大都是具体名词;而"教"类句中动词带的 O_2 大都是抽象名词(如"话"、"事"、"知识"、"消息"、"故事"等),有时一个主谓短语或小句也能作 O_2,例如:

(58)他告诉我这叫大玛瑙。(杨朔)

(59)老矿工告诉我们:这儿是有名的圣金加教堂。
(峻青)

此外,"教"类不能构成 S_7、S_8,这跟"送"类动词有别。

2.5　"问"类动词句

"问"类动词句简称"问"类句,是指"问"类动词作谓语中心词构成的句子。"问"类动词常见的有:问、询问、请教、请示等。有人把这类动词称作"准予取类双宾动词",说:"它同时表示给予和取得"（马庆株 1983）。这不太准确。确定"问"类是"交"类还是"接"类，是内向还是外向，应看 O_2 的所属和转移方向。从"问"类动词联系的 O_2 的所属而言，O_2 是属于 S 的，S 和 O_2 之间存在着隐性的定心关系，可以说成"S 的 O_2"；就"问"类动作的目的而言，是在于 S 把 O_2 提出来交给 O_1，所以这类动词所构成的 S—V—O_1—O_2 句里，O_2 也是由 S 移向 O_1 的，如"我问他一件事"、"我请教他一个问题"这样的句子，可以说成"我有一件事问他"、"我有一个问题请教他"。可见"问"类动词不存在"同时表示给予和取得"，这类动词本质上是"交"类动词、外向动词。

"问"类句中的谓语动词联系的 O_2 通常是抽象名词（"话"、"问题"、"意见"、"事"等），但有时表示"事"的也可能是谓词性词语、主谓短语（或小句），例如：

（60）我问他为什么代替收信的女士是这么一个怪名字。（鲁迅）

表现在句式上，"问"类句可以有 S_1、S_4、S_5 等句式。例如：

（61）我问你一句话。（曹禺）

（62）那个问题我已经问过老师了。

（63）我有话问他。（曹禺）

（64）我有许多问题要请教他。

2.6 "写"（给）类动词句

"写"类动词句是指"写"类动词必须带上"给"作谓语中心构成的句子，所以严格地说，"写"类动词句实际上是"写给"类句，可以简称为"写"类句。"写"类动词常见的有：写、带、踢、指、抛、丢、扔、下放，等等，这类动词带"给"，就成为"动介组合体"的一种。

"写"类句中这类动词本身不是"交"类动词，因为它们自身不能单独带双宾语,如不能说"他写我一封信"。只有带上了"给",构成"V给"式以后,才能带双宾语,并具有了三价性,如能说"他写给我一封信"。有人认为"写"类动词有时表示给予,有时不表示给予,"反映了语义的不确定性"(朱德熙1979)。实际情况是:以动词"写"来说,它本身无"给予"义是具有确定性的,只有当它构成"写给"即"V给"时,才具有"给予"义,这种意义"完全是由'给'字带来的"(朱德熙1979)。也就是说,"写、带、踢、指、抛、丢、扔、下放"等动词本身不具有"给与"义,只有带上"给"出现在"交"类动词句这种句式里,才具有"给与"义。由此可见,"写"类动词不属于"交"类动词,作为"动介组合体"的"写给"类才具有"交"类动词的性质。

"写"类句跟"送"类句有相同之处,表现在它们的谓语动词都能构成"V给"式,而后带双宾语;"写给"也像"送给"一样,能构成 S_1 、S_3 、S_4 、S_7 等句式,例如:

(65)虎姑娘指给他一把椅子。(老舍)

(66)他的父亲带给我一包贝壳和几支很好看的羽毛。(鲁迅)

(67)几个青年妇女把掉在水里又捞出来的小包裹丢给了他们。(孙犁)

(68)企业自主权,局里已经下放给我们了。(《新民晚报》)

(69)他写给我许多信。

(70)他写了一封信给我。(朱自清)

"写"类句跟"送"类句也有区别,表现在:"送"类句的"送"类动词本身有"给予"义,后边不加"给"就可带双语,就能构成"交"类动词句,如"我送他一本新书";而"写"类句的"写"类动词由于本身无"给予"义,所以后边不加"给"就没法带双宾语,也就不能构成"交"类动词句,只有带上"给"才能构成"交"类动词句。此外,"写给"类组合体一般不能构成 S_2、S_5、S_6、S_8 等句式。

2.7 "唱(给)"类动词句

"唱"类动词句是指"唱"类动词必须带上"给"作谓语中心构成的句子,所以"唱"类动词句实际上是"唱给"类句,可以简称为"唱"类句。"唱"类动词常见的有:唱、讲、说、烧、煮、做、表演,等等,可称作"唱"类动词,这类动词带"给",像"写给"类一样,也成为"动介组合体"的一种。

"唱"类句中的谓语动词本身也无"给予"义,不是"交"类动词,它们自身不能单独带双宾语,如不能说"他唱我一只歌听"。只有带上了"给",构成"V给"式以后,才能带双宾语,并具有了三价性,如能说"他唱给我一只歌听"。所以"唱"类和"写"类动词一样本身无"给予"义,只有当它构成"写给、唱给"即"V给"时,才具有"给予"义,这种意义完全是由动词后面的"给"字带来的,是由句式决定的。

"唱"类句中的"唱"类动词带"给"后能构成 S_6、S_8 式,例如:

(71)祖母坐在榻旁边,讲给他有趣的故事听。(鲁迅)

(72)李太太,我教给你一个菜,你可以烧给你先生尝尝鲜。(岑凯伦)

(73)她又把两支小曲唱给他们听。(初中语文)

(74)演员们有许多节目表演给大家看。

"唱"类句跟"写"类句也有区别,表现在:"写"类句中的"写给"类能构成 S_1、S_3、S_4、S_5、S_7 等句式,而"唱"类句中的"唱给"类则不行。"唱给"类不能构成 S—V—O_1—O_2 式,这与其他"交"类动词很不一样,不妨看作"准交类"。

2.8 "称"类动词句

"称"类动词句简称"称"类句,是指"称"类动词作谓语中心词构成的句子。"称"类动词常见的有:称、称呼、简称、俗称、叫("称呼"义)、封、评、说("称呼"义)、骂("贬称"义),等等。这类动词也常带双宾语,构成 S—V—O_1—O_2 式,例如:

(75)人们当面称呼他六爷,背地叫他韩老六。(周立波)

(76)人们骂他草包。(邓刚)

(77)大家叫他"和尚"。(罗广斌)

(78)人们都称他"及时雨"。

"称"类句中的"称"类动词也可看作"交"类动词,也暗含有"给予"义,因为 O_2 是 S 通过言语行为"称、称呼"之类给予 O_1 的。这类动词的特点是:它所联系的 O_2 是个表名称的词语;O_2 跟 O_1 有同一关系,O_2 是 O_1 的名称;它常带"为"、"是"、"作"、"做"等字组成"V 为"、"V 作"、"V 做"等形式。

"称"类句中的"称"类动词跟"为"、"是"、"作"、"做"等配合时,可以组成下面 S_9 和 S_{10} 两种句式:

S_9 式,即 O_1—被 S—V 为—O_2 式,例如:

(79)地中海沿岸被人们称为西方文明的摇篮。(竺可桢)

(80)北平早被人们称为大学城和文化城。(朱自清)

S_9 和 S_4 虽都是"被"字句式,但不一样:S_9 里的主语是 O_1,而 S_4 中的主语是 O_2。比较:

A.小福子被二强子卖给了人家。(S_4)

B.小福子被人们骂作草包。(S_9)

A 句是 S_4 式,主语"小福子"为 O_2,B 句是 S_9 式,主语"小福子"为 O_1。

S_{10} 式,即 S—V—O_1—为 O_2 式,例如:

(81)郑佩华亲切地称杨怀远为启蒙老师。(《文汇报》)

(82)湖南人叫种地的为"作家"。(萧三)

O_2 前也可能不是"为",而是跟"为"相当的"是",例如:

(83)他妈骂他是书虫子。(杨朔)

(84)萧军悲伤地说他是"出土文物"。(牛汉)

3."接"类动词句

3.1 "接"类动词句的特征和内部分类

"接"类动词作谓语动词构成的句子,称作"接"类动词句。

3.1.1 "接"类动词句的特征

1)"接"类动词句在语义上的特征,主要表现在:

A. 行为过程($S \rightarrow V \rightarrow O_1 \rightarrow O_2$)是:V 发出某种动作行为让 O_2 由 O_1 向 S 转移。

B. 谓语动词 V("接"类动词)具有"得到"的意义(使 S 得到),所以"接"类动词是一种表"接得"行为的三价动词。

C. 谓语动词 V("接"类动词)联系着三个必有的、强制性的语义成分:

S(施事)是 O_2(受事)的"接者"(即"得到者"),即从 O_1(与事)得到 O_2(受事);O_1(与事)是把 O_2(受事)给与 S 的"交者"(即"给予者");O_2(受事)是从 O_1 那里转移到 S 那里的事物,一般属于 O_1(与事)所有。

D. 由于谓语动词 V("接"类动词)是内向动词,所以接类动词句就是外向动词句。

2)"接"类动词句在句法上的特征,主要表现在:

A. 谓语动词能带双宾语,如"收了他一份礼"、"欠了你五元钱"。有些语法论著认为这种"接"类动词句不是双宾句,理由是动词后的两个名词之间有定心关系,可组成一个定心短语。本章认为:"收了他一份礼"、"欠了你五元钱"这种句子的动词后带的是显性的双宾语;因为这种句子动词后的两个名词之间可以停顿,而且还可以用"收了他什么"、"欠了你什么"来发问,所以定心关系是隐性的;更何况有些连隐性定心关系也很难说,如"欠他一条命",这"命"不一定属于"他"的。只有像"收了他的一份礼"、"欠了你的五元钱"这样的结构里,动词后带的才不是双宾语,因为动词后的两个名词之间具有显性的定心关系,即动词后宾语由定心短语充当。

B. 谓语动词不能构成"V 给"式,但大都能加"到"或"得",如"接到他一封信"、"接得他一封信"①。

C. 谓语动词所联系的 O_1 与 O_2 多数能构成偏正式"O_1 的 O_2"(定心结构),如"我收到他一封信","他"和"一封信"可构成"他的一封信"。

D. 由于谓语动词 V("交"类动词)是外向动词,所以交类动词句就是外向动词句。

3.1.2   "接"类动词句的内部分类。

"接"类动词较少,根据它的句法、语义特征,内部也还可分为

---

① "交"类动词后有的也有带上"到"的,如"我把书送到他手里",这"到"有"往"义,这样的"V 到"后边不能带双宾语,所以跟"接到"的"到"是不一样的。

两个小类：a."收"类动词；b."欠"类动词。相应地"接"类动词句也可以下分为两类：

a."收"类动词句（如"我收受了他一份礼"之类）；

b."欠"类动词句（如"我欠他十元钱"之类）；

3.1.2.1　"收"类动词句

"收"类动词句简称"收"类句，是指"收"类动词作谓语中心词构成的句子。"收"类动词常见的有：收、受、接、接收、接受、得、赊、要、讨、讨还、夺、抢、骗、缴、缴获、偷、窃、窃取、骗取、赚、赢、罚、占、娶、买等。由于"收"类动词都具有"得到"义，所以它的形式特征是 V 后常可出现"得、到"组成"V 得"、"V 到"式（如"接到/得"、"赊到/得"、"骗到/得"之类），然后再带双宾语。"收"类句可以有以下一些句式：

S$_{11}$　S—V—O$_1$—O$_2$ 式，例如：

（85）他偷了老百姓一只鸡。（袁静）

（86）（他）是个唯美主义者，很受了维廉·莫利司一点影响。（老舍）

S$_{12}$　S—介 O$_1$—V—O$_2$ 式，例如：

（87）阿 Q 便向他要了两个饼。（鲁迅）

（88）他从顾客那里骗得十块钱。

这类句式的 O$_1$ 常可以由介词（"向"或"从"）引进，提到 V 之前，形成 S—向/从 O$_1$—V—O$_2$ 式："他向我讨还十块钱"、"我们从敌人那里缴获了一门大炮"。

S$_{13}$　S—V—O$_1$ 的 O$_2$ 式，例如：

（89）王小二罚过他的款（张宁）

（90）我收到了他的一封信。（曾卓）

S_{14}　O_1 的 O_2—(被)S—V 式,例如:

(91)你的信我收到了。(李佩甫)

(92)他的衣服鞋帽……都被他们抢了去。(老舍)

这种句式里,S 前有的用"被",有的不用"被"。V 后边要带上"到"或"得",或者带上其他表趋向的动词,如"来""去"等。

3.1.2.2　"欠"类动词句

"欠"类动词句简称"欠"类句,是指"欠"类动词作谓语中心词构成的句子。常见的"欠"类动词有:欠、拖欠、短、少、花、费、浪费等。

"欠"类句跟"收"类句一样,句中的谓语动词句法上能带双宾语,语义上具有内向性,即它能使 O_2 由 O_1 移向 S,暗含有"得到"义,所以同属"接"类动词句。但是"欠"类句跟"收"类句又有区别:一是"收"类句中的谓语动词能带"到"或"得",而"欠"类句中的谓语动词则不能;二是"收"类句能用介词"向"或"从"等将 O_1 提到V 之前,而"欠"类句则不能。"欠"类句没有 S_{12} 式、S_{14} 式,但有 S_{11}式、S_{13} 式,例如:

(93)咱欠东家一石五斗租子。(贺敬之)

(94)叫我做甚么?我又不少你酒钱。(施耐庵)

(95)他病着的时候,花了她的钱。(老舍)

(96)公司老板拖欠了他们的工钱。(《新民晚报》)

4. "借"类动词句

"借"类动词句是指"借"类动词作谓语中心词构成的句子。"借"类动词常见的有:借、租、赁、捐、拿、取、分、传、奖等。

"借"类动词句中谓语动词的特征是:孤立时有歧义,进入一定语境的具体的句子,动作的方向可能不一样,有时用作外向,有时用作内向。这类动词的动作外向用法时,后边可以带"给",其性质属外向动词;作内向用法时后边不能带"给",但可以带"到",其性质属内向动词。一词兼两"向",可称作"兼向动词"。试比较:

"借"类动词作外向用法举例:

(97)我拉的那辆车你租给别人吧。(老舍)

(98)他一次就捐给素昧平生的烟台患病女孩 1000 元。(《人民日报》)

(99)你赁给我辆车!(老舍)

(100)亲人们分给她应得的一份父母遗产。(支英琦)

"借"类动词作内向用法举例:

(101)他借了信用社一笔钱……拖呀,拖呀,老不还。(赵寰等)

(102)女的借到(人家)一张二十枚的破纸票。(老舍)

(103)这里到范墓要过两个局子,知道他们捐了我们多少钱。(叶圣陶)

(104)胡适向他租了三间厢房。(白吉庵)

"借"类动词作外向用法时,常在动词后带"给",一般可以构成"送"类动词的各种句式;作内向用法时,常在动词后带"到"、"得"或"了",一般可以构成"收"类动词的各种句式。

5. 余言

5.1 离合动词构成的交接动词句

有些动宾式的离合动词在作谓语时内部的语素既可以"合",

也可以"分"。离合动词在具体句子中合起来(语素间不插入其他成分)便是一个动词,如"放假"、"开玩笑"、"领情"、"上当"、"受气"、"占便宜"等。离合动词在具体句子中分离时扩展成一个短语(本来的语素临时升格为词),能构成双宾结构($V—O_1—O_2$),如"放你两天假"、"开他一个玩笑"、"领你情"、"上她当"、"受他气"、"占我便宜"等。这种结构里,V 跟 O_2 有固定的联系。离合动词的 V 语素当它带双宾语时,不妨看成"交接动词化",这样的结构可参照交接动词带双宾语的结构进行分析:其中有的跟"交"类动词近似,就构成"交"类动词句,例如:

(105)校长放了她两天假。(《新民晚报》)

(106)老爹又开了我一个玩笑。(《人民日报》)

上面例句中离合动词的语素"放"和"开"可归属于"交"类,"她、两天假、我、一个玩笑"都是宾语,这两句就是"交"类动词句。

有的跟"接"类动词近似,就构成"接"类动词句,例如:

(107)"我还得领你情……"一语未了,慧芳发觉这话越说越近乎调情,眼神也近乎抛媚眼。(王朔)

(108)他根本不屑欺负我,不屑于占我便宜,……他眼中根本没有我啊!(琼瑶)

上面例句中离合动词的语素"领"和"吃"可归属于"接"类,"你、情、我、便宜"都是宾语,这两句就是"接"类动词句。

5.2 语用中的动词活用现象

由于语用表达的需要,在具体的话语中,有些动词原本不是交接动词,但在言语表达里有时也有交接动词的用法,即在特定的句子里可以带上双宾语。如"泼、吐、洒、吃"等本是二价动词,但有时也能构成 $S—V—O_1—O_2$ 句式,例如:

(109)他先泼我这一桶水。(曹禺)

(110)写的人满口答应,吃了他上百顿饭,临完,还忘了动

笔。(老舍)

这里例(109)属于"交"类动词句,其中的"泼"相当于"交"类动词的用法;例(110)属于"接"类动词句,其中的"吃"相当于"接"类动词的用法。这是二价动词"三价化"、非交接动词"交接动词化"的活用现象。这种活用现象是由句式决定的。

相反,某些交接动词在特定的语境里也有不带双宾语的情形,如寄、嫁、娶、偷、骗等原本是三价动词,但有时也能构成 S—V—O 句式,例如:

(111)你不要再骗我。(曹禺)

(112)我好容易熬到 1983 年,丈夫由台北经香港,转来了音信,互寄了全家照片,互诉了离情。(《人民日报》)

这两例不是双宾动词句,其中的"骗"、"寄"本都是三价交接动词,但在这里都只带一个宾语。这是三价动词"二价化"、交接动词"非交接动词化"的活用现象。由于接类动词句中 O_1 和 O_2 之间在语义上一般具有领属关系,在句法上可以构成定心结构"O_1 的 O_2",所以接类动词常可构成 S—V—O(O 为语义上具有领属关系的定心短语作宾语)句式,即上面说过的 S_{13} 式(S—V—O_1 的 O_2 式)。这里再补充两例:

(113)韩有福兔崽子偷了我的米!(邓友梅)

(114)你是多少钱骗了我的驴,如今卖一百八十万?(赵

树理)

某些离合动词也有类似的用法。例如:

(115)你可得留点神,别再上了他的当!(老舍)

(116)妈,别理这东西,您小心吃了他们的亏。(曹禺)

5.3 "兼类"和"兼向"引起的歧义现象

由于某些词存在着"兼类"和"兼向"问题,有些句子离开上下文会引起歧义。例如:

(117)我借他十块钱。

这个句子可以有两种理解:

A:我借他十块钱。=我借给他十块钱。("借"的外向用法)

B:我借他十块钱。=我向他借了十块钱。("借"的内向用法)

这是"借"的兼向而产生的歧义。又例如:

(118)他租我一间房子。

这个句子也可以有两种理解:

A:他租我一间房子。=他租给我一间房子。("借"的外向用法)

B:他租我一间房子。=他向我租了一间房子。("借"的内向用法)

这是"租"的兼向而产生的歧义。再例如:

(119)你给我工作。

这个句子也可以有两种理解:

A:你给我工作=你给我活儿("给"是动词)

B:你给我工作=你给我干活儿("给"是介词)

这是"给"的兼类和"工作"的兼类而引起的歧义。

主要参考文献：

陈信春(1979)《汉语"双宾语"小议》,《河南师大学报》第 6 期。

崔承一(1983)《"给"字和它的宾语》,《延边大学学报》第 2 期。

龚千炎(1983)《由"V 给"引起的兼语句及其变化》,《中国语文》第 4 期。

胡竹安(1960)《动词后的"给"的词性和双宾语问题》,《中国语文》第 5 期。

李临定(1984)《双宾句类型分析》,《语法研究和探索》(2),北京大学出版社。

李英哲(1983)《汉语语义单位的排列次序》,《国外语言学》第 3 期。

李载霖(1983)《双宾结构琐议》,《东北师大学报》第 4 期。

吕叔湘(1979)《汉语语法分析问题》,商务印书馆。

吕叔湘主编(1980)《现代汉语八百词》,商务印书馆。

马庆株(1983)《现代汉语的双宾构造》,《语言学论丛》第十辑,商务印书馆。

施关淦(1981)《"给"的词性及与此相关的某些语法现象》,《语文研究》第
    2 辑。

汤廷池(1979)《国语的双宾动词》,《国语语法研究论文集》,台湾学生书店。

汤廷池(1979)《直接宾语与间接宾语》,《国语语法研究论文集》,台湾学生
    书店。

向　若(1960)《关于"给"的词性》,《中国语文》第 2 期。

邢福义(1984)《关于"给给"》,《中国语文》第 3 期。

杨欣安(1960)《说"给"》,《中国语文》第 2 期。

叶长荫(1980)《论"双宾语"》,《北方论丛》第 5 期。

朱德熙(1979)《与动词"给"相关的句法问题》,《方言》第 2 期。

朱德熙(1982)《语法讲义》,商务印书馆。

朱德熙(1983)《包含动词"给"的复杂句式》,《中国语文》第 3 期。

第五章　使成句*

　　现代汉语里的"使成"句是指"使成式"短语作谓语或谓语中心语构成的句子。例如：

　　(1)他眼睛睁开了。

　　(2)她身体累垮了。

　　(3)我们打败了敌人。

　　(4)他已经说清楚了这个问题。

这些句子都是使成句，其中(1)(2)句子里的谓语"睁开"、"累垮"和(3)(4)里的谓语中心语"打败"、"说清楚"等都是"谓词＋谓词"(谓词也称"广义动词"，包括动词和形容词)构成的短语，这种短语的基本结构意义是：前一谓词所表示的动作或性状，使造成后一谓词所表示的动作或性状。比如"弄坏"，"不弄就不会坏，所以'坏'乃是'弄'所使成的。……这种形式叫做使成式"。① 本章把使成式

---

　　* 本文部分内容曾以《略论 V-R》为名在 1984 年举行的"第三次现代汉语语法学术讨论会"上宣读过，1986 年发表于《语法研究和探索》(3)，北京大学出版社出版；另一部分内容以《VR 及其构成的句式》为名发表于《语言研究集刊》，复旦大学出版社，1987 年。收入本书时把两部分合并在一起并作了较大的修改。

　　① 最早提出"使成式"这个术语的是王力(1943)。他说"凡叙述词和它的末品补语成为因果关系者，叫做使成式"，"例如说'弄坏'，'弄'是因，'坏'是果，因为不弄就不会坏，所以'坏'乃是'弄'所使成的"。参看《中国现代语法》第二章第 11 节，中华书局 1955 年版和《中国语法理论》第二章第 11 节，中华书局 1955 年版。王力所说的"使成式"大体上包括现在一般所说的"动结式"和"动趋式"。

构成的短语称为使成式短语,把"使成式"短语作谓语或谓语中心语构成的句子称为"使成句"。① 使成句中两个表述(或事件)之间有"使成"关系,如"我们打败了敌人"的两个表述之间的关系是:"我们打敌人"使成(致使、造成)"敌人败"。使成句所体现出的"使成"的句式意义是一种语用意义,所以使成句是以语用意义命名的。

从词语构成来看,使成式短语主要有以下四种类型:

第一类:打赢　听懂　学会　踢翻　走进　跑过来

第二类:打乱　摔坏　吃饱　长大　哭红　说清楚

第三类:累垮　急哭　瘦死　红起来

第四类:累瘦　吓慌　急红　冷坏

上面的使成式短语类型就是按照内部词类的组合分出来的:第一类是动动组合(动词+动词),第二类是动形组合(动词+形容词),第三类是形动组合(形容词+动词),第四类是形形组合(形容词+形容词)。使成式述补短语里在前的述语绝大多数是由动词充当的,少数是形容词充当的;在后作补语的是形容词或动词,一般认为"形容词多于动作动词。"(赵元任 1979)

为了叙述的方便,我们把这种语法结构记作"VR",V 代表述语动词,R 代表述语后面的补语。

1. 使成句中的使成式短语的句法及其形式特点

使成式短语的句法及其形式特点主要有以下几点:

---

① 使成式短语可以作各种句法成分。使成式短语不是作句子谓语的主谓句不属于使成句,如"打败了敌人的那支部队换防了"、"他也还有饿死的危险"、"走进来的是一位温雅的少年"、"这时大家都觉得坐腻了"等句子便是。

1)从句法上分析,使成式短语是一种述补结构组成的短语(或称"动补短语"),即后一成分是对前一成分作补充说明的。也有的语法著作看作前正后偏的偏正短语。[①]

2)大多数使成式短语能在中间插入"得"、"不"构成可能式:V得R表可能,V不R表不可能[②]。例如:

(5)打得赢就打,打不赢就走。(毛泽东)

(6)这两天习惯了,吃得饱,睡得着。(浩然)

(7)整个草地看不见人影,听不到人声。(王愿坚)

3)使成式短语能跟否定副词"没(没有)"、"不"等结合构成否定式"没—VR"、"不—VR"。例如:

(8)他兴奋得一夜没睡好。(周而复)

(9)太阳落山了,大猛没有回来。(谭谈)

(10)老头拿住银行折子,一个钱也不拿出来。(曹禺)

有的语法著作把"坏透"、"热极"之类的某些动副组合看作跟使成式短语"吃快"、"累坏"一样的结构。其实它们不完全相同:"吃快"、"累坏"之类中间能插入"得""不"表示可能或不可能,能用"没"或"不"加在前边进行否定;而动副组合"坏透"、"热极"不能这样。所以本章所说的使成式短语不包括"坏透""热极"之类的动副组合。

4)使成式短语有些可以扩展成情状式(V得R/V得不R,也称"情态式")。VR中插入结构助词"得"可扩展成情状式(一般称

---

① 如人民教育出版社《汉语知识》(人民教育出版社,1959年12月)就持有这种观点,参看该书第55页。

② "改善""证明"之类不能插入"得"、"不"表可能或不可能,也无其他的扩展形式,它们已经凝固,本章的讨论不包括这类结构体。有些VR,如"做错"、"来巧",虽不能插"得""不"构成可能式,但仍有其他的扩展形式的,如"做得不错"、"来得很巧"。这类结构体仍属本章讨论范围。

情状式中的补语为"情状补语"或"情态补语")。VR 中的 R 如果是形容词,大都可扩展成情状式。情状式中的补语 R 多为形容词或形容词性短语充当。例如:

(11)轮子有转得快的,有转得慢的。(陈桂珍)

(12)焦成思在手术台上听得清清楚楚。(谌容)

(13)月亮升得很高了。(峻青)

(14)他的心跳得快极了。(白刃)

VR 中的 R 如果是动词,有的不能扩展成情状式,如"跌倒"、"压垮"等;有的也能扩展成情状式,如"骂哭"可扩展成"骂得(他)哭了起来","灌醉"可扩展成"灌得大醉","打败"可扩展成"打得大败"。

5)使成式短语大多数由两个语素构成,如:打碎、想通、推动、呆住、进来。但也有三个或三个以上的语素组成的。例如:

(15)申耀宗偷偷地溜出去了。(袁静)

(16)济川好容易挣脱开。(祝兴义)

(17)说着,他自己先哈哈大笑起来。(浩然)

(18)共产党有本领把革命逐步地推向前进,但没有本领把全国的坏事在一个早晨去掉干净。(毛泽东)

上边例句的"溜出去"、"挣脱开"由三个语素组成,"大笑起来"、"去掉干净"由四个语素组成。甚至还有四个以上语素组成的 VR,如"调查研究清楚"、"大吹大擂起来"。

6)使成式短语由两个直接成分组成,它不能像联合结构那样并列地向外延伸,所以它是一种封闭性的双成分结构。其双成分性是通过内部结构的层次性表现出来的。比如"溜/出去""去掉/干净"之类,便是多层次的 VR,虽然这类 VR 中语素超过两个,但仍然是双成分结构。有些多层次的 VR 中还包含着一个 VR。比如"走进来"整体是个 VR(走/进来),其中 R"进来"也是个 VR(进/来);又如:"推翻掉",整体是个 VR(推翻/掉),其中 V"推翻"也是个 VR(推/翻)。有的语法著作把这种多层次的 VR 称作"三合式",这实质上把 VR 看成为开放性的多成分结构。本章认为分析 VR 也要有层次观念。从层次分析的角度来看,无论怎样复杂的 VR,最外层的结构都是两个成分(V 和 R),所以,从整体结构关系着眼都应看作"二合式"。

2. 使成句中的使成式短语的语义特点

2.1　V 和 R 的语义关系

一般认为,V 表示原因,R 表示结果,V 和 R 构成因果关系。正如李临定(1963)指出的:"这种看法不全面。"实际情形要复杂得多。概括地说,VR 表示一个活动过程,其中 V 表示动作(或性状),R 是补充说明 V 的,表示 V 所引起或显现的某种情势。VR 的语义关系主要可归纳为四类:动结关系、动趋关系、动度关系、动态关系。

第一类,动结关系。动结关系的 VR 里,V 表示动作或性状,R 表示 V 的结果。这是典型的因果关系,一般称之为"动结式"。例如:

(19)我的手、脚、耳朵都冻坏了。(张斌)

(20)青草喂肥了羊群。(碧野)

(21)喜霞被逗笑了。(曹玉林)

(22)李辉摇醒爸爸。(郑万隆)

许多形容词能作动结式的 R,动词作动结式 R"为数不多"(朱德熙1982),常见的有"走、跑、动、掉、成、倒、翻、断、病、疯、死、见、懂、通、穿"等。

第二类,动趋关系。动趋关系的 VR 里,V 表示动作或性状,R 表示 V 的趋向。一般称之为"动趋式"。例如:

(23)我们终于爬过了雪山。(汪耀辉)

(24)大队的老支书走进来了。(谭谈)

(25)(她)一骨碌就坐起来。(朱自清)

(26)(她)一扭腰,从客厅里走出去了。(周而复)

动趋式的 V 由动作动词或性状动词充当,R 都由趋向动词充当。

第三类,动度关系。动度关系的 VR 里,V 表动作,R 描写或说明 V 的程度。这类不妨称之为"动度式"。动度式的 R 由某些表示程度的形容词(如"多、少、早、晚、迟、久"等)充当。例如:

(27)我今天午饭吃多了。(曹禺)

(28)你衣服穿少了吧?(曹禺)

(29)你来晚了,她已走了。(郑万隆)

(30)赵三宝昨晚在舅舅家喝多了酒,睡迟了。(王亚法)

动度式 VR 跟动结式有相似处,如作 R 的词都可以是形容词。但有根本区别:1)动度式中的 R 多数可移到 V 前作状语,而基本意义往往不变,如上边例句中的"吃多"变成"多吃"、"穿少"改成"少穿"、"来晚"换成"晚来"等,基本意义相通,"多"、"少"、"晚"等都表示动作的程度。相反,动结式的 R 是不能这样变换的。2)动度式VR 在句中作谓语时,R 不能与句中的任何名词性成分构成表述关系。相反,它却跟 V 能构成表述关系,如"赵三宝喝多了酒",不是"赵三宝多",也不是"酒多",而是"喝(酒)多"。3)动度式 VR 与情状式"V 得 R"意义基本相同,因此在句中若后边没有宾语,常能自然地变换成情状式,如"我今天午饭吃多了"可说成"我今天午饭吃得多了",而动结式 VR 是不能这样说的。

第四类,动态关系。动态关系的 VR 里,V 表动作或情状,R 是表示 V 的情态(也称"动态"、"体"、"情貌")。这种"情态"意义(结果态或趋向态)不是一个词本来的或"字面的"意义,而是一种引申的、虚化的意义。由表示情态意义的 R 构成的 VR 不妨称之为"动态式"。动态式里的 R 常见的有:到、着(zháo)、住、上、完、好、掉、起来、下去等。例如:

(31)想到这儿,他哆嗦起来。(老舍)

(32)燕燕本来想找他诉一诉苦,两三天里也没有找着个空子。(赵树理)

(33)(警察)抓住三轮车夫一顿拳打脚踢。(朱自清)

(34)你居然做下去了,而且高高兴兴地做下去了。(朱自清)

上述句子里的"起来"表示动作"开始"的意义,"下去"表示动作"继续"的意义,"到"、"着"、"住"表示动作"着落"、"达到"等意义。动态式 VR 最重要的特点是:VR 在句中作谓语时,R 既不能跟任何名词性成分构成表述关系,也不能跟 V 构成表述关系;它不能单说或单用,"燕燕找着个空子"里,"燕燕找个空子"可说,但"燕燕着个空子"或"找空子着"都是无法理解的。值得注意的是,在某些句子里,脱离语境也可能有歧义:同一词作 R,可能在一种情况下构成动结式或动趋式,而在另一种情况下构成动态式。试比较:

(35)她为他治好了眼睛。(谌容)

(36)姜亚芬换好了衣服。(谌容)

(37)那站岗的水手从地下爬起来了。(王亚法)

(38)那女人哭起来了。(朱自清)

这里例(35)的 VR"治好"是动结式,R"好"表示"治"的结果,意思是有了"治"这个动作,结果是"眼睛'好'了";例(36)的 VR"换好"是动态式,R"好"只是表示动作"换"的"完成";例(37)的 R"起来"表示"水手"的一种由下而上的趋向,"爬起来"是动趋式;例(38)的 R"起来"只是表示"哭"的"开始",VR"哭起来"就是动态式。动态式 VR 的 R 跟动态助词的主要区别是:前者一般能插入"得"、"不"构成能否式,而后者则不能。现代汉语有些动态式的 R,目前正处在动词和动态助词的边缘,也许到一定时候,充当动态式 VR 中的 R 的词将完全演变为表示"体"的动态助词。

2.2　VR 的语义配价

从语义上看,VR 结构体像单个动词一样,也有配价成分,它总是与名词性成分发生一定的语义联系。与 VR 发生语义联系的名词性成分有两种:一种是"强制性的"或称为"必有的"(文炼1982,吴为章1982),如果没有特定的语境,在句中一定要出现;一种是"非强制性的",根据表达的需要,在句中可出现,也可不出现(文炼1982,范晓1991)。根据 VR 与强制性的名词性成分的语义联系情形,VR 像动词一样,也可分为一价的和二价的。

一个句子中,联系着两个强制性的名词性成分的 VR,称作二价 VR("打败、打中、想到、推动、拉断、咬碎、削光、哭红、笑弯"等),如"我们打败了敌人"句中,"打败"有两个强制性的名词性成分("我们"和"敌人")与它同时出现,所以它是二价 VR。一个句子中,联系着一个强制性的名词性成分的 VR,称为一价 VR("跌倒、长大、睡熟、睡醒、病死、飞进来、站起来、走快、起早、惊呆、来晚"等),如"她跌倒了"句中,"跌倒"只有一个强制性的名词性成分("她")与它同时出现,所以它是一价 VR。有的 VR 在句子里联系着两个名词性成分,但其中一个是强制性的名词性成分,另一个不是;这样的 VR 仍是一价的,例如"前面走来一个人"、"公园里逃出来一只老虎"中的"走来"、"逃出来"便是。相反,也有的 VR 在句子里表面上只联系着一个强制性的名词性成分,但实际上却有两个强制性的名词性成分,其中一个是由语境的帮助而潜藏着的,也就是说,另一个"必有的"名词性成分省略或隐含了;这样的 VR 应当看作二价的,例如"我听懂了"、"绳子拉断了"中的"听懂"、"拉断"便是。

　　一价 VR 中的 V 通常是一价动词,二价 VR 中的 V 通常是二价动词。但是 VR 的一价、二价与动词的一价、二价无必然的联系。内部有二价动词的 VR 多数是二价的;但也有不是二价的,如"他们打起来了"中的"打起来"。内部只有一价动词或形容词的 VR,有的是一价的,如"她跑累了"中的"跑累";有的是二价的,如"她哭肿了眼睛"中的"哭肿"。

　　VR 的"价"和带宾语也没有必然的联系。二价 VR 有时也可不带宾语,如"她眼睛哭红了",两个"必有的"名词性成分都在"哭红"之前,不作 VR 的宾语;相反,一价 VR 有时也可带宾语,如"前边走过来一个人"中,一价 VR"走过来"带有宾语"一个人"。

　　2.3　VR 构成的动核结构

　　从语义平面分析,任何句子都是由动核结构组成的,VR 作句子谓语构成的使成句也是如此。根据 VR 与强制性名词性成分的语义联系,使成句句式 VR 构成的动核结构可分为两类:双动核结构和单动核结构。

第一类,双动核结构。是指有些 VR 作谓语构成的使成句在语义平面是由两个动核结构构成的,例如:"他推倒了桌子",可分析为"他推桌子＋桌子倒";"他喝醉了酒"可分析为"他喝酒＋他醉";"他呆久了"可分析为"他呆＋呆久"。动结式、动趋式、动度式 VR 都能构成双动核结构。

第二类,单动核结构。是指有些 VR 作谓语构成的使成句在语义平面是由一个动核结构构成的,例如"姜亚芬换好了衣服";"好"在这句子里与主语、宾语没有直接的语义上的联系,它与动词"换"也不构成动核结构的关系,而只是表示 V 的一种"情态"。又如,"脸红起来了"可分析为"脸红";"起来"也只是表示 V 的情态的。凡是动态式 VR 只能构成单动核结构或单表述。

2.4　VR 补语 R 在使成句中的语义指向

使成句里作谓语的 VR 的 R(补语)都有一定的语义指向(即在语义上所要说明方向对象)。这种语义指向大体上可以分为三类:

第一类,R 在语义上指向使成句的宾语,表示的意思是:V 使得宾语成为 R。例如:在"小王洗干净了衣服"这个使成句里,R(补语)"干净"在语义上指向宾语"衣服":

小王洗衣服＝小王洗→衣服干净。

又如在"她哭红了眼睛"这个使成句里,R(补语)"红"在语义上指向宾语"眼睛":

她哭＝她哭→眼睛红

第二类,R 在语义上指向使成句的主语,表示的意思是:V 使

得主语成为 R。例如:在"那头牛病死了"这个使成句里,R(补语)"死"在语义上指向主语"那头牛":

　　　　那头牛病死＝那头牛病→那头牛死

又如在"鸽子飞回来了"这个使成句里,R(补语)"回来"在语义上指向主语"鸽子":

　　　　鸽子飞回来＝鸽子飞→鸽子回来

　　第三类,R 在语义上指向使成句的谓语中的主要动词 V,表示的意思是:V 使得 V 本身成为 R。例如:在"你今天来晚了"这个使成句里,R(补语)"来"在语义上指向谓语主要动词 V"来":

　　　　你来晚＝你来→来晚

又如在"那女人哭起来了"这个使成句里,R(补语)"起来"在语义上指向谓语主要动词 V"哭":

　　　　那女人哭起来＝那女人哭→哭起来

3. 使成句的表述类型

　　根据 VR 中 V 和 R 的关系意义和 R 的语义指向,VR 作谓语(或谓语中的中心语)所构成的使成句语义结构的表述类型丰富多样。为便于描写,本章使用某些符号来代替某些名称。除了 V 和 R 外,其他符号有:S 表示主语,[S]表示潜在的主语或施事,P 表示谓语,O 表示宾语,[O]表示潜在的宾语或受事,A 表示动词的"情态"。

　　使成句的表述类型可以先分为四个大类:(一)R 与宾语能构成一个表述的,可记作 O^SR^P;(二)R 与主语能构成一个表述的,可记作 S^SR^P;(三)R 与 V 能构成一个表述的,可记作 V^SR^P;(四)R

只表示 V 的"情态"的,可记作 V^VR^A;接着在四大类型中可以根据组成 VR 的词的性质以及基本句式所隐含的语义关系分别分为 12 个次类,然后如果有必要还可以在次类下面再分别分为若干小类。现将现代汉语使成句表述类型的系统描述如下:

3.1　O^SR^P 型(简称 OP 型)

根据组成 VR 的词的性质以及基本句式所隐含的语义关系,OP 型还可分为以下四个次类:

1)S—VR—O=$S^s(VO)^P+O^SR^P$

这一类特点是:VR 组合体是二价的,其中的 V 是二价动词,R 是一价动词或形容词;S 是 V 的施事,O 是 V 的受事。下面可以再分为两个小类:

a 类:V 是二价动词,R 是一价动词。例如:

(39)武松打死了老虎。=武松打老虎+老虎死

(40)他提起来一桶水。=他提一桶水+一桶水起来

b 类:V 是二价动词,R 是形容词。例如:

(41)小王踢坏了皮球。=小王踢皮球+皮球坏

(42)老张撕破了衣服。=老张撕衣服+衣服破

2)S—VR—O=$S^s(V[O])^P+(S 的 O)^s+R^P$

这一类的特点是:VR 组合体是二价的,其中的 V 是二价动词,R 是一价动词或形容词;S 是 V 的施事,O 是 R 的系事,S 和 O 有领属关系。下面可以再分为两个小类:

a 类:V 是二价动词,R 是一价动词。例如:

(43)她唱哑了嗓子。=她唱[O]+她的嗓子哑

b 类:V 是二价动词,R 是形容词。例如:

(44)他吃饱了肚子。=他吃[O]+他的肚子饱

3)$S-VR-O=S^sV^p+(S\ 的\ O)^sR^p$

这一类特点是:VR 的组合体是二价的,其中的 V 是一价动词或形容词,R 也是一价动词或形容词;S 是 V 的施事或系事,O 是 R 的系事,S 和 O 有领属关系。下面可以再分为四个小类:

a 类:V 是一价动词,R 也是一价动词。例如:

(45)她跌断腿了。＝她跌＋她的腿断

b 类:V 是一价动词,R 是形容词。例如:

(46)她哭肿了眼睛。＝她哭＋她的眼睛肿

C 类:V 是形容词,R 是一价动词。例如:

(47)她累垮了身体。＝她累＋她的身体垮

d 类:V 是形容词,R 也是形容词。例如:

(48)她急红了脸。＝她急＋她的脸红

4)$S-VR-O=S^sV^p+O^sR^p$

这一类特点是:VR 组合体是二价的,其中的 V 是一价动词,R 是一价动词或形容词;S 是 V 的施事,O 是 R 的系事。下面可以再分为两个小类:

a 类:V 是一价动词,R 也是一价动词。例如:

(49)孩子哭醒了我。＝孩子哭＋我醒

b 类:V 是一价动词,R 是形容词。例如:

(50)她哭乱了我的心。＝她哭＋我的心乱

3.2 S^sR^p 型(简称 SP 型)

根据组成 VR 的词的性质以及基本句式所隐含的语义关系,SP 型还可分为以下四个次类:

1)$S-VR-O=S^s(VO)^p+S^s(RO)^p$

这一类特点是:VR 组合体是二价的,其中的 V 是二价动词,

R 也是二价动词;S 既是 V 的施事,也是 R 的施事;O 是 V 的受事,也是 R 的受事。例如:

(51)我们学会外语了。＝我们学外语＋我们会外语

(52)我听懂你的话了。＝我听你的话＋我懂你的话

2)S—VR—O=$S^s(VO)^p+S^sR^p$

这一类特点是:VR 组合体是二价的,其中的 V 是二价动词,R 是一价动词或形容词;S 是 V 的施事,又是 R 的系事;O 是 V 的受事,跟 R 不发生动宾关系或主谓关系。下面可以再分为两个小类:

a 类:V 是二价动词,R 是一价动词。例如:

(53)他喝醉了酒。＝他喝酒＋他醉

b 类:V 是二价动词,R 是形容词。例如:

(54)他吃饱了饭。＝他吃饭＋他饱

3)S—VR—O=$S^sV^p+S^s(RO)^p$

这一类特点是:VR 组合体是二价的,其中的 V 是一价动词,R 是二价动词;S 是 V 的施事,也是 R 的施事;V 和 O 不直接发生动宾关系,但 R 和 O 构成动宾关系;O 是处所宾语。例如:

(55)他走进了教室。＝他走＋他进教室

4)S—VR=$S^sV^p+S^sR^p$

这一类特点是:VR 组合体是一价的,其中 V 是一价动词或形容词,R 也是一价动词或形容词;S 是 V 的施事或系事,也是 R 的施事或系事。下面可以再分为四个小类:

a 类:V 是一价动词,R 也是一价动词。例如:

(56)她跌倒了。＝她跌＋她倒

一个人走进来了。＝一个人走＋一个人进来

b 类:V 是一价动词,R 是形容词。例如:

(57)小李长高了。＝小李长＋小李高

c 类:V 是形容词,R 是一价动词。例如:

(58)她急哭了。＝她急＋她哭

d 类:V 是形容词,R 也是形容词。例如:

(59)他高兴死了。＝他高兴＋他死

3.3　V^sR^p 型(简称 VP 型)

根据组成 VR 的词的性质以及基本句式所隐含的语义关系,VP 型还可分为以下两个次类:

1)S—VR—O=$S^s(VO)^p$＋$(VO)^p$＋$(VO)^sR^p$

这一类的特点是:VR 组合体是二价的,其中的 V 是二价动词,R 是形容词;S 是 V 的施事,O 是 V 的受事,R 表 V 的情状(V 也可以看作 R 的系事)。例如:

(60)他喝多酒了。＝他喝酒＋喝酒多

他瞄准靶子了。＝他瞄靶子＋瞄靶子准

2)S—VR=S^sV^p＋V^sR^p

这一类的特点是:VR 组合体是一价的,其中的 V 是一价动词,R 是形容词;S 是 V 的施事,R 表 V 的情状(V 也可以看作 R 的系事)。例如:

(61)他来晚了。＝他来＋来晚

(62)我呆久了。＝我呆＋呆久

3.4　V^vR^A 型(简称 VA 型)

根据组成 VR 的词的性质以及基本句式所隐含的语义关系,VA 型还可分为以下两个次类:

1)S—VR—O=$S^s(VR^AO)^p$

这一类的特点是:VR 组合体是二价的,其中的 V 是二价动词,R 是一价动词或二价动词;S 是 V 的施事,O 是 V 的受事,R 表示 V 的"情态"。

a 类:V 是二价动词,R 也是二价动词。例如:

(63)他考上大学了。=他考大学+考上("上"表动作"达到"或"着落")

b 类:V 是二价动词,R 是一价动词。例如:

(64)她穿好了衣服了。=她穿衣服+穿好("好"表动作的"完成")

2)$S—VR=S^s(VR^A)^P$

这一类特点是:VR 组合体是一价的,其中的 V 是动词或形容词,R 是 R 表示 V 的"情态"。

a 类:V 是二价动词,R 是一价动词。例如:

(65)他们打起来了。=他们打+打起来("起来"表示动作的"开始")

b 类:V 是一价动词,R 也是一价动词。例如:

(66)他哭起来了。=他哭+哭起来("起来"表示动作的"开始")

c 类:V 是形容词,R 是一价动词。例如:

(67)天黑下去了。=天黑+黑下去("下去"表示性状的"继续")

4. 使成句中 VR 的结构中心和表达重心

4.1 不同的看法

从句法结构上分析,语法学界一般把述补结构 VR 看作是一种主从的向心结构,即认为 VR 里只有一个结构中心(核心成分),另一个是从属成分;但对"中心"在 V 上还是在 R 上有着不同的看法。

大多数学者把"述补结构"VR 看作前正后偏的"偏正结构"或前主后从的"主从结构",并把 VR 中的 V 看作中心语(或"中心词"),把 R 看作 V 的"补语"或"附加语"(吕叔湘 1953,丁声树 1961,张静 1980),这显然是把 V 当作 VR 结构的中心。

也有学者"想把'动补'格的关系颠倒过来,把'补'看作'正',把'动'看作'偏'",即把 VR 中的 V 看作"偏",把 R 看作"正"(结构中心)。(李临定 1984)

还有学者认为 VR 可分为两小类:其中一类是 V 是结构中心(中心语),R 是补语,如"打倒"、"搞好"、"打扫干净"之类;另一类 R 是结构中心(中心语),V 是修饰语,如"走进"、"走出"、"走进来"之类。(刘世荣 1954)不同的看法,反映出不同的理论和不同的分析方法。怎样来确定 VR 的结构中心,很值得讨论。

4.2　应把表达重心与结构中心区别开来

我们认为,VR 中的结构中心和表达重心处于不同的平面,应该把它们区别开来。结构中心是指抽象的静态短语句法结构体内部结构关系的中心,它决定于内部成分间的语义关系,所以 VR 句法结构的中心和语义结构的中心是一致的。汉语的主从结构里从属成分(定语、状语、补语)跟核心成分(中心语)之间的关系,表现为修饰和被修饰、限制和被限制、补充和被补充等关系。表达重心是指在具体句子中的表达重点,也就是语用重心,它决定于具体句子的表达要求。结构中心在 VR 组合体短语单位里就可以确定,所以相对固定,它总是固定在被修饰、被限制、被补充的那个成分上。表达重心是动态的,要在具体的句子里才能判定,因此是不固定的,常因句而异;表达重心有时跟结构中心一致,但有时不一致。[①]

VR 的表达重心在哪里,有不同意见。王力认为:"中国的使成式着重在使成的方法,叙述词的本身可以表示方法上的变化,例如'缩短'之外,还可有'删短''割短''削短'等,'放大'之外还可以有'加大'、'扩大'、'吹大'等,……"。(王力 1944)这实质上是指 VR 的表达重心在 V 上。李临定(1984)持相反的意见,认为"从表达重点来看,往往是重在动补格的后部分",这是说 VR 的表达重心往往在 R 上。

我们认为,由于句子表达的多样性,VR 的表达重心也表现为多样性。动态句子里 VR 在句子里当着重强调说明 R、加重 R 的语气时,表达重心在 R 上,这就是说从属成分补语成了表达重心。例如:

(68)我们认为这个命令是下错了,而且错得很厉害。(毛泽东)

(69)我们一定要把这场斗争搞深搞透。(邓小平)

在句子里当强调 R 的原因或方式时,表达重心也可能在 V 上,这就是说述补结构的述语成了表达重心。例如:

(70)(王振华律师)是被撞死的。(朱自清)

(71)损伤分类方法很多……按致伤的因素,可分为刺伤、

---

① 从属成分定语和状语在动态句子里有时也可作为表达重心的,如"我们的祖国是伟大的祖国"中的"伟大的祖国"是个定心结构,结构中心是"祖国",但表达重心却是"伟大"。又如"我一定去"中的"一定去"是个状心结构,结构中心是"去",但表达重心却是"一定"。动补结构也是如此。

切伤、烧伤等。(郭懋荣)

有的 VR 在具体句子里可能有两个表达重心,例如:

(72)中国的反动分子,靠我们组织起人民去把它打倒。

凡是反动的东西,你不打,他就不倒。(毛泽东)

这句里的 VR"打倒"在句子里既强调"打",又强调"倒",很难分出主次。

同一个 VR,可能在一种情况下表达重心在 V 上,在另一种情况下表达重心在 R 上。如果问"他是怎么受伤的?"回答说"他是跌伤的,不是撞伤的",这句是着重说明"伤"的原因,表达重心便在 V 上。如果问"他跌得怎样?"回答说"他跌伤了",这句是着重说明"跌"的结果,表达重心便在 R 上。总之,表达重心决定于句子的表达意图,带有主观性,在句子里常可变动。

从总体上看,在动态的具体句里,从属成分往往是表达重心所在,或者说有这样一种倾向性;有的学者就以此来证明 VR 在这种动补句法结构是"前偏后正"或"前从后主"的结构,那是有问题的,因为语用平面的表达重心不等于句法平面的结构中心。如果以表达重心来确定结构中心,则定语、状语、补语等都成了结构中心,句法结构里的"中心语"反而不是结构的中心,那就会造成理论上的矛盾。总之,表达重心不等于结构中心,应当把两者严格区别开来。

4.3 确定 VR 结构中心的方法

大家都承认偏正结构有一个结构中心。李临定(1984)提出了一种验证汉语偏正结构里结构中心的方法,即:"句子里边的一个双成分结构,如果省去其中的一个成分,保留另一个成分,保留的这个成分的句法功能未变,整个句子的结构性质也未变,同时,整个句子的语义关系是可以理解的,并且与未省略时的语义关系是一致的,这样的成分是'正'(中心语),否则,则是'偏'"。他据此论定 VR 的结构中心是 R。

这种省"偏"留"正"的方法一定要进入句子,实质上是要依句辨"心",用这方法来论定 VR 是前偏后正的向心结构恐怕是有问题的。

一则,用省"偏"留"正"的法对动态式和动度式 VR 进行测试,得出来的结构中心是 V,而不是 R。先从动态式 VR 来看,例如:

(73)他已经穿好衣服。→他已经穿衣服。/ * 他已经好衣服。

(74)小花猫抓住了一只老鼠。→小花猫抓了一只老鼠。/ * 小花猫住了一只老鼠。

(75)我想到了这件事。→我想了这件事。/ * 我到了这件事。

通过省"偏"留"正"法来确定结构中心,可看出上述动态式的结构中心是 V。再从动度式 VR 来看,例如:

(76)他来迟了。→他来了。/? 他迟了。

(77)小王今天喝多了酒。→小王今天喝了酒。/ * 小王今天多了酒。

(78)我衣服穿少了。→我衣服穿了。/? 我衣服少了。

通过省"偏"留"正"法来确定结构中心,可看出上述动度式的结构中心也在 V 上。李临定(1984)"想把'动补'格的关系颠倒过来,即把'补'看作'正',把'动'看作'偏'",即使用他提出的省"偏"留"正"法来确定结构中心,从动度式和动态式 VR 来看,显然是颠倒不过来的。李临定(1984)的文章忽略这些 VR,然而作为"动补结构"的一部分的动度式和动态式,其结构中心应当与其他的 VR 相同,因而是不能回避的。

二则,从动结式、动趋式的 VR 来看,入句后相当复杂,如果用省"偏"留"正"法来测试,往往会得出一些很不一样的结果。例如:

(79)武松打死一只老虎。→武松打一只老虎。/＊武松死一只老虎。

(80)他拿过来了一本书。→他拿了一本书。/＊他过来了一本书。

(81)他跑丢了一双鞋。→＊他跑了一双鞋。/他丢了一双鞋。

(82)小张走过来了。→? 小张走了。/小张过来了。

(83)我已经学会了两门外语。→我已经学了两门外语。/我已经会了两门外语。

(84)她哭昏了我的脑袋。→＊她哭了我的脑袋。/＊她昏了我的脑袋。

如果用省"偏"留"正"法来验证,可看出:有的结构中心在 V 上,如(79)(80)中的"打死"、"拿过来";有的结构中心在 R 上,如(81)(82)中的"跑丢"、"走过来";有的是 V 和 R 都是中心(多中心),如(83)中的"学会";有的是无中心,如(84)中的"哭昏"。即使同一个 VR,在不同的句子里,有时也可能不一样,例如:

(85)他吃饱了。→他吃了。/他饱了。

(86)他吃饱了饭了。→他吃了饭了。/＊他饱了饭了。

(87)他吃饱了肚子了。→＊他吃了肚子了。/＊他饱了肚子了。

(88)他肚子吃饱了。→＊他肚子吃了。/他肚子饱了。

通过省"偏"留"正"法验证,VR"吃饱"有四种情形:有的结构中心

是 V,如(86)中的 VR;有的结构中心是 R,如(88)中的 VR;有的
是多中心,如(85)中的 VR;有的是无中心,如(87)中的 VR。这样
的结论是难以想象的。

可见,单纯地根据省"偏"留"正"法很难确定 VR 的结构中心,
是不可能得出结构中心在 R 上的结论的。

其实,VR 的结构中心的确定,不必进入句子,就在短语层面
上就可以得到结论的。根据汉语的特点,有一种从结构形式上鉴
定主从结构的方法值得一试。这就是"成分扩展验证法",即看一
个双成分组合里能插入什么样的结构助词或其他有关虚词来验
证。这种方法也可称作"虚词鉴定法"。比如,汉语的定心结构,往
往可插入结构助词"的",定语和它的中心语之间的"的"可认为是
定心结构的标记,比如"红花"、"好天气"、"木头房子"之类,由于能
插入"的"扩展构成定心短语,就知道"的"后的成分是结构中心。
又比如汉语的状心结构,往往可插入结构助词"地"(或"的"),"慢
慢地走"、"认真地学习"就是状心短语,"走"和"学习"便是结构中
心。VR 也有自己的扩展形式特征,最重要的是能插入助词"得"、
"不"扩展成能否式 V 得 R 和 V 不 R 表示"可能"和"不可能",如
"吃饱"可扩展成"吃得饱"、"吃不饱","走快"可扩展成"走得快"、
"走不快"等;有人认为"打倒"、"搞好"、"打扫干净"之类 VR 里 V
是结构中心,"走进"、"走出"、"走进来"之类的 VR 里 R 是结构中
心,我们认为它们都能插入助词"得"、"不"扩展成能否式,所以应
作统一处理。而且,相当多的 VR 还能插入结构助词"得"扩展成
情状式 V 得 R 和 V 得不 R,如"吃饱"可扩展成"吃得饱"、"吃得不
饱","走快"可扩展成"走得快"、"走得不快"等,甚至还可扩展成

"吃得很饱"、"走得非常快"等。能否式和情状式一般都认为是动补结构。所以我们的结论是：由谓词构成的双成分组合，能扩展成能否式或情状式的都是述补 VR；VR 的结构中心应该在述语 V 上，补语 R 应该是从属成分。

5. 使成句的句式

VR 在句中作谓语或谓语中心所构成的使成句句式，就单句中的主谓句而言，有两种基本句式：S—VR—O 和 S—VR，也还有些其他句式。尤其是 VR 带宾语的句式（准确地说，是指 VR 跟 O 的配置情形以及 O 或隐或现），更为丰富多样。

根据我们考察，VR 所构成的使成句（主谓单句）的主要句式有如下 12 类。

5.1　S—VR 式

一价 VR 组合体作谓语在一般情况下不带宾语，它通常构成这样的句式。例如：

(89) 车站上的人都走空了。（郑万隆）

(90) 我吓呆了。（叶蔚林）

(91) 那女人哭起来了。（陆定一）

5.2　S—VR—O 式

这是二价 VR 组合体作谓语中心语构成使成句的最普遍的一种句式。例如：

(92) 刘学尧打断他的话。（谌容）

(93) 他睁开了眼睛。（鲁彦周）

(94) 她脱掉了白大褂。（孟伟哉）

5.3　S—VO—R式

如果 R 是表示趋向的动词(即动趋式的 VR)常可构成这种句式。例如：

(95)记得十二岁上，那边捎信来，说小姐痨病死了。(朱自清)

(96)母亲和宏儿下楼来了。(鲁迅)

(97)孔乙己弯腰下去说道："不多了，我已经不多了。"(鲁迅)

如果 R 是表示结果的动词(即动结式 VR)一般不用这种句式，但在文学作品里有时也还可以见到。例如：

(98)我兜出来的悲哀，得让我自己来吻它干。(闻一多)

(99)你们不能抓他来。(李英儒)

5.4　S—把 O—VR式

这是用"把"将宾语前置于 VR 前的句式，一般称之为"把"字句。用"把"前置于 VR 前的宾语通常是受事宾语。例如：

(100)我把电话打通了。(冰心)

(101)我们把野菜洗干净了。(刘坚)

(102)他把车子拉过去了。(老舍)

用"把"前置于 VR 前的宾语有时也有系事宾语。例如：

(103)她把眼睛都哭瞎了。(周立波)

(104)这种生活把她累坏了。(周而复)

5.5　S—O—VR式

这是不用"把"字，但宾语却直接前置于 VR 前的句式，简称"前宾句"。这种句式中的宾语通常是受事宾语。例如：

(105)我今天午饭吃多了。(曹禺)

　　　　(106)你衣服穿少了吧?(曹禺)

　　　　(107)学生们功课做完了。(吕冀平)

5.6　S—VO—VR式

　　这是重复一下动词,并将宾语提到VR之前的句式,简称"复动句"。这种句式中VR前的宾语通常是受事宾语(少数是处所宾语)。例如:

　　　　(108)欢欢玩螃蟹玩腻了。(谭谈)

　　　　(109)他喝酒喝醉了。(李临定)

　　　　(110)我们爬山爬累了。(刘坚)

有些带有两个宾语(一个是受事宾语,一个是系事宾语)的还可构成S—VO₁—VRO₂式。例如:

　　　　(111)她唱歌唱坏了嗓子。

　　　　(112)他踢球踢伤了腿。

5.7　S—VRO—R式

　　复合趋向动词作R构成的VR带宾语,时常构成这样的句式。这种句式中的宾语嵌在复合趋向动词之间,赵元任称之为"分裂趋向补语"(赵元任1979)。实际上可分析为:一个VR带宾语组成VRO,而后再带补语,构成"VRO—R"式。例如:

　　　　(113)他蓦地抽回手去。(王愿坚)

　　　　(114)她低下头去。(谌容)

　　　　(115)严萍一下子红起脸来。(梁斌)

这种句式里如果有两个宾语,VR带宾的句式就有两种。一种是:S把O₁—VRO₂—R式。例如:

　　　　(116)你把父亲的手都弄出血来了。(曹禺)

　　　　(117)祥子把车拉出城去。(老舍)

另一种是:S—VO$_1$—RO$_2$—R式。例如:

(118)嬷嬷们<u>引</u>黛玉<u>进</u>东房门来。(曹雪芹)

(119)我<u>渡</u>你<u>过</u>河去。(钱国梁、陈佐辉)

5.8 O—被S—VR式

这种句式就是"被"字句句式,也叫被动句。在这种句式里,V的受事置于句首,成了句子的主语,而V的施事用"被"字引进置于O和VR之间。例如:

(120)我被他的精神深深<u>打动</u>了。(鲁彦周)

(121)焦成思被护士<u>推走</u>了。(谌容)

(122)月亮被一片乌云<u>遮住</u>了。(鲁彦周)

5.9 S的O—VR式

这种句式里VR组合体是二价的,宾语前置;S与O之间具有领属关系,简称"领属句"。例如:

(123)我的眼泪早<u>哭干</u>了。(曹禺)

(124)窦松贵的脸色<u>涨红</u>了。(曹玉林)

(125)她的眼帘<u>垂下</u>了。(鲁彦周)

5.10 "得"字句

"得"字句(也称"V得"句)是指"在动词或形容词之后加上'得'字引进补语的句子,简称'得'字句。"(李临定1963)VR作谓语构成的"得"字句有三种形式:

第一种,S—V得—R式

这种"得"字句中的R可能是单个形容词或重叠形式的形容词充当的。例如:

(126)他<u>提得好</u>,对人民有好处,我们就采用了。(毛泽东)

(127)(焦思成)<u>听得清清楚楚</u>。(谌容)

(128)房门关得*死死的*。(张斌)

也可能在作 R 的形容词前边或后边附加上修饰性的词语。例如:

(129)鸽子飞*得真高啊*! (曹禺)

(130)卢进勇走*得特别快*。(王愿坚)

(131)她说*得好极了*。(陈桂珍)

第二种,S—V 得—SR 式

这种"得"字句的特点是:在"得"和"R"之间可插进一个名词性的成分,构成一个表述(S^sR^p)。例如:

(132)他哭*得眼睛都红了*。(李临定)

(133)宋师父累*得脸都红了*。(马烽)

第三种,S—VO—V 得 R 式

这是重复一下动词,带上宾语,而后再出现 V 得 R 的句式。例如:

(134)我今晚抽烟抽*得很多*。(丁西林)

(135)他回家回*得早*。(杨朔)

类似这种句式的还有 S—O—V 得 R 式,例如:

(136)我饭吃*得很饱*。(朱春雨)

(137)他话说*得很轻*。(李君维)

5.11　潜成分句

有些二价 VR 作谓语或谓语中心语构成的使成句,由于表达的需要,省略或隐含了一个强制性名词性成分。这样的句子,表面上是 S—VR 式或 O—VR 式;而从语义上分析,它有一个潜在的成分:或者是潜在着受事,或者是潜在着施事。这就是"潜成分句"。主要有以下几种:

第一种,S—VR→S—VR—[O]式

这是有潜在受事的句式,例如:

(138)我听明白啦。(赵大年)

(139)我看不懂。(曹禺)

(140)我真喝多了!(曹禺)

第二种,O—VR→[S]—VR—O 或 O 被[S]—VR

这是有潜在施事的句式,例如:

(141)药煎好了。(曹禺)

(142)鸡蛋蒸熟了。(袁静)

(143)敌人消灭干净了。(柳青)

第三种,O—被 VR→O—被[S]—VR 式

"被"字句有时候施事不出现,就构成这样的句式。例如:

(144)喜霞被逗笑了。(曹玉林)

(145)张老汉被说服了。(谌容)

(146)门被推开了。(鲁彦周)

5.12 存现句

有些句子表面上也是 S—VR—O 式。

这种句子的 S 是表示处所的词语,O 是施事或受事。这种句式中的 VR 组合体可以是一价的,如"病死";也可以是二价的,如"装满"。这是一种比较特别的句式,一般称作"存现句"。这种句子的语义结构式主要有两种:

第一种,S^s(有 O)^P+$O^s V^P$+$O^s R^P$ 式

这种句子宾语是施事,例如:

(147)客厅里坐满了人。(鲁彦周)

(148)村里病死了一头牛。(李临定)

第二种,S^s(有 O)^P+S^s(在某处所 VO)^P+$O^s R^P$ 式

这种句子宾语是受事,施事隐含着,例如:

(149)大竹筒里装满了水。(彭荆风)

(150)四面的墙壁上面挂满了古今名家的字画。(古龙)

6. 使成句的句式变换

VR 作谓语或谓语中心构成的句子,语义结构一样,而形式可以多种多样,因此根据表达需要,不同句式常可互相变换。比如"武松打死了老虎",也可说"武松把老虎打死了",也可说"老虎被武松打死了"。但并不是任何句式都可互相变换,比如"武松打死了老虎"就不能变换成"领属句"(S 的 O—VR)。什么样的句式跟什么样的句式可以或不可以变换,是有一定的规律的。

6.1　基本式

VR 作谓语或谓语中心构成的使成句句式中,S—VR—O 和 S—VR 是最普通、最常用的一种主谓单句格式,一切 VR 都可构成这样的句式(其中二价 VR 可构成 S—VR—O 式,一价 VR 一般构成 S—VR 式),所以称作基本式。而其他句式也不是都不常用,只是有些句式比较特殊,必须借助于一定的语境才能出现,如潜成分句;有些句式虽常用,但并不是任何 VR 都可以构成的,如"把"字句、"被"字句等;有的具体的 VR 甚至可能常构成其他句式而较少构成基本式的,如"他酒喝多了"(S—O—V)为常用句式,"他喝多酒了"(S—VR—O)反而少用。但从绝大多数 VR 构成的句式而言,S—VR—O 和 S—VR 总还是最普通、最常用的,因此这里所说的句式变换,主要是指基本句式与其他句式的变换关系,即要着重研究什么样的 VR 能使基本句式和其他句式互相变换的规则或一般条件。

6.2　基本式和非基本式的变换

6.2.1　基本式和"把"字句的变换

基本式和"把"字句(S—把 O—VR 式)[①]的变换主要有以下三条规则:

1)一价 VR 构成的 S—VR 不能变换成"把"字句。

2)二价 VR 构成的 S—VR—O 中的 O^SR^P 型、V^SR^P 型、V^VR^A 型句式都能变换成"把"字句。例如"我们打败了敌人",可以说成"我们把敌人打败了";"他瞄准了靶子",可以说成"他把靶子瞄准了";"她穿好了衣服",可以说成"她把衣服穿好了"。

3)二价 VR 构成的 S—VR—O 中的 S^SR^P 型句式有两种情形:如果 VR 里边只有一个二价动词,就不能变换成"把"字句,如"他喝醉了酒"不能说成"他把酒喝醉了";如果 VR 是由两个二价动词构成的,则也可变换成"把"字句,如"我们学会了外语"可变换成"我们把外语学会了"。

6.2.2　基本式和"被"字句的变换

基本式和"被"字句(O—被 S—VR 式)的变换主要有以下五条规则:

1)一价 VR 构成的 S—VR 不能变换成"被"字句。

2)二价 VR 构成的 S—VR—O 中的 O^SR^P 型句式有两种情形:如果 S 和 O 之间有施受关系则可变换成"被"字句,如"武松打死了老虎"可变换成"老虎被武松打死了";如果 S 和 O 之间不是

[①]　这里指典型的"把"字句(S—把 O—VR),不包括"把他急哭了"(把 S—VR)之类比较特殊的句式。

施受关系就不能变换成"被"字句,如"她跌伤了腰","她"和"腰"之间具有领属关系,就不能说成"腰被她跌伤了"。

3)二价 VR 构成的 S—VR—O 中的 S^SR^P 和 V^VR^A 型句式也有两种情形:如果 VR 是两个二价动词组成的就可变换成"被"字句,如"我们学会了外语"可变换成"外语被我们学会了";如果 VR 里边只有一个二价动词便不能变换成"被"字句,如"他吃饱了饭"不能说成"饭被他吃饱了"。

4)二价 VR 构成的 S—VR—O 中的 V^SR^P 型句式一般可变换成"被"字句,如"他瞄准了靶子"可变换成"靶子叫他瞄准了"。

5)二价 VR 构成的潜在成分句,如果有一个潜在主语 S(施事),也可变换成"被"字句,如"敌人打败了"可变换成"敌人被打败了";如果有一个潜在宾语 O(受事),则不能变换成"被"字句。

6.2.3 基本式和"得"字句的变换

基本式和"得"字句(包括 S—V 得—R、S—V 得—SR、S—VO—V 得 R 等式)的变换主要有以下四条规则:

1)S—VR—O 和 S—VR 中的 V^VR^A 式(即 R 表示情态的)都不能变换成"得"字句,如"她穿好了衣服"、"天黑下去了"之类。

2)二价 VR 构成的 S—VR—O 中的 S^SR^P 型句式不能变换成"得"字句,如"她吃饱了饭"之类。

3)一价 VR 构成的 S—VR 句式(除 R 表情态者外)一般都能变换成"得"字句,如"她急哭了"可变换成"她急得哭了"。

4)二价 VR 构成的 S—VR—O 中 O^SR^P 和 V^SR^P 型句式一般也能变换成"得"字句,如"她哭乱了我的心"可变换成"她哭得我的心都乱了","他喝多了酒"可变换成"他喝酒喝得多了"。

6.2.4 基本式和复动句的变换

基本式和复动句(包括 S—VO—VR、S—VO—VRO 两式)的变换主要有以下三条规则:

1)一价 VR 构成的 S—VR 一般不能变换成复动句。但如果有一个潜在的处所宾语,有时也能变换成复动句,如"我们爬(山)累了"可说成"我们爬山爬累了"。

2)二价 VR 构成的 S—VR—O 句式里,如果 V 是二价动词,一般可变换成复动句,如"她洗好了衣服"可变换成"她洗衣服洗好了","他喝醉了酒"可变换成"他喝酒喝醉了"。

3)二价 VR 构成的 S—VR—O 句式里,如果 V 是一价动词或形容词,则不能变换成复动句。

6.2.5 基本式和领属句的变换

基本式和领属句(S 的 O—VR 式)的变换主要有以下两条规则:

1)一价 VR 构成的 S—VR 不能变换成领属句。

2)二价 VR 构成的 S—VR—O 句式里,如果 S 与 O 有领属关系的,都可变换成领属句,如"她哭肿了眼睛"可变换成"她的眼睛哭肿了","她唱坏了嗓子"可变换成"她的嗓子唱坏了"。

6.2.6 基本式和前宾句的变换

基本式和前宾句(S—O—VR 式)的变换主要有以下三条规则:

1)一价 VR 构成的 S—VR 与前宾句无变换关系。

2)二价 VR 构成的 S—VR—O 式大都能变换成前位句,如"他唱坏了嗓子"可变换成"他嗓子唱坏了","他喝醉了酒"可变换成"他酒喝醉了"。

3）如果 S—VR—O 中 V 与 O 不能构成动宾关系，而且 S 和 O 又无领属关系的，则不能变换成前位句，如"她哭乱了我的心"便是。

上边只是指出了基本句式和其他句式变换的一般条件，但对具体句子而言，能否变换，还要看句子本身的繁简程度和语境实际。总之，句式变换是错综复杂的。

主要参考文献：

范　晓(1991)《动词的"价"分类》，《语法研究和探索》(5)，语文出版社。

丁声树(1961)《现代汉语语法讲话》第 11 页，商务印书馆。

李临定(1963)《带"得"字的补语句》，《中国语文》第 5 期。

李临定(1984)《究竟哪个"补"哪个?》，《汉语学习》第 2 期。

刘世荣(1954)《关于动补结构问题》，《中国语文》11 月号。

吕叔湘(1953)《语法学习》第 59 页，中国青年出版社。

吕叔湘(1979)《汉语语法分析问题》，商务印书馆。

王　力(1943)《中国现代语法》，中华书局，1955 年版本。

王　力(1944)《中国语法理论》，中华书局，1955 年版本。

文　炼(1982)《词语之间的搭配关系》，《中国语文》第 1 期。

吴为章(1982)《单向动词及其句型》，《中国语文》第 5 期。

张　静(1980)《新编现代汉语》第 151 页，上海教育出版社。

赵元任(1979)《汉语口语语法》(吕叔湘译)第 218—219 页，商务印书馆。

周迟明(1957)《汉语连动性复式动词》，《语言研究》第 2 期。

朱德熙(1982)《语法讲义》第 126 页，商务印书馆。

人民教育出版社编(1959)《汉语知识》第 55 页，人民教育出版社。

第六章　"V上"句*

现代汉语里动词后边附加着"上"的格式,这里记作"V上"。"V上"作谓语或谓语中心的句子,称作"V上"句。现代汉语里"V上"句很多。例如:

(1)他爬上墙头跳了过去。

(2)登山队把红旗插上山顶。

(3)今将报告呈上,请批示。

(4)他在树上刻上了记号。

(5)她染上了吸烟的坏习惯。

(6)经过努力,小宋考上了名牌大学。

(7)她闭上了眼睛,半天没动静。

(8)现在轮上张晓波上场了。

(9)外边又飘上雪花了。

(10)虎妞的嘴唇又哆嗦上了。

我们拟对现代汉语的"V上"句进行深入的考察。为方便起见,使用了一些符号:V表示动词,N表示名词,O表示宾语,R表示补语,$N_施$表示施事名词语,$N_受$表示受事名词语,$N_与$表示与事

---

　　* 本文在1991年3月曾以《"V上"及其构成的句式》为名发表于《营口师专学报》1991年第1期。收入本书时文字上略有修改。

名词语,N_处 表示处所名词语。

1. "V 上"句中"V 上"

1.1 对"V 上"的不同看法

从表面上看,上面(1)至(10)的"V 上"句里的"V 上"在形式上似乎是同一的,都是"动词＋上"。但是实际上这个"V 上"并不是同一的。

关于这个"V 上"是什么样的结构、动词 V 后面的"上"是什么样的性质,人们的认识并不一致。大多数语法论著认为"V 上"的"上"是动词,称之为"表示趋向的动词"或简称为"趋向动词"。同样把 V 后的"上"称作"趋向动词"的,也有不同的看法,多数认为"V 上"是个短语(或称"词组"),也有人称之为"短语式动词"(吕叔湘 1980)。在分析"V 上"的结构时,也有一些不同的说法:有分析为"动补"结构("上"作补语)的(丁声树 1961,胡裕树 1981,黄伯荣、廖序东 1985,张静 1980),有分析为"动趋式"("上"表示动作的"趋向")的(孟琮 1987),有分析为"合成谓语"("V 上"合起来成为"合成谓语")的(张志公 1959)。但也有少数论著不把"V 上"的"上"看作动词:有看作副词的(陆志韦 1956),有看作助词的(房玉清 1981),有看作词尾的(俞敏 1959)。既然不把"上"看作动词,"V 上"的分析也就很不一样了。

1.2   "V 上"的"上"有不同的意义

虽然现在多数著作把"V 上"看作动补短语,但在分析具体的"V 上"这个结构体时一般又认为"V 上"的"上"有不同的意义。

有的认为"上"作为趋向补语有两种意义:一种是"基本意义"

（由底处到高处）；另一种是"引申意义"（趋近立足点，由开而合等）（刘月华、潘文娱 1983）。有的说，趋向动词作补语，"意义分为三类：趋向意义、结果意义、状态意义"（刘月华 1988）。有的说，在不同的"V 上"格式里，"上"有不同的"义项"，有"向上"、"附着"、"得到、到手"、"进入某种状态"等（孟琮 1987）。事实也确实如此，不同的"V 上"甚至同一个"V 上"出现在不同的句子里，"上"或"V 上"都可能会有不同的意义。问题是：怎样来确定和区别不同的意义？不同的意义会不会影响到"上"或"V 上"的同一性？会不会因此而影响到构成不同的句式？这些问题都是值得深入探索的。

1.3 要从形式出发来探究"V 上"中"上"的不同意义

在分析"V 上"和动词 V 后的"上"的意义时，如果不注意表示不同意义的语法形式，单凭语感来区分不同的意义，就很可能见仁见智。比如"爱上"，有的认为是"表示动作有结果"（吕叔湘 1980），有的认为是"表示开始并继续"（中国社会科学院语言研究所 1980）。语法分析中所说的意义指的是语法意义，一定的语法意义是由一定的语法形式表示的，因此研究"V 上"结构和"上"的意义以及"V 上"的内部分类，必须贯彻形式和意义相结合的原则，并从形式出发去探求意义，去寻找形式和意义之间的对应关系，力求做到形式和意义的统一。（范晓 1988）

1.4 "V 上"的内部分类

通过考察发现："V 上"表面似乎同一，实质并不同一。根据不同的语法形式，"V 上"可以分为若干类。

首先，可根据"V"和"上"中间能不能插入"得/不"表能否态（表可能或不可能）分为两大类：能插入"得/不"表能否态的为动补式,"上"是动词的补语,是补充说明动作的趋向或结果的,如(1)至(6)例中的"V 上"便是;不能插入"得/不"表能否态的为动态式,"上"是附着在动词上表示动作的情态的,如(7)至(10)例中的"V 上"便是。其次,动补式"V 上"数量较多,内部情况也复杂多样,还可分为三个小类:第一类,动趋式,第二类,准动趋式,第三类动结式。下面分别叙述和分析各种"V 上",并对它们所构成的句式进行描写和说明。

2. 动趋式(记作"V 上₁")

2.1　动趋式的实例
实例可以分为五组。

A 组:爬上树|走上山冈|飞上蓝天|跳上汽车|飘上屋顶|漫上堤坝

B 组:把红旗插上山顶|把一桶水提上三楼|把大娘扶上马背

C 组:走上前线|跑上前|跨上前

D 组:把亲友送上前方|把东西送上门|把弹药搬上前线

E 组:把消息登上报纸|把欠款记上账簿

2.2　动趋式的形式特征
动趋式的形式特征主要有:

1)中间一般能插入"得/不"表能否态,如"爬得上/爬不上"、"插得上/插不上";

2)一般能带处所宾语,上面 2.1 实例中的宾语都是处所宾语;

3)动趋式"V 上₁+O"一般能变换成"V 到+O",如:

爬上树→爬到树上

走上前线→走到前线

4)"上₁＋O"一般能单说,如"上树"、"上前线"等;

5)"V 上₁"能跟"来"或"去"配合着用,如:

爬上树→爬上树去→爬到树上去

2.3　动趋式的语义特征

动趋式的语义特征是:在动作影响下,施事或受事趋向于某处所。一般的或者说典型的是由低处移向高处,但也有由此处移向彼处的情形。例如:

(11)那几只猴子跳跃着爬上了大树。

(12)他把大娘扶上了马背。

"猴子爬上大树"是施事由低向高,"他把大娘扶上马背"是受事由低向高。但是"他走上前线"是施事由此及彼,"他把弹药送上前线"是受事由此及彼。由此处移向彼处,多为趋向前边(如"前、前方、前线"等)。例如:

(13)为了打垮反动派,我尽一切法子,保证把儒春送上前线!

(14)为了保卫祖国,他们把亲人送上前方。

(15)他走上前,向首长敬了一个礼。

2.4　"V 上₁"的内部分类

"V 上₁"的内部可以分为五个小类:

第一类,"V 上₁A",A 组便是。其形式特点是:动词一般为不及物位移动词,如"走、跑、爬、跳、奔、飞、飘"等。其意义特点是:在动作影响下施事趋向于某处所(由低处向高处位移)。

第二类,"V 上₁B",B 组便是。其形式特点是:动词一般为及物位移动词,如"插、提、扶、搬、挂、抬、推"等。其意义特点是:在动作影响下受事趋向于某处所(由低处向高处位移)。

第三类,"V 上₁C",C 组便是。其形式特点是:动词一般为不及物位移动词,如"走、跑、爬"等。其意义特点是:在动作影响下施事由此处向彼处位移(多为趋向前边,如"前、前方、前线"等)。

第四类,"V 上₁D",D 组便是。其形式特点是:动词一般为及物位移动词,如"送、搬、抬、推"等。其意义特点是:在动作影响下受事由此处向彼处位移(多为趋向前边,如"前、前方、前线"等)。

第五类,"V 上₁E",E 组便是。其形式特点是:动词一般为及物的行为方式动词,如"登、载、登载、记、记载"等。其意义特点是:在动作影响下受事由此处向彼处位移(多为事物性的处所,如"报纸、刊物、杂志、账簿"等)。

2.5 "V 上₁"构成的句式

"V 上₁"构成的句式主要有三种:

1)N施 + V 上₁ + N处

"V 上₁A"和"V 上₁C"常构成这样的句式。例如:

　　(16)他爬上墙头,跳了过去。

　　(17)他喘着粗气大踏步跨上车。

　　(18)战士们离别亲人,走上前线。

2)N施 + 把 N受 + V 上₁ + N处

"V 上₁B"、"V 上₁D"、"V 上₁E"常构成这样的句式。例如:

　　(19)他小心地把大娘扶上马背。

　　(20)他们冒着战火把粮食和弹药送上前方。

　　(21)记者把这件事登上了报纸。

3)N受 + 被 N施 + V 上₁ + N处

"V 上₁B"、"V 上₁E"有时可构成这样的句式。例如:

(22)那只皮箱被他提上三楼了。

(23)这个广告终于被他登上报纸了。

3．准动趋式(记作"V上₂")

3.1　动趋式的实例

实例可以分为两组。

A组：献上礼物｜呈上报告｜寄上信｜交上考卷｜奉上薄礼｜递上申请书

B组：贴上邮票｜涂上颜色｜加上水｜装上刺刀｜镶上花边｜填上名字｜盖上被

3.2　准动趋式的形式特征

动趋式的形式特征主要有：

1)中间一般能插入"得/不"表能否态，如"贴得上/贴不上"、"涂得上/涂不上"；

2)能带受事宾语而不能带处所宾语，上面3.1实例中的宾语都是受事宾语，这和"V上₁"区别开来；

3)准动趋式"V上₂＋O"一般能变换成"把O＋V给＋N_{受}"或"把O＋V到/在＋N_{处}"，例如：

(24)献上礼物→把礼物献给亲人

(25)贴上邮票→把邮票贴到某处(如"信封上")→把邮票贴在某处(如"信封上")

4)"V上₂"有的能跟"来"或"去"配合着用，例如：

(26)贴上邮票→把邮票贴到信封上去

5)"V上₂"中的V都是及物动作动词。

3.3　准动趋式的语义特征

动趋式的语义特征是:在动作影响下,把受事移向(移给)某人或移到(移在)某处。A 组的"V 上"一般表示把受事移向(移给)某人。表示某人的词语一般由人物名词(包括指人名词、人称代名词等)充当,例如:

(27)何先生<u>给我们大家</u>献上了一个精彩的节目。

(28)数十名身穿鲜艳戏装的张派弟子<u>向老师</u>献上束束鲜花。

(29)文艺工作者载歌载舞,<u>为专家学者们</u>奉上了一台精彩的节目。

有时也可由非人物名词充当,例如:

(30)千万朵纯洁向上的笑脸,<u>为祖国</u>献上了一曲悠扬真挚的童声合唱。

(31)部队战士进京慰问演出,<u>为春节的首都舞台</u>奉献上一台"塞上风"文艺晚会。

(32)他用诗的语言<u>为开放事业</u>献上的一枝别致的花朵。

B 组的"V 上"一般表示把受事移向(移给)某处。表示某处的词语一般由"事物名词+方位词(主要是"上")"构成的方位短语充当,例如:

(33)他把大红喜字贴<u>在居室的大门上</u>。

(34)施娅把被盖<u>到她身上</u>。

(35)画家把各种颜色涂<u>在花布上</u>。

3.4　"V 上₂"的内部分类

"V 上₂"的内部可以分为两个小类:

第一类,"V 上₂A",A 组便是。其形式特点是:动词为"呈献"

类及物动词,如"献、呈、奉、寄、送、交、递"等。"V 上$_2$A＋O"可变换成"把 OV 给 N$_与$"或"向 N$_与$ V 上 O"。例如:

(36)献上鲜花→把鲜花献给英雄→向英雄献上鲜花

(37)呈上报告→把报告呈给首长→向首长呈上报告

其意义特点是:在动作影响下事物(受事)由下方移向上方(由卑及尊)[①],即将事物移向身份或地位较高的与事。如"向英雄献上鲜花"、"向首长呈上报告"里,"英雄"、"首长"在"献者"、"呈者"心目中尊为"上"。

第二类,"V 上$_2$B",B组便是。其形式特点是:动词为"添附"类及物动词,如"贴、涂、加、穿、装、镶、填、写、盖"等。"V 上$_2$B＋O"可变换成"把 OV 在/到 N$_处$"或"(在)N$_处$ V 上 O"。例如:

(38)贴上邮票→把邮票贴在信封上→在信封上贴上邮票

(39)贴上美丽的窗花→把美丽的窗花贴在窗上→在窗上贴上美丽的窗花

其意义特点是:在动作影响下把事物(受事)添加或附着于某处。如"在信封上贴上邮票"、"在窗上贴上美丽的窗花"中,"邮票"、"美丽的窗花"分别添加或附着于"信封上"、"窗上"。

3.5 "V 上$_2$"构成的句式

"V 上$_2$"构成的句式主要有六种:

1)N$_施$＋给/为/向 N$_与$＋V 上$_2$＋N$_受$

这个句式中的"给"、"为"、"向"都是介词,"V 上$_2$A"常构成这样的句式。例如:

[①] "下方移向上方(由卑及尊)"是由"低处移向高处"联想引申过来的,在认知上是处所域中的高低隐喻为身份或地位域的高低。上级、长辈、尊者为"上",下级、晚辈、卑者为"下",所以可以说"献上、呈上",但是不能说"献下、呈下"。

(40)我曾给你<u>寄上</u>一个包裹,不知收到没有。

(41)他向部长<u>呈上</u>了辞职报告。

(42)少年儿童为代表们<u>献上</u>鲜花。

2)N_受＋N_施＋给 N_与＋V 上₂

"V 上₂A"常构成这样的句式。例如:

(43)那东西我马上给你<u>送上</u>。

(44)欠你的钱我过几天给你<u>寄上</u>。

3)N_施＋在 N_处＋V 上₂＋N_受

"V 上₂B"都能构成这样的句式。例如:

(45)人家又在折子上<u>画上</u>了几个字,<u>打上</u>了个小印。

(46)他在信封的右上角<u>贴上</u>了两张邮票。

4)N_施＋V 上₂＋N_受

这个句式在上下文或对话里省略了某些成分(省略 N_与 或 N_施)。"V 上₂A"和"V 上₂B"都能构成这样的句式。例如:

(47)前日我<u>寄上</u>一信,谅已收到。(N_与 省略)

(48)编辑先生,<u>奉上</u>拙稿,请审阅!(N_与 省略)

(49)他<u>穿上</u>这套新衣服,显得很神气。(N_处 省略)

(50)战士们<u>装上</u>刺刀,奋勇跃出战壕,向敌人冲过去。

(N_处 省略)

5)N_施＋把 N_受＋V 上₂

这个句式在上下文或对话里也省略了某些成分(省略 N_与 或 N_处)。"V 上₂A"和"V 上₂B"都能构成这样的句式。例如:

(51)我把这两天的车份儿<u>交上</u>。(N_与 省略)

(52)我把这份礼<u>送上</u>,请你笑纳。(N_与 省略)

(53)她已经把邮票<u>贴上</u>,信封也封好了,寄出就是了。

（N$_处$ 省略）

（54）他用足力气，终于把鞋子穿上了。（N$_处$ 省略）

6）N$_受$＋N$_施$＋V上$_2$

这个句式在上下文或对话里也省略了某些成分（一般省略 N$_处$）。"V上$_2$B"都能构成这样的句式。例如：

（55）这双鞋子我穿不上。（N$_处$ 省略）

（56）福漆也漆上了，寿材也抬进来了。（N$_处$ 省略）

4. 动结式（记作"V上$_3$"）

4.1 动结式的实例

实例可以分为四组。

A组：吃上好菜｜染上恶习｜娶上媳妇｜挣上钱｜买上好书

B组：追上马车｜考上大学｜嫁上好人家｜看上她｜爱上他

C组：关上门｜闭上眼睛｜皱上眉｜合上书

D组：轮上他上场｜派上他值班

4.2 动结式的形式特征

动结式的形式特征主要有：

1）中间一般能插入"得/不"表能否态，如"吃得上/吃不上"、"追得上/追不上"；

2）能带受事宾语而不能带处所宾语，上面4.1实例中的宾语都是受事宾语，这和"V上$_1$"区别开来；

3）动结式"V上$_3$＋O"一般能变换成"把O＋V上$_3$"，例如：

（57）追上马车→把马车追上

（58）关上大门→把大门关上

4)"V 上$_3$"不能变换成"把 O＋V 到某处",这和"V 上$_2$"区别开来;

5)"V 上$_3$"一般不能跟"来"或"去"配合着用,这跟"V 上$_1$"和"V 上$_2$"不一样;

6)"V 上$_3$"中的 V 一般是及物动作动词。

4.3　动结式的语义特征

动结式的语义特征是:在动作影响下,施事或受事有了某种着落(达成某种结果或目的)。例如:

(59)大家终于吃上了嫩绿的新鲜蔬菜。

(60)大门被他关上了。

"大家终于吃上了嫩绿的新鲜蔬菜"是指施事发出动作有了着落,即"大家"(施事)都"吃到了"蔬菜;"大门被他关上了"是指施事发出动作后受事有了着落,即"大门"(受事)被"关闭了"。

4.4　"V 上$_3$"的内部分类

"V 上$_3$"的内部可以分为四个小类:

第一类,"V 上$_3$A",A 组便是。其形式特点是:"V 上$_3$A"的动词为表示"得到"义的及物动词,如"吃、染、娶、挣、买"等;另外,"V 上$_3$＋O"可变换成"V 到 O"或"V 得 O"。例如:

(61)吃上好菜→吃到好菜

(62)娶上一个好媳妇→娶得一个好媳妇

其意义特点是:在动作影响下,施事得到受事,即"受及与施",如"大家都吃上了好菜"、"他娶上一个好媳妇"里,施事"大家"和"他"通过动作"吃"、"娶"分别得到受事"好菜"、"好媳妇"。

第二类,"V 上$_3$B",B 组便是。其形式特点是:"V 上$_3$B"的动词为表示"到达"义的及物动词,如"追、赶、考、嫁、爱"等;另外,"V 上$_3$B+O"一般不能变换成"V 得 O",这有别于 A 组;但有些能变换成"V 到 O"。例如:

(63)追上马车→追到马车

(64)爱上这个姑娘→爱到这个姑娘

其意义特点是:在动作影响下,施事到达或达到(包括心理上)受事,即"施及与受",如"我追上了马车"、"他爱上了这个姑娘"里,施事"我"和"他"通过动作"追"、"爱"分别达到受事"马车"、"这个姑娘"。

第三类,"V 上$_3$C",C 组便是。其形式特点是:"V 上$_3$B"的动词为表示"闭合"义的及物动词,如"关、闭、皱、合"等;另外,"V 上$_3$C+O"不能变换成"V 到 O"或"V 得 O",这有别于 A 组和 B 组。

其意义特点是:受事所代表的事物有对称的两面(或两方),在动作影响下对称的两方互相闭合或合拢,如"闭上嘴"就是指"嘴"所含有的上下两片嘴唇闭起来(合拢起来)。

第四类,"V 上$_3$D";D 组便是。其形式特点是:"V 上$_3$D"的动词为表示"轮到"义的及物动词,如"轮、派、排"等;另外,"V 上$_3$D+O"后面还可以出现动词而能构成"V 上$_3$D+O+V"式,如:

(65)轮上他→轮上他值班

(66)派上他→派上他站岗

其意义特点是:宾语所代表的事物在动作影响下实现某动作行为;"V 上$_3$C+O"中的 O 既是前一动词的受事,又是后一动词的施事,如"轮上他值班"中的宾语"他"便是。

4.5　"V 上₃"构成的句式

"V 上₃"构成的句式主要有六种：

1)N施＋V 上₃＋N受

"V 上₃A"、"V 上₃B"、"V 上₃C"常构成这样的句式。例如：

　　(67)晓明终于买上了新车。

　　(68)他跑了几十步,便追上了那个人。

　　(69)祥子闭上了眼。

2)N施＋把 N受＋V 上₃

"V 上₃A"、"V 上₃B"、"V 上₃C"可构成这样的句式。例如：

　　(70)长富不听父母劝告,终于把那恶习染上了。

　　(71)他加快脚步,终于把她追上了。

　　(72)她一转身就把大门锁上。

3)N受＋被 N施＋V 上₃

"V 上₃A"、"V 上₃B"、"V 上₃C"有时构成这样的句式。例如：

　　(73)那本书终于被他买上了。

　　(74)他绕道走,但还是被人追上了。

　　(75)院子的大门被老妈子关上了。

4)N受＋V 上₃

这种句式里隐含一个施事,述题是对主题进行描记的,所以属于描记句。"V 上₃C"、"V 上₃D"有时能构成这样的句式。例如：

　　(76)窗户关上了。

　　(77)老人的眼睛终于闭上了。

　　(78)场上缺了个后卫,于是他轮上了。

5. 动态式(记作"V 上₄")

5.1 动态式的实例

实例可以分为三组。

A组:养上鱼│唱上歌│说上话│站上人│带上孩子│飘上雪花│
下上大雨│刮上北风

B组:看上几眼│赶上一阵子│说上半天│跑上三圈│住上几
个月

C组:折腾上了│哆嗦上了│嚷嚷上了│骂上了│咳嗽上了│干上
(吵上)了

5.2 动态式的形式特征

动态式的形式特征主要有:

1)中间不能插入"得/不"表能否态,如"唱上"不能说成"唱得
上/唱不上","哆嗦"不能说成"哆嗦得上/哆嗦不上"①,这跟
V 上₁、V 上₂、V 上₃ 有根本的区别;

2)动态式"V 上₄"中的"上"大都可用动态助词"了"或"着"或
"起来"替代而格式的基本意义不变,如"缸里又养上金鱼了"可说
成"缸里又养了金鱼了","外面又飘上雪花了"可说成"外面又飘着
雪花了","虎妞的嘴唇哆嗦上了"可说成"虎妞的嘴唇哆嗦起来了";

3)有些动态式"V 上₄"中的"上"去掉也不影响意思,如"昨天
晚上又下上大雨了"可说成"昨天晚上又下大雨了","咱们干上一

---

① "说上"、"干上"有时可说成"说不上几句话"、"干不上一阵子",但这不是表示
能否态,而是指"没说上几句话"、"没干上一阵子"。

阵子再休息",可说成"咱们干一阵子再休息";

4)"V 上₄"中的 V 有的是及物动作动词(如"养、唱、说、看"等),但也有不及物动词(如"飘、跑、嚷嚷、哆嗦"等)。

5.3　动态式的语义特征

动态式的语义特征是:在"V 上₄"中,V 表示动作,"上"表示动作的情态(动态),可以概括为"实现态"。例如:

(79)昨晚下上大雨了。

(80)她又嚷嚷上了。

"昨晚下上大雨了"是指"下"这个动作的实现,"她又嚷嚷上了"是指"嚷嚷"这个动作的实现。

5.4　"V 上₄"的内部分类

"V 上₄"的内部可以分为三个小类:

第一类,"V 上₄A",A 组便是。其形式特点是:动词 V 多为及物动作动词,如"养、唱、说、放、隔、搁、带、开展"等,但也有少量不及物动词,如"站、飘"等;另外,"V 上"后能带宾语:或带受事宾语,如"唱上歌"、"带上孩子";或带施事宾语,如"飘上雪花"、"站上人";有些还可与处所词语配合构成存现句,如"床底下放上一只箱子"、"楼梯下也站上许多人"。其意义特点是:表示动作或事件的实现或出现。

第二类,"V 上₄B",B 组便是。其形式特点是:动词 V 多为及物动作动词,如"看、瞧、干、说、打、瞪"等,但也有少量不及物动词,如"跑、住"等;另外,"V 上"后能带上数量补语,如"瞧上一眼"、"打上几口井",如果把"V 上₄A"称作"带宾动态式",则"V 上₄B"不妨称之为"带补动态式"。其意义特点是:表示动作实现一定的量。

第三类,"V 上₄C",C 组便是。其形式特点是:动词 V 多为不及物动作动词,如"哆嗦、嚷嚷、咳嗽、吵闹"等,但也有不及物动词,如"骂、干(吵)"等;另外,"V 上₄C"里的动词不能带任何宾语或补语,这使它与"V 上₄A"、"V 上₄B"区别开来。其意义特点是:单纯表示动作的开始或实现。

5.5 "V 上₄"构成的句式

"V 上₄"构成的句式主要有六种:

1)N施+V 上₄+N受

"V 上₄A"能构成这样的句式。例如:

(81)老头子到老了还开上车厂子。

(82)他们又开展上科技活动了。

(83)他也出上四十个铜子的份子。

2)N处++V 上₄+N受

"V 上₄A"能构成这样的句式。一般说,存现句中的"V 上"可看作"V 上₄A"。例如:

(84)这里已围上一圈圈的人,里面打着锣鼓。

(85)缸里放上半缸油,等待老鼠来偷油。

(86)外边又飘上雪花了。

3)N施+把 N受+V 上₄

有些"V 上₄A"能构成这样的句式。例如:

(87)你来时把工具带上。

(88)他把命都豁上了。

(89)你来时把孩子带上!

4)N施+V 上₄+R

"V 上₄B"能构成这样的句式。例如:

(90)他干上两年,至多三年,就可以买辆车。

(91)这孩子能哭上一个钟头。

(92)能不干这事,我就是死上一回,也甘心。

5)N施+把 N受+V 上4+R

有些"V 上4B"有时能构成这样的句式。例如:

(93)我把你圈上三个月,你受得了受不了。

(94)他又把这些话说上一遍。

(95)她回过头来,又把她看上几眼。

6)N施+V 上4

"V 上4C"能构成这样的句式。例如:

(96)女人们又嚷嚷上了。

(97)夏太太闹上没完。

(98)她又破口骂上了。

6. 余言

6.1 "V 上"中"上"的性质

以上四种"V 上"的"上"都源自动词"上",所以四个"上"有同源关系;但从语法上分析,四个"上"不是同一的,也就是说"V 上"的"上"并不是像过去有些语法论著所认为的都是趋向动词。我们认为,根据各种"V 上"的形式和意义,可以把"V 上"里的"上"分为三个"上":上1、上2、上3。

1)"上1"是趋向动词,"V 上1"和"V 上2"中的"上"便是。形式特征是:"V 上"中间能插入"得/不"表能否态;"V 上 N处"能变换成"V 到 N处",如"跳上汽车→跳到汽车上";"V 上 N受"能变换成

"把 N$_受$ V 到 N$_处$",如"贴上邮票→把邮票贴到某处"。意义特征是:在动作影响下施事或受事移向某处(或由低处移向高处,或由此处移向彼处),即具有"趋向"义,所以可称之为"趋向动词"。"V上$_1$"中的"上"为典型趋向动词,"V上$_2$"中的"上"为准趋向动词。

2)"上$_2$"是结果动词,"V上$_3$"中的"上"便是。形式特征是:"V上"中间能插入"得/不"表能否态;"V上 N$_受$"不能变换成"V到 N$_处$"或"把 N$_受$ V 到 N$_处$"。意义特征是:在动作影响下施事或受事有了某种结果(着落),即"V上$_3$"中的"上"已由趋向义(本义)引申为结果(着落)义,所以可称之为"结果动词"。

3)"上$_3$"是动态助词,"V上$_4$"中的"上"便是。形式特征是:"V上"中间不能插入"得/不"表能否态;"上"大都可用其他动态助词替代,甚至去掉它也不影响基本意思。意义特征是:"上"表示动作的实现。这个"上"已经虚化(实词变为虚词),跟"了、着、起来"等动态助词类似,所以可称之为"动态助词"。

6.2 "V上"的歧义现象

有的"V上"由同一动词构成的,如果不在句子里。没有上下文,孤立的一个"V上"可能是多义的或歧义的。在具体的句子里,同一形式的"V上"可能有着不同的意义,"上"也就可能是不同的"上"。以"骑上"、"穿上"、"拉上"为例:

骑上:

(99)他一跃骑上了马背。("骑上"属于"V上$_1$")

(100)他一直想骑匹好马,今天终于骑上了。("骑上"属于"V上$_3$")

(101)他骑上马儿进草原。("骑上"属于"V上$_4$")

穿上:

(102)她把旧衣服脱下,把新衣服<u>穿上</u>。("穿上"属于"V 上$_2$")

(103)她一直盼着穿新衣服,今天终于<u>穿上</u>了。("穿上"属于"V 上$_3$")

(104)她<u>穿上</u>新衣上学校。("穿上"属于"V 上$_4$")

拉上:

(105)他把车<u>拉上</u>那个高岗。("拉上"属于"V 上$_1$")

(106)他赎回了车。他算是又<u>拉上</u>了自己的车。("拉上"属于"V 上$_3$")

(107)病还没有完全好,他就<u>拉上</u>车上街了。("拉上"属于"V 上$_4$")

6.3 "V 上"后的非名词性词语

"V 上"后所带的宾语,一般是由名词性词语充当的,但我们发现也有非名词性词语充当宾语的情形。例如:

(108)现在的年头,又<u>搭上</u>兵荒马乱,真不好办。

(109)没了钱,再<u>赶上</u>他喝酒,犯了脾气,他一两天不管孩子们吃什么。

(110)他来得不巧,<u>赶上</u>宅里这么忙。

上面例句里的"兵荒马乱"、"他喝酒犯了脾气"、"宅里这么忙"都是非名词性词语。这种非名词性词语出现在这里或是表示"时间",或是表示"事件",所以是一种"名物化"的用法。

6.4 语法单位"V 上"的性质

"V 上"作为一个语法单位或语法结构体,究竟是词还是短语?这是一个有争议的问题。本章把"上$_1$"和"上$_2$"看作趋向动词,把"上$_3$"看作结果动词,把"上$_4$"看作动态助词,这意味着并没有把"V上"看作为一个词儿。但有些"V上",说得多了,或者其中的V现在单独已经不说了,久而久之,约定俗成,有了一个稳定的意义,似乎已经成为一个词儿了,如"献上、看上、犯上、加上"等,有的词典已经把它作为"单词"收入了。但究竟什么样的"V上"是词,什么样的"V上"是短语,标准很难掌握。有的词典把"赶得上"和"赶不上"收入词典,然而却没收"赶上"(中国社会科学院语言研究所1980),这也很难理解。总之,这是一个可以进一步探索和讨论的问题。

6.5 某些特殊的"V上R"和"V上O"

1)"V上R"

有些"V上R"中的V是形容词,如"大上两倍"、"好上一百倍"、"高上一个头"等,这类"V上R"经常用于比较句。例如:

(111)我家乡比这里好上百倍。

(112)她比我高上一个头。

这类"V上",似也可以归入"V上4"。

2)"V上O"

有些离合动词也可构成"V上O"式,例如:

(113)他俩又聊上天了。

(114)她又插上嘴了。

(115)为了建设祖国,他是拼上命了。

这里的"聊天"、"插嘴"、"拼命"都是离合动词。由离合动词构成的"V上O"中的"上"也是动态助词。

值得注意的是:还有一个特别的"V上O":"喝上瘾"、"吃上瘾"、"吸上瘾"。"V上"带的宾语O都是一个"瘾"。这个"V上O"有两种可能的层次分析:一种是"V上/瘾",另一种是"V/上瘾"。前一种分析的结果与"V 上₃A"相同,"上"是结果动词,形式上可以构成"V 上了瘾"("V 上"后可以加上动态助词"了");后一种分析的结果不是"V 上"格式,因为其中的"上瘾"是一个动宾式复合词(由爱好而成为癖好),它可以构成"V 得上瘾了"或"V 得上了瘾",如"他吸烟吸得上了瘾"。

6.6　处所词语"X 上"与"V 上"

在组词成句时,如果处所词语"X 上"出现在句末(动词语后)或句首(动词语前),一般情况下不用"V 上"作为谓语或谓语中心,而用"V 到"、"V 在"、"V 了"、"V 着"等。比较:

A1 他走得太慌,几乎碰在墙上。

A2 ×他走得太慌,几乎碰上墙上。

B1 他们飞快地跑到山顶上。

B2 ×他们飞快地跑上山顶上。

C1 走廊上站了许多人。

C2 ? 走廊上站上许多人。

D1 身上穿着破大衣。

D2 ? 身上穿上破大衣。

比较起来,句末有处所词语"X 上"的句子绝对不可用"V 上"作谓语或谓语中心;而句首有处所词语"X 上"的句子里"V 上"能不能作谓语或谓语中心可能会有不同的看法。在我们收集到的语料里,也有个别这样的句子。例如:

(116)头发上好像粘上了点什么。

(117)他身上却又添上了说不出口的疾病。

(118)老松的枝干上染上了金红,飞鸟的翅儿闪起了金光。

上面句子作谓语中心的"粘上"、"添上"、"染上"是"V 上₃",其中的

"上"是结果动词。如果把这两句句首的处所词语改为一般事物名词(头发、身体、老松的枝干),似乎更合理些。

主要参考文献:

丁声树等著(1961)《现代汉语语法讲话》,商务印书馆。

范　晓(1988)《语法研究中意义和形式相结合的原则》,《语法研究和探索》(4),北京大学出版社。

房玉清(1981)《助词的语法特征及其分类》,《语言教学与研究》第4期。

黄伯荣、廖序东主编(1985)《现代汉语》(修订本),甘肃人民出版社。

胡裕树主编(1981)《现代汉语》(增订本),上海教育出版社。

陆志韦(1956)《北京话单音词汇》第44页,科学出版社。

刘月华、潘文娱等(1983)《实用现代汉语语法》,外语教学与研究出版社。

刘月华(1988)《趋向补语的语法意义》。《语法研究和探索》(4),北京大学出版社。

孟琮等编(1987)《动词用法词典》,上海辞书出版社。

吕叔湘主编(1980)《现代汉语八百词》,商务印书馆。

俞　敏(1959)《汉语动词的形态》,《语文学习》第4期。

张　静主编(1980)《新编现代汉语》,上海教育出版社。

张志公等编(1959)《汉语知识》,人民教育出版社。

中国社会科学院语言研究所编(1980)《现代汉语词典》,商务印书馆。

第七章　复动"V得"句[*]

　　谓语动词后附着虚词"得"再带出情状补语(不是表"可能"性的补语^①)的句式,本章称为"V得"句。复动"V得"句是"V得"句的一种,是指谓语动词后带有宾语、再重复动词后加"得"、而后再引出情状补语的一种"V得"句(有些语法论著把复动V得句归在"重动句"里,为其一类)。例如:

　　　　(1)小张吃饭吃得饱极了。

　　　　(2)这个人写字写得很小。

　　　　(3)他抓工作抓得挺紧。

　　　　(4)我爬山爬得很累。

这种句式可记作 SV_1OV_2 得 R,也可简化为 SVOV 得 R(S 代表主语,V 代表动词,O 代表宾语,R 代表情状补语)。有些双宾动词也可构成复动"V得"句,例如"你送他礼物送得太多了",可记作 $SV_1O_1O_2V_2$ 得 R。

　　有的句子很像复动"V得"句,但实际上不是,例如:

　　　　(5)他在众人面前羞我,羞得我脸上直发烧。

---

　　* 本文曾发表于《语言教学与研究》1993 年第 4 期,后被转载于人大资料中心《语言文字学》1994 年第 2 期。收入本书时文字上略有修改。
　　① 现代汉语中谓语动词后面带"得"有两种情形:一种是表示可能的标志,这种"V得"后面的成分一般称之为"可能补语",如"你吃得饱吃不饱?"中的"得";另一种是表示情状的标志,这种"V得"后面的成分一般称之为"情状补语",如"这顿饭我吃得很饱"中的"得"。

(6)老张头正在独自喝酒,喝得满脸通红。

上面两个句子是一种复句,可记作 SVO,[S]V 得 R([ ]表示省略),而复动"V 得"句是单句。本章着重讨论单句句式 SVOV 得 R 句,并试图用"三个平面"的理论和方法来分析这种句子。

1. 复动"V 得"句的句法分析

1.1 句法成分分析

1.1.1 SVOV 得 R 中的"S"

S 可分析为主语,因为 S 是句中谓语动词的主事。[①] S 由名词性词语(包括代名词)充当,如"小张吃饭吃得很饱"、"这个人写字写得很小"中,"小张"、"这个人"便是主语。但并不是出现在 VOV 得 R 前的名词性词语都是 S,例如"昨晚下雨下得很大"中,"昨晚"是主题而不是主语,因为"昨晚"不是动词"下"的动元,所以这个句子不是 SVOV 得 R 句。

1.1.2 SVOV 得 R 中的"V₁"和"V₂"

V_1 和 V_2 是重复同一动词,如"他写字写得很累"中的"写"便是。现代汉语里,动词带宾语构成的"V 得"句一般不采用 SVO 得 R 式或 SV 得 OR 式[②],如不能说"他写字得很累"或"他写得字很

---

① 主语是主谓结构中的句法成分。汉语主语的特点是:主语表现的语义成分必是谓词所联系的动元,作主语的词语必在谓词之前而且不附介词。不附介词的主事词语在谓词之前必作主语。参看范晓(1998)《汉语句法结构中的主语》,《语言研究的新思路》,上海教育出版社。

② 偶尔也见到 SVO 得 R 式,如"你告诉我得太晚了"、"我感激你得了不得"。这种格式比较特殊,可能是近代汉语的遗留格式或受方言的影响。例句可以参看李临定(1986)《现代汉语句型》第 244、245 页。

累",而可采用重复同一动词的形式,即 SV_1OV_2 得 R 式。为了某种语用的目的,也还有其他的表达格式(详见"句式的变换和变化"一节)。

V_1 和 V_2 多数是单音节动词,但有少数双音节动词也可以出现在 SV_1OV_2 得 R 句中,例如:

(7)他们打扫房间打扫得很干净。

(8)她照顾那孩子照顾得挺周到。

V_1 和 V_2 一般是及物动词,但也发现有少数不及物动词也能构成 SV_1OV_2 得 R 句。例如:

(9)爸爸睡觉睡得很晚。

(10)她跳舞跳得很好。

SV_1OV_2 得 R 句中的不及物动词主要是"睡觉""跳舞""打仗""洗澡"等离合动词。这类动词构成复动"V 得"句时能使后一语素宾语化。另外,某些不能带受事宾语但能带处所宾语的不及物动词有时也可出现在复动"V 得"句里,例如:

(11)他来这里来得不是时候。

(12)她逛商场逛得很累。

V_1 和 V_2 多数是动作动词,少数心理动词有时也可出现于复动"V得"句里,例如:

(13)他爱她爱得简直要发狂。

(14)她恨他恨得眉毛倒竖。

V_1 和 V_2 不能带表动态的附着成分"了"、"着"、"过"之类,如不能说"他写了字写得很好""他写着字写得很大"。

1.1.3 SVOV 得 R 中的"O"

O 是 V_1 的宾语,一般由名词性词语充当,但也有少数非名词性词语充当宾语的情形。例如：

(15)大哥挨骂挨得最多。

(16)万青搞创作搞得不错。

1.1.4 SVOV 得 R 中的"R"

关于 R 的句法分析,语法学界曾有过一些不同的意见。有持"附加"说的(黎锦熙、刘世儒 1957),有持"谓语"说的(李人鉴 1981),有持"补语"说的这是目前较普遍的看法(丁声树(1961),胡附、文炼(1957),朱德熙(1982),李临定(1986)),有持"谓语性补语"说的(赵元任 1979)。本章从众说,认为 R 是补充说明"VO"的,所以分析为补语。

R 回答"VO 怎么样"的问题,充当 R 的词语大体有以下一些：

1)单个的谓词(主要是形容词,也有动词)。例如：

(17)你们救灾救得及时。/(18)我们开会开得晚了。

(19)小王看书看得着迷了。/(20)她想他想得发呆了。

2)复杂形式的形容词。例如：

(21)农民们堆柴垛堆得高高的。

(22)她走路走得轻轻的。

(23)她说话说得清清楚楚。/(24)我睡觉睡得昏昏的。

3)"副+形"构成的状心短语。例如：

(25)你烧菜烧得太咸了。/(26)大家鼓掌鼓得更响了。

(27)我等你等得好焦急。/(28)他说话说得非常快。

4)"动+名"构成的述宾短语。例如：

(29)你说话说得有道理。/(30)他熬夜熬得生了病

(31)老张头喘气喘得说不出话。

(32)他铲雪铲得闪了腰。

5)"形＋副"构成的述补短语。例如：

(33)他走路走得快极了。/(34)她唱歌唱得好听得很。

(35)他喝咖啡喝得浓透了。

(36)我干这件事干得累极了。

6)谓词性的联合短语。例如：

(37)他吃苦吃得太多太久了。

(38)这厨子煮汤煮得又酸又苦。

(39)她唱歌唱得响亮而动听。

(40)他干这工作干得又苦又累。

7)主谓短语。例如：

(41)他说话说得句句有理。

(42)我走路走得小楼都抖动了。

(43)她唱歌唱得嗓子都哑了。

(44)她想他想得身子都瘦了。

8)谓词性的固定短语(成语)。例如：

(45)他说话说得头头是道。

(46)战士们吃这顿饭吃得津津有味。

(47)孩子摔跤摔得头破血流。

(48)她骂他骂得狗血喷头。

9)代谓词"怎么样"。例如：

(49)你们今年过年过得怎么样？

(50)他们开会开得怎么样？

10)副词性词语。例如：

(51)我想家想得很。/(52)他爱她爱得了不得。

(53)她恨他恨得要死。/(54)她宝贝孩子宝贝得要命。

11)"一+(量)+名"构成的定心短语。例如：

(55)我跑步跑得一身热汗。/(56)他淋雨淋得一身的水。

(57)她摊东西摊得一桌子。

(58)他们乱堆杂物堆得一屋子。

1.1.5　VOV得R中的"得"

复动V得句中的"得"的性质,语法学界有不同的说法:有的称它为"引副介词"(黎锦熙,刘世儒1957),有的称它为"动词后缀"(朱德熙1982),大多数语法论著称之为"结构助词"或笼统称之为"助词"。根据汉语语法狭义形态变化比较少的特点,可以把"得"看作是附着在动词上的虚词,称它为"结构助词"或"助词"是合适的。

1.2　句型分析

SVOV得R句属何种句型,语法学界有分歧。主要有以下几种意见:

1)认为是"主状动"句。

有人在分析"他唱歌唱得好"时说:"动宾词组(唱歌)不是句中的主要成分,而是指在哪方面'唱得好'",所以是"动宾词组作状语用",这种句子是"动宾词组作状语的动词谓语句"。(赵普荣1958)

2)认为是"主谓谓语句"。

有人在分析"他唱歌唱得好"、"我买书买得贵"时,把S看作大主语,把V_1O看作小主语,认为这种句子是"S_1+S_2P(主谓作谓)"式(邓敛文1958,赵元任1979),即主谓谓语句。

3)认为是"连动句"(或称"连谓句")。

有人在分析"他说话说得不清楚"、"他怕你怕得厉害"这类句

子时,说是两个动词共一个主语,是连动式。(王福庭 1960,陈建民 1986)

4)认为是谓语"重说",是"动(宾)＋动(补)构成联合关系的谓语"。

有人在分析"喜欢书喜欢得着了迷"、"追敌人追得太猛"时就是这样分析的。(洪心衡 1963)

5)认为是"主动宾补"句。

有人在分析"他讲书讲得非常清楚"这类句子时就是持此主张的。(胡附、文炼 1957)

6)认为是"主动补"(或称"主述补")式。

有人在分析"我抽烟抽得很多"、"他回家回得早"等句子时,说这种句子是"动宾结构加补语","是主动补句式"。(丁声树 1961,李临定 1980)持这种见解的比较多。但同样主张"主动补"说的,在分析这种句子的主语时也有不同意见:大多数认为 S 是主语,但也有人认为"SV$_1$O"是主语。(程克江 1988)

这里认为,复动"V 得"句是主谓句中的"主述补"句(也可称"主动补"句)。这种句式跟"小李走得飞快"、"小张唱得很好听"、"我休息得很好"等句同属"V 得"式的"主述补"句,所不同的是前者动词后有宾语,可构成复动"V 得"句,后者动词后不带宾语。

1.3　层次分析

本章认为这种句子可以分析为"主述补"式,即述补短语作谓语的主谓句。在进行成分层次分析时,如果从大到小切分,句子内部词语搭配后形成的成分层次关系可以图示如下:

如果用文字说明,可具体分析如下

S	V₁ O	V₂ 得	R
主 语	谓	语	
	述 语	补 语	
述语	宾语	述语	补语
		附着关系	

1)第一层次的"S / VOV 得 R":S 是主语,VOV 得 R 是谓语,表明这是主谓句。

2)第二层次的"V₁ O / V₂ 得 R":V₁ O 和 V₂ 得 R 间是述补关系,表明句子的谓语是述补短语。

3)第三层次的"V₁ / O":V₁ 和 O 间是述宾关系(动宾关系),表明 V₁OV₂ 得 R 这个述补短语中的述语是动宾短语充当的。

第三层次的"V₂ 得 / R":V₂ 得和 R 间也是述补关系,表明 V₁OV₂ 得 R 这个述补短语中的补语是由另一个述补短语充当的。

4)第四层次的 V₂/"得":它们之间是附着关系,助词"得"附着在动词上。

2. 复动"V 得"句的语义分析

2.1 成分的语义性质

2.1.1 SVOV 得 R 中的"S"

S 一般是动作的施事,如"林云弹琴弹得非常好"中,作 S 的"林云"便是施事。但也发现有例外,例如:"这老人晒太阳晒得皮肤黝黑"、"她淋雨淋得满身是水"。这两例中的 S("这老人"和"她")便是受事。而 V₁ 后的 O("太阳"、"雨")才是施事,因为动

作的发出者是"太阳"、"雨",这可以通过变换格式得到证明,例如:

　　(59)这老人晒太阳晒得皮肤黝黑。→这老人被太阳晒得皮肤黝黑。

　　(60)她淋雨淋得满身是水。→她被雨淋得满身是水。

2.1.2　SVOV 得 R 中的"V_1"和"V_2"

V_1 和 V_2 一般是施事所发出的动作或行为(个别情况下是受事所接受的动作或行为)。V_1 是原动词,V_2 是重复动词。V_1 在语义平面是不可缺少的,虽然在有些句子里从表面上看 V_1 似乎是失落了,例如:"他写字写得很大"可以说成"他字写得很大"。其实这种句子失落的不是 V_1,而是 V_2。请看下面的句子:

　　(61)他写字写得很累。→﹡他字写得很累。

　　(62)他跑步跑得很快。→﹡他步跑得很快。

这些复动"V 得"句不能去掉 O 前的 V_1,去掉了就不通。可见,复动"V 得"句"他写字写得很大"变为"他字写得很大"时,V_1 的失落只是一个假象,而是本来在 V_1 后的 O 前置于 V_1 之前,V_2 这个重复动词当然也就不需要了。这表明:V_2 在语义上并不是必要的成分,而是羡余成分。有人认为 V_2 "是主要动词",说 V_1 的意义"非常空泛,仿佛只是一个陪衬……V_1 有些接近介引作用的'把''将'之类性质。"(朱德熙 1982,刘维群 1986)这显然是把结构中心跟表达重心未区别开来,从而颠倒了 V_1 和 V_2 的语义身份,也就是把 V_2 看作原动词而把 V_1 看作重复动词了。

2.1.3　SVOV 得 R 中的"O"

O 跟动词组合在一起有一定的语义关系,充当一定的语义角色。有的论著认为 O 是受事,其实不只是受事。主要有:

1)受事,如"踢足球踢得很好"中的"足球"便是。

2)与事,如"给他给得很多"中的"他"便是。

3)施事,如"晒太阳晒得皮肤黝黑"中的"太阳"便是。

4)处所,如"睡板床睡得腰酸背痛"中的"板床"便是。

5)时间,如"干五年干得太长"中的"五年"便是。

6)工具,如"写毛笔写得手发酸"中的"毛笔"便是。

7)原因,如"这块布缩水缩得厉害"中的"水"便是。

8)同源,如"睡觉睡得太晚"中的"觉"便是。

2.1.4 SVOV 得 R 中的"R"

R 表示动作或行为所引起或显现的某种情状(情境和状态)。不同的 R 表示着不同对象的情状,也就是 R 的语义指向不一样。R 的语义指向主要有以下三种:

1)指向 O,即作 R 的词语,表示 O 的某种情状。例如:

    (63)他买书买得很多。　　　　(指"书"很多)

    (64)老孙头喂牲口喂得很肥。　　(指"牲口"很肥)

2)指向 S,即作 R 的词语表示 S 的某种情状。例如:

    (65)他写字写得很累。　　　　(指"他"很累)

    (66)唐皇喝酒喝得大醉。　　　(指"唐皇"大醉)

3)指向 V,即作 R 的词语显现动作或行为的某种情状。例如:

    (67)他写字写得很快。　　　　(指"写字"很快)

    (68)我们救灾救得十分及时。　(指"救灾"十分及时)

以上 R 都由 VP(谓词性词语)充当,所以 R 的语义指向也就是 VP 的语义指向。当主谓短语充当 R 时,情形就比较复杂。如果把主谓短语记作"NP+VP",则这里的 VP 是直接指向 NP 的。

这种 NP 可分为三类：

第一类，NP 是 S 的某个部分（NP 从属于 S）或指代 S。例如：

(69)她恨他恨得眉毛倒竖。　　　　（VP 指向"眉毛"）

(70)这演员走钢丝走得步子不稳。（VP 指向"步子"）

(71)他站岗站得腿发麻了。　　　　（VP 指向"腿"）

(72)她唱歌唱得自己也不满意。　（VP 指向"S 自己"）

上面这种句子的 VP 表示"S 的 NP"或"S 自己"的情状，所以从整体上看，也可看成主谓短语（NP＋VP）所作的 R 是指向 S 的。

第二类，NP 是 O 或 O 的全体（每一个 O 或全部 O）。例如：

(73)他摇头摇得头都酸了。　　　　（VP 指向"头"）

(74)她看书看得书都破了。　　　　（VP 指向"书"）

(75)小李打球打得球也飞走了。　（VP 指向"球"）

(76)他写字写得字字有力。　　　　（VP 指向"字字"）

这种句子的 VP 表示 O 或 O 的全体的情状，所以从整体上看，也可看成主谓短语（NP＋VP）所作的 R 是指向 O 的。

第三类，NP 是 S 和 O 之外的第三者，包括相关的与事、工具、处所、时间等。例如：

(77)他写字写得人人都看不清楚。　（VP 指向"人人"）

(78)他说笑话说得大家都乐开了。　（VP 指向"大家"）

(79)小李写字写得铅笔都折断了。　（VP 指向"铅笔"）

(80)这孩子吃饭吃得地上都是米粒。（VP 指向"地上"）

这种句子的 VP 表示 S 和 O 之外第三者的情状。从整体上看，这种句子里的主谓短语（NP＋VP）所作的 R 所表示的，实是"SVO"这一事件显现或引起某种情状后又致使引发出另一事件或情状。因此在"V 得"后似应有一个直接的 R（VP），但却隐含着，如(77)

的含意是：

(77')他写字写得(VP)，(致使)人人都看不清楚。

这句中隐含着的 VP，或是"很小"，或是"潦草"，或是"糊涂"，或是其他。这隐含着的 VP 是这类复动"V 得"句的直接 R，而显在的主谓短语所作的 R 是间接 R。如果把前者记作 R_1，后者记作 R_2，这种句式的隐层结构可记作：SV_1OV_2 得 R_1，致使 R_2。在这种致使结构里，R_1 与 R_2 具有因果关系（R_1 是因，R_2 是果）。R_1 有指向 S 的，有指向 O 的，有指向 V 的；相应地 R_2 也有这三种指向。这是一种比较特殊的复动"V 得"句。

2.1.5 SVOV 得 R 中的"得"

"得"的语法意义有三：一是表示"附着"意义，附着在动词后引出情状补语，它是动补结构的标志词。二是显示动作或行为的"已然"（施关淦 1985），一般表示既成事实，但也可以出现在虚拟性或评议性的句子里。三是表示"肯定"的意义，在这种句子里，V 前不能加否定副词"不"，所以像"他写字不写得很好"、"他不写字写得很好"之类的句子是不能成立的。语义平面所研究的，是上述第二、第三种语法意义。

2.2 基本的语义结构

复动"V 得"句里，S、V、O、R 是不可缺少的语义成分，这四个基本语义成分构成两个动核结构。隐层的两个动核结构通过一定的句法手段套合在一起形成显层的复动"V 得"句。以"他写字写得很大"为例，隐层的两个动核结构是：A. 他写字，B. 字大。B 以 A 为前提，没有 A，也就没有 B。特殊的复动"V 得"句有 S、V、O、R_1、R_2 等五个基本语义成分，构成三个动核结构。以"他写字写得铅笔折断了"为例，隐层的三个动核结构是：A. 他写字，B. 写字 VP

（VP 隐含着，比如"很重"），C. 铅笔折断。B 以 A 为前提；而 C 又以 A、B 为前提。

2.3 歧义句

有的复动"V 得"句是多义的或者说是歧义的。这种句子里 R 的语义指向可此可彼。例如："她看他看得脸红了"，可理解为 S 脸红，也可理解为 O 脸红；"他追我追得直喘气"，可理解为 S 直喘气，也可理解为 O 直喘气。歧义句的分化可用一定的变换式来检验。比较：

(81) 她看他看得脸红了。→她把他看得脸红了。

（他脸红）

(82) 她看他看得脸红了。→她看他看得自己脸红了。

（她脸红）

(83) 他追我追得直喘气。→他把我追得直喘气。

（我直喘气）

(84) 他追我追得直喘气。→他追得我自己直喘气。

（他直喘气）

当 S 和 O 为同类事物而且 R 指向 S 时，一般不用复动"V 得"句表达，因为易引起歧义，除非借助于特定的语境。

3. 复动"V 得"句的语用分析

3.1 主题和述题

复动"V 得"句的大主题（全句主题）是 S。S 是述说的对象，是已知的信息；在形式上，S 后边可以有停顿（如"他，写字写得很大"），S 后可加语气词（如"他嘛，写字写得很大"）。VOV 得 R 是述说 S 的部分,它回答 S"怎么样"的问题,是新信息,所以它是述题。复动"V 得"句的主语和主题重合,谓语与述题重合。

SVOV 得 R 句的 VO 可分析为小主题(也称"次主题"、"第二主题"),V 得 R 可分析为小述题。理由是:第一,VO 表现一件事,是述说的对象,V 得 R 是述说 VO"怎么样"的。VOV 得 R 与类似格式比较:

A 组:字写得很大/ 工作积极办事认真/ 学习很刻苦

B 组:写字写得很大/ 办事办得很认真/ 学习学得很好

A 组中的"字"、"工作"、"办事"、"学习"一般都看作主题。比较之下,也就没有理由不把 B 组的 VO 看作主题。第二,VO 在变换式中也可置于句首,如"他写字写得很大"可变换成"写字他写得很大"。如果句首的 VO 可分析为主题,也就不能认为在 V 得 R 之前的 VO 没有资格作主题。第三,VO 后可以停顿,也可以加语气词,如:"写字(嘛),写得很大。"这跟 A 组的"O"一样,具有主题的形式特征。

3.2 表达重心

表达重心和结构中心要区别开来(范晓 1985)。结构中心是"句法—语义"平面分析的,表达重心是语用平面分析的。在主题和述题关系中,述题传达新信息,它通常是表达重心。复动"V 得"句的大述题对大主题而言是表达重心,小述题对小主题而言是表达重心。由于小述题存在于大述题之中的,可以说它是重心中的重心,所以从全句来说,复动"V 得"句的表达重心一般是在小述题上,即在"V 得 R"上。正因为如此,当对这种句子要加上主观评议时,评议性的词语通常出现在"V 得 R"之前,如"他干这件事一定会干得很好",而不说"他一定会干这件事干得很好"。

3.3　"V₂"在表达中的作用

V₂ 在语义结构中是羡余的,但在复动"V 得"句的句法结构中却是不可缺少的,在语用表达中有其特定的作用:有强调动作的意味。比较下面两组句子:

　　A 组:你告诉我得太晚了 / 我感激你得了不得

　　B 组:你告诉我告诉得太晚了 / 我感激你感激得了不得

A、B 两组语义结构相同,但显层的句式不一样,语用表达上就有细微差别:A 组的"太晚了"、"了不得"是述说 VO 这件事的,而 B 组的"太晚了"、"了不得"虽也述说 VO,却又强调和突出了 V 这个动作。

3.4　"得"在表达中的作用

"得"在语用表达上也有特定的作用,比较下面两组句子:

　　A 组:吃玉米吃胖了 / 跑步跑累了 / 说话说多了

　　B 组:吃玉米吃得胖了 / 跑步跑得累了 / 说话说得多了

A、B 两组语义结构相同:显层都为复动句(重复动词),但 A 组无"得"而 B 组有"得"。"的"的有无,反映出它们的语用差别:A 组旨在说明动作的结果,B 组旨在表现动作所引起或显现的情状。由于有这种差别,AB 两组作补语的词语也有差异。

第一,表结果的动词能作 A 组动词的补语,而不能作 B 组动词的补语。比较:

　　A 组:赌钱赌输了 / 找人找着了 / 摔跤摔伤了

　　B 组:*赌钱赌得输了 / *找人找得着了 / *摔跤摔得伤了

第二,B 组的作补语的形容词可扩展成短语,而 A 组作补语的形容词则不行。比较:

A组：＊吃玉米吃很胖／＊吃玉米吃胖极了／＊吃玉米又白又胖

B组：吃玉米吃得很胖／吃玉米吃得胖极了／吃玉米吃得又白又胖

第三，表示状态的短语能作B组的补语而不能作A组的补语。比较：

A组：＊吃玉米吃津津有味／＊跑步跑满头大汗／＊说话说头头是道

B组：吃玉米吃得津津有味／跑步跑得满头大汗／说话说得头头是道

可见，A、B两组虽都是复动句，但传递的信息不同，因此"得"在语用表达上也不是可有可无的。

3.5　"R"在表达中的作用

R处在全句的末尾，是全句的焦点，在句中起"点睛"的作用。正因为这样，肯定词"是"常可出现在R或V得R之前，以加强肯定这个焦点。例如：

(85)我买菜买得总是太贵。（肯定词"是"出现在R之前）

(86)他们盼水盼得是多么焦急啊！（肯定词"是"出现在R之前）

(87)我买菜总是买得太贵。（肯定词"是"出现在V得R之前）

(88)他们盼水是盼得多么焦急啊！（肯定词"是"出现在V得R之前）

另外，如果充当R的词语不同，V得R作为述题在述说的表达类型上有时也会显示其差别。比较下边两组：

　　　　A 组：写文章写得好/ 抓工作抓得紧/ 吃饭吃得饱

　　　　B 组：写文章写得很好/ 抓工作抓得紧紧的/ 吃饭吃得饱
　得很

A 组由简单形容词作 R，B 组由复杂形容词或形容词短语作 R。A
组的述题是对主题进行断定性评述，B 组的述题是对主题进行状
态性描述。正因为述说作用不一样，又引出另一点差别：A 组的 R
有相应的否定式（写得不好/ 抓得不紧/ 吃得不饱），而 B 组的 R
无相应的否定式（? 写得不很好/ ＊抓得不紧紧的/ ＊吃得不饱
得很）。①

4. 复动"V 得"句的句式变换和变化

　　复动"V 得"句有一定的变换式；在具体运用时，借助于语境，
也可以有某种变化式。它可能有的变换式和变化式很多，不同的
变换式和变化式有着不同的语用价值。并不是任何复动"V 得"
句都有各种变换式和变化式，能否变换或变化成某种句式取决于
各种因素，其中最主要的是受制于 R 的语义指向；是否要变换或
变化成某种句式，则要根据表达的要求和语境的实际。复动"V
得"句的变换式和变化式主要有以下一些：

4.1　SVOV 得 R→VOSV 得 R

　　这种句式变换的实例：

　　　　(89)他写字写得很大。→写字他写得很大。

_____

① "写得不很好"虽是否定式，但不是"写得很好"的对立的否定。

(90)他写字写得很累。→写字他写得很累。

(91)他写字写得很快。→写字他写得很快。

VOSR 得 R 句是一种 VO 作大主题、S 作小主题的句子。当说话者比较关心"VO"怎么样时，就可用这种句式表达。各种复动"V得"句都可变换成这种句式。

4.2 SVOV 得 R→SOV 得 R

这种句式变换的实例：

(92)他写字写得很大。→他字写得很大。

(93)他写字写得很快。→他字写得很快。

SOV 得 R 句是 S 作大主题的句子，这跟复动"V得"句一样；但小主题是 O，并去掉了重复的动词。当说话者不仅关心"S"还要关心"O"怎么样时，就可使用这种句式。复动"V得"句变换成这种句式是有限制的：R 在语义上指向 S，原则上不能变换成这种句式，如：他写字写得很累→＊他字写得很累。

4.3 SVOV 得 R→S(把 O)V 得 R

这种句式变换的实例：

(94)他写字写得很大。→他把字写得很大。

(95)他摇头摇得拨浪鼓似的。→他把头摇得拨浪鼓似的。

S(把 O)V 得 R 句的主题是 S，起变化的是去掉了重复动词，并用介词"把"将 O 提到动词之前。在这种句子里，"把"的作用是强调给某事处置以某种动作。当说话者要表达对有定的 O 加以某种处置时，可使用这种句式。复动"V得"句变换成这种句式是有限制的：R 在语义上指向 S 的、或 O 是无定的、或 V 是不及物动词的复动"V得"句，都不能变换成这种句式。例如：

(96)他写字写得很累。→＊他把字写得很累。（R 指向 S）

(97)他看电影看得很多。→＊他把电影看得很多。（O 是无定的）

(98)他睡觉睡得很香。→＊他把觉睡得很香。（"睡觉"是不及物动词）

和复动"V 得"句有着相同语义结构的某些 S(把 O)V 得 R 句也不一定能变换成复动"V 得"句。例如：

(99)他把这件事忘得干干净净。→＊他忘这件事忘得干干净净。

(100)我们把敌人打得落花流水。→＊我们打敌人打得落花流水。

(101)他们把江心中的那个小岛建设得非常美丽。→?他们建设江心中的那个小岛建设得非常美丽。

(102)他们把建设祖国的宏伟蓝图设计得很完美。→?他们设计建设祖国的宏伟蓝图设计得很完美。

这类"把"字句不能变换成复动"V 得"句的原因是：有的是动词本身不能构成复动"V 得"句，如(99)；有的是 S 和 O 都是有生名词，而 R 又是指向 O 的，构成复动"V 得"句易引起歧义，如(100)；有的是 O 由较长的多层次短语充当，一般不能构成复动"V 得"句，如(101)、(102)。

4.4 SVOV 得 R→(S 的 O)V 得 R

这种句式变换的实例：

(103)你做菜做得不坏。→你的菜做得不坏。

(104)他下棋下得不错。→他的棋下得不错。

(S 的 O)V 得 R 句中的主题是"S 的 O"。"S 的 O"里隐含着 S 所发出的动作,所以"S 的 O"在语义上等于"SV 的 O"(你的菜＝你做的菜)。当说话者关心"SV 的 O"怎么样时,可使用这种句式。复动"V 得"句变换成这种句式的限制是:R 在语义上指向 S 的,一般不能变换成这种句式。例如:

(105)他写字写得很累。→＊他的字写得很累。

4.5　SVOV 得 R→OSV 得 R

这种句式变换的实例:

(106)他写字写得很大。→字他写得很大。

(107)他开汽车开得飞快。→汽车他开得飞快。

OSV 得 R 这种句式里,O 是大主题,S 是小主题。当说话者比较关心"O"怎么样时,可使用这种句式。复动"V 得"句变换成这种句式的限制是:R 在语义上指向 S 的,不能变换成这种句式。例如:

(108)他写字写得很累。→＊字他写得很累。

4.6　SVOV 得 R→OV 得 SR

这种句式变换的实例:

(109)她吃玉米吃得越来越胖了。→玉米吃得她越来越胖了。

(110)许多人吃这种菜吃得拉肚子。→这种菜吃得许多人拉肚子。

OV 得 SR 句是一种比较特殊的句式。这种句子里 O 是主题,S 置于 V 后。这种句子的作用是:叙述 O 在 S 发出的动作的影响下反过来使 S 产生某种情状。这是一种表示致使性的句子。复动"V得"句变换成这种句式的限制是:R 在语义上指向 S,O 一般是受事。这种句式有时也可变换成 O(把 S)V 得 R 式,例如:玉米吃得她越来越胖了→玉米把她吃得越来越胖了。这种"把"字句式无处置作用，却具有致使作用。

4.7　SVOV 得 R→O(被 S)V 得 R

这种句式变换的实例：

(111)他写这个字写得特别大。→这个字被他写得特别大。

(112)她说他说得一无是处。→他被她说得一无是处。

O(被)SV 得 R 句里，O 是主题，"被"用来引出施事，在表达上表示"被动"。当说话者关心"O"被怎么样时，就可使用这种句式。复动"V 得"句多数不能变换成这种句式，只有部分在语义上指向 O 而且 O 是有定的才有可能作这样的变换。

4.8　SVOV 得 R→SV 得 OR

这种句式变换的实例：

(113)我望你望得好苦啊！→我望得你好苦啊！

(114)他恨小芹恨得了不得。→他恨得小芹了不得。

SV 得 OR 句的主题是 S，不用重复动词，"得"置于 VO 之间。当说话者不需要突出 VO 或 O 时可使用这种句式。复动"V 得"句变换成这种句式较少。相反，相当多的 SV 得 OR 句却不一定能变换成复动"V 得"句。例如：

(115)灯光逼得他皱起眉头。→＊灯光逼他逼得皱起眉头。

4.9　SVOV 得 R→SV 是 V 得 R

这种句式变化的实例：

(116)他写文章写得很快。→他写是写得很快(只是文章质量不高)。

(117)她唱歌唱得不错。→她唱是唱得不错(但可惜缺乏表情)。

SV 是 V 得 R 句是在一定语境中为表达需要而省略了"O"、增添了"是"的句式。如果说话者要强调肯定"V",而"O"借助于语境可省略的,就可使用这种变化句式。

4.10　SVOV 得 R→SV 得 R

这种句式变化的实例:

(118)他写字写得很大。→他写得很大。

(119)他说话说得很快。→他说得很快。

SV 得 R 句是省去 O 的省略句,也就不必重复动词。如果借助语境可省去 O 的,或者 O 是同源宾语的,就可使用这种变化句式。

4.11　SVOV 得 R→(S 的 NP)V 得 R

这种句式变化的实例:

(120)我跑步跑得腿发软了。→我的腿跑得发软了

(121)她唱歌唱得嗓子发哑了。→她的嗓子唱得发哑了。

(S 的 NP)V 得 R 句的主题是"S 的 NP",NP 从属于 S。某些主谓短语作 R 的复动"V 得"句有时可省略宾语 O,将 NP 提到句首构成这种变化句式。当说话者关心"S 的 NP"怎么样时,可使用这种句式。

4.12　SVOV 得 R→OV 得 R

这种句式变化的实例:

(122)他写字写得好,他写文章也写得好。→他写字写得好,文章也写得好。

复动"V 得"句在一定语境中根据表达需要可以省略主语 S,且动词也不必重复。但有些 OV 得 R 句的 S 是隐含着的,例如:

　　　　（123）她的房门关得紧紧的。

　　　　（124）那些窗玻璃都擦得亮堂堂的。

这种句子并不是复动"V得"句省略主语S的变化式,而受事词语作主题和主语的描记句。隐含S的OV得R跟省略S的OV得R在句式上是表面同一,而在语用表达上是有显著差别的。

主要参考文献:

陈建民(1986)《现代汉语句型论》,语文出版社。

陈望道(1948)《试论助词》,《国文月刊》第65期。

程克江(1988)《"他唱歌唱得好"的句式归属》,《新疆大学学报》第3期。

邓剑文(1958)《关于主谓谓语句的分析问题》,《中国语文》第6期。

丁声树等(1961)《现代口语语法讲话》,商务印书馆。

范　晓(1985)《略论V—R》,《语法研究和探索》(3),北京大学出版社。

范　晓(1992)《V得句的"得"后成分》,《汉语学习》第6期。

范　晓(1991)《动词的"价"分类》,《语法研究和探索》(3),语文出版社。

洪心衡(1963)《关于动词谓语的重说》,《汉语语法问题研究》(续编),福建人民出版社。

胡　附、文　炼(1957)《现代汉语语法探索》第128页,新知识出版社。

黎锦熙、刘世儒(1957)《汉语语法教材》第409页,商务印书馆。

李临定(1980)《动补格句式》,《中国语文》第2期。

李临定(1986)《现代汉语句型》,商务印书馆。

李人鉴(1981)《关于语法结构分析方法问题》,《中国语文》第4期。

刘维群(1986)《论重动句的特点》,《南开大学学报》第3期。

施关淦(1985)《关于助词"得"的几个问题》,《语法研究和探索》(3),北京大学出版社。

王福庭(1960)《连动式还是连谓式》,《中国语文》第10期。

赵元任(1979)《汉语口语语法》第179页,商务印书馆。

赵普荣(1958)《从动谓句中的动词重复谈起》,《中国语文》第2期。

朱德熙(1982)《语法讲义》,商务印书馆。

第八章　VP 主语句[*]

本章所说的 VP,标记的是广义的动词性词语(谓语性词语),它包括一般语法书上所说的动词和动词短语以及形容词和形容词短语。VP 主语句指 VP 作主语的句子,也就是 "VP＋VP" 构成的主谓句。例如:

(1)打骂是一种不文明的行为。

(2)演出马上就要开始了。

(3)打仗使人民生命和财产受到损失。

(4)讲究卫生十分重要,有利于身体健康。

语法学界对 VP 主语或 VP 主语句有过不少论述,但过去大多着眼于句法平面进行分析。我们走一条新路子,即用三个平面的理论和方法来对 VP 主语句进行研究。

研究 VP 主语句,必然会涉及一系列有争议的问题,如"名物化"问题,"向心结构"问题、"动词跟名词的界限"问题以及"N 的V"作主语的问题等,本章将结合具体的汉语语法事实提出一些看法。

---

* 本文曾在 1990 年举行的"第六次现代汉语语法学术讨论会"上宣读过,1992 年发表于《语法研究和探索》(6),语文出版社出版。收入本书时文字上略有修改。

1. VP 作主语是有条件的

1.1　VP 一般不能作主语

有一种观点认为：VP"既能作谓语，又能作主宾语"，"几乎所有的动词和形容词都能作主语和宾语"（朱德熙 1985，朱德熙、卢甲文、马真 1961）。这种把 VP 作主宾和 VP 作谓语看成同样普遍、同等地位的观点值得商榷。

从语言事实来看，汉语的 VP 作谓语是无条件的，凡是 VP，一定能作谓语；VP 作谓语最普遍、最常用，主谓结构的谓语绝大多数由 VP 充当。但是，VP 一般不作主语，特别是动作动词（占动词的多数）作谓语或谓语中心词所构成的主谓结构，VP 通常都不能作它的主语；VP 作主语是有条件的。

1.2　VP 作句子主语的条件

VP 作主语是有条件的，那就是与它对应的作谓语的 VP 有一定的限制。如果把这个有条件的性质看成了无条件的性质，就将推导出错误的结论。VP 主语句中作谓语或谓语中心词的 VP 主要有以下几类：

第一类，谓语是表示判断、诠释意义的 VP，谓语中心词有"是、属、等于、值、如、好比"等动词。例如：

（5）打是疼，骂是爱。

（6）浪费时间等于浪费生命。

（7）一笑值千金。

（8）等人是心焦的。

第二类，谓语是表示评议、估量意义的 VP，谓语中心词有

"应、要、能、可以"等助动词以及"容易、难、好、坏、合适、合理、有利、重要"等少数形容词。例如:

(9)那样做可以吗?

(10)创作难,翻译也不容易。

(11)锻炼身体很重要。

(12)晚上少吃对身体有利。

第三类,谓语是表示存现、显示意义的 VP,谓语中心词有"开始、停止、存在、有、充满、显示、说明、表明、标志着"等动词。例如:

(13)演讲开始了。

(14)整治交通还存在着一些困难。

(15)争霸和称霸充满了那个时期的历史进程。

(16)这种简单的事情都不懂,说明他的悟性太低。

第四类,谓语是表示产生、使成意义的 VP,谓语中心语有"变、成、变成、产生、引起"等动词,谓语也可能由"使字短语+VP"构成。例如:

(17)这样做产生了不少问题。

(18)整容改变了她的面貌。

(19)虚心使人进步,骄傲使人落后。

(20)秦惠文王不断扩张势力引起了其他六国的恐慌。

从上面的一些实例可以看出,VP 作句子主语时,谓语或谓语中心词一般是非动作动词和少数形容词,还有"使"字句。根据我们调查的语料来看,VP 作主语尤以"是"字句(包括谓语是"是……的"构成的句子)为多。说"几乎所有的动词和形容词"都能作主语,在"是"字句里的确如此,但这种情况是特殊的;因为"是"字句是用于判断和解释的最典型的句式,而任何动词或形容词都可以作为判

断和解释的对象。如果从"是"字句着眼,则可说所有 VP 都可作
主语,甚至可说所有的词(包括虚词)都可作主语。① 因此,不能据
此而把 VP 作主语看成为汉语语法的普遍规律。如果说 VP 不能
作句子的主语是现代汉语语法的一般规律,那么 VP 作主语可以
说是一种比较特殊的规律。

1.3　VP 作主语跟 VP 作谓语不能同等看待

为什么 VP 作主语跟 VP 作谓语不能同等看待?这是因为名
词、动词之类的词类是词的语法功能(严格地说是"句法功能")的
类,区分词类时应分清主要功能和次要功能。(范晓 1990)主要功
能是指词在句法结构里最普遍的、最常用的、无条件的用法,次要
功能则是指那种不太普遍的有条件的用法。经常用作谓语(或谓
语中心词),能用副词"不"或"没"作状语进行否定,是 VP 的主要
功能;作主语或宾语是 VP 的次要功能。相反,经常作主语或宾
语,能接受数量词语或指量词语作定语性的修饰,是 NP(名词性
词语)的主要功能;作谓语是 NP 的次要功能。② 所以 VP 和 NP
是功能上对立的两类。主要功能是区分词类的依据。一个词的词
性的确定,也要看主要功能,而不能看次要功能。

汉语的词类跟句法成分之间没有那种严格的、一一对应的关
系,就 VP 而言,它常作谓语但有时也能作主宾语,这是事实。这
是由于汉语的词缺乏狭义形态变化,所以大多数词不能像印欧语
言里的词那样因句法位置的不同而发生形变从而使基本意义相同
的词变成几个不同的词。如果汉语不分主次地根据句法位置来分

---

① 如"'不'是一个表示否定的副词"这样的句子里,副词也充当了主语。

② 名词在一定条件下也可以作谓语,所以汉语语法中有名谓句。

类或确定词性。那就是"依句辨品,离句无品",最后导致"词无定类",这是不可取的。但也不能由此否定某类词作某几种句法功能句法时有主次的分别。一个词类的主要句法功能决定一个词类的分布的形式特点(语法特征),VP的形式特点是和它主要用作谓语这个功能相联系着的,NP的一些形式特点是和它主要用作主宾语相联系着的;所以我们就不应把VP作主宾语跟VP作谓语同等看待,犹如不应把NP作谓语跟NP作主宾语同等看待一样。当然也不应由此而轻视次要功能,次要功能在区分谓语动词的次类时也还是有一定价值的。

2.　VP主语句的句法、语义和语用分析

2.1　VP主语句的VP的句法性质

在句法平面,60年代以前对VP出现在主语位置上曾有过种种说法。有"转成名词"说的(黎锦熙1924,黎锦熙、刘世儒1960),有"活用"说的(陈承泽1922,吕叔湘1943),有"变性"说的(吕叔湘、朱德熙1952),有"变位"说的(曹伯韩1954),有"名词化"(或"名物化")说的(史振晔1962)。各种说法虽不相同,但基本上观点是一致的,即认为VP作主语时具有了名词的性质。

朱德熙等(1961)《关于动词、形容词"名物化"的问题》的论文,把上述各家的观点概括为"名物化"。他们在文中全面地系统地批评了主宾语位置上的VP具有名词性质的论点;认为VP既能作谓语,又能作主宾语,做主宾语时仍是VP,并没有改变词类性质。应该说,朱德熙等(1961)的论文有相当的理论力量,澄清了一些似是而非的认识,提出了一些有关词类区分的有价值的看法,文章是

有积极意义的。但该论文也存在一些问题。比如,把作主宾语看作是 VP 的普遍的、无条件的语法性质显然不妥;又如,对"名物"或"事物"特点的批评缺乏辩证的分析,没能批判地吸收某些名物化论者思想中的合理内核,就显得缺乏说服力。因此 80 年代以后,又有人重提"名物化"(邢福义 1980,陆丙甫 1985),为"名物化"翻案,这不是没有原因的。

2.2　VP 主语句主语 VP 的语义性质

2.2.1　重新评估"名物化"

语法研究应区别语义平面与句法平面。从句法平面分析,VP 作主语时,VP 性质不变,仍是 VP;如果把 VP 的"名物化"说成"名词化",即 VP"具有名词性",显然是有问题的。但是从语义平面分析,从"VP+VP"构成的 VP 主语句中谓语 VP 的"价"着眼,作主语的 VP 实是谓语 VP 所联系的(或支配的)强制性的语义成分,即"动元"(范晓 1991),而这语义成分一般表示"名物"(或称"事物")。从这个意义上说,句法平面作主语的 VP 在语义平面"名物化"(或"事物化")了。

朱德熙等(1961)的论文说 VP 放在主语位置上,"可以把它看成一种事物(广义的"事物")";指出"这里所谓'事物'跟作为名词这个词类的语法意义的'事物'是不同的东西,二者不在同一平面上";并批评名物化论者把广义事物跟狭义事物"混为一谈,由此得出一系列错误的结论。"(朱德熙 1985,朱德熙、卢甲文、马真 1961)这无疑是正确的。但该文却又把这"广义事物"说成是一种非语法意义的意义,那就值得讨论了。实际上,所谓的"广义事物",跟我们所说的作为谓语 VP 的强制性语义成分的"事物"基本上是一致的,都是一种语法意义。所以,从语义平面分析,可以说 VP 主语表示"名物"（或"事物"），是"名物化"（或"事物化"）了。可见对"名物化"的提法应该重新评估。

当然，如果把"名物"或"事物"与NP所表示的意义联系在一起，而且以此来证明VP"名词化"了，也就是把"名物化"和"名词化"等同起来，那就混淆了语义平面与句法平面，也混淆了词的词汇意义和语法意义，是不妥的。

2.2.2　"名物化"的实质是"动元化"

笔者在《动词的"价"分类》一文中提出了"动元"这个术语，"动元"就是动词所联系的强制性语义成分，"动元"多数是"名物"（或"事物"），但也有非名物或事物（如"动作"或"性状"之类）。VP的配价决定于它在动核结构里所联系的"动元"的数目。主语与作谓语或谓语中心词的VP之间在语义上具有选择关系。在汉语的叙述句里，主语通常是主谓结构中谓语VP前作主题而不能移位到VP后的那个"动元"。可见，VP作主语，是作为后边的谓语VP的"动元"而存在的。所以严格地说，VP主语在语义平面的"名物化"实质上是"动元化"。

2.2.3　动元VP语义上的进一步分析

既然VP主语所表示的语义是后边谓语VP的"动元"，而作"动元"的动词或形容词按照它们在语义结构中所显示出的语义特征（即主语VP和谓语VP之间的语义关系）还可作进一步的分析。朱德熙等（1961）指出"'什么'指称事物，'怎么样'指称行动或性状，在汉语里是非常清楚的"。从主语VP和谓语VP的语义关系来看，完全符合这种情形，即VP主语可以下分两种语义特征类型：一种是表示或指称"名物"或"事物"，其特点是回答"什么"的问题，如"什么最重要？"——"读书最重要"。另一种是表示或指称

"动作"或"性状",其特点是回答"怎么样"的问题,如"怎么样比较舒服?"——"站着比较舒服"。

2.3 VP主语句主语VP的语用性质

从语用平面分析,可以发现出现在主语位置上的VP都是句子的主题。主题是句子所述说的话题,是句子述说的起点,一般代表旧的、已知的信息。而VP主语句里作谓语的VP,则是述题。它是对VP主题加以表述或评论的部分,是用来传达新信息的,是表达的重点所在。比如"打骂是一种不文明的行为"这个句子,从语用平面分析,"打骂"是这个句子的主题,"是一种不文明的行为"是这个句子的述题。

VP主语句的述题主要有三种类型:

第一种是诠释性述题,是对VP主题进行判断或解释的。这类句子里作述语中心词常见有"是、属、属于、等于、如、好比"等表示关系的动词。例如:

(21)诚实是一种美德。

(22)一加上一等于二。

(23)自我陶醉属于阿Q的"精神胜利法"。

(24)水流湍急,犹如万马奔腾。

第二种是评议性的述题,是对VP主题进行评议或估量的。这类句子里作述语中心词常见的有"应该、可以"等助动词以及"容易、难、好、坏、合适、合理、重要"等形容词。例如:

(25)这样做很不应该。

(26)提前一天来就可以了。

(27)创作难,翻译也不容易。

(28)节约资源很重要。

第三种是说明性述题,是对 VP 主题本身的情况或所引起的情况进行说明的。这类句子里作述语中心词的常见的有"开始、停止、变成、产生、引起、显示、说明、表明"等动词。例如:

(29)演讲开始了。

(30)下雨停止了。

(31)甲午战争失败引起朝野震动。

(32)白居易敢于直谏正说明他对国家的忠心。

3. "N 的 V"作主语的问题

"他的来"、"这本书的出版"、"狐狸的狡猾"等,本应记作"NP的 VP",为简化起见,本节记作"N 的 V"。"N 的 V"出现在主宾语位置上时,跟 VP 作主宾语既有类似之处,但又有不同之处。过去语法学界比较注意它们的相似处,因为看到核心成分都是 VP;加上过去许多语法学家采用中心词分析法,就认为都是 VP 作主宾语。正因为如此,在讨论 VP 作主宾语时,把"N 的 V"作主宾语也当作 VP 作主宾语来讨论了。现在我们研究 VP 主语句,也就不能不涉及这个问题。

3.1 "N 的 V"的句法性质

在句法平面,"N 的 V"的句法功能类是 VP(谓词性短语)还是 NP(名词性短语),语言学界历来存在着一些不同的看法。有的认为是"主谓词组"(或称"读"、"主谓短语")①,有的认为是"谓

---

① 马建忠称之为"读",即主谓短语(见《马氏文通》,商务印书馆,1983 年版)。黎锦熙、刘世儒称之为带"的"的子句(见《汉语语法教材》,商务印书馆,1957 年)。曾毅夫称之为主谓词组(见《"的"字底用法与分化》,河北人民出版社,1957 年)。

词性向心结构"(董晓敏 1987),大部分语法著作看作"名词性短语"①,即看作"定心短语"或"名词性的偏正短语"。

本章认为,"N 的 V"只能作主宾语,不能作谓语,看作名词性短语是正确的。既然"N 的 V"是 NP 功能类,当它出现在主语位置上时,就应认为是"N 的 V"作主语,不应看作是其中心词 V 作主语。把"N 的 V"作主语说成是 V 作主语,是缺乏层次观念不进行层次分析的必然结果。所以"N 的 V"作主语的句子应分析为NP 主语句,而不应看作 VP 主语句。

3.2　"N 的 V"中的 V 的句法性质

3.2.1　语言学界有不同的看法

"N 的 V"中的 V 句法功能类如何分析,语言学界也存在着分歧。20 世纪 60 年代以前,有"转成名词"论(黎锦熙 1924),有"活用"论(吕叔湘 1943),有"变性"论(吕叔湘、朱德熙 1952),有"变位"论(曹伯韩 1954),有"名物化"(或"名词化")论(人民教育出版社主编 1956,史振晔 1960)等。朱德熙等(1961)《关于动词形容词"名物化"的问题》一文,着重讨论的也是"N 的 V"中 V 的功能性质问题。论文重点批判了"名物化"论都认为"N 的 V"中的"V"具有名词性的论点,指出这个 V"只能说是动词,不能说是名词"。这个结论无疑是正确的,在当时影响是很大的,一般高等学校的教材大多采用了这种观点。

20 世纪 70 年代末以来,"名物化"论重新提出,对于"N 的 V"中的"V"又引起争议,有说是"动词名用"的(吕叔湘 1979),有说是

---

①　比较有代表性的是朱德熙(1982)《语法讲义》、胡裕树主编(1981)《现代汉语》(增订本)。

"活用为名词"的(张静1980),有说是"在性质上向名词临时转移"的(邢福义1980),有说是"既是动词又是名词"或"动词类名词性"的(陆丙甫1985),又说是"兼有名词功能"的(陈宁萍1987),还有干脆说是"名词性"的(施关淦1981)。这种种说法,基本思想跟以前所说的"名物化"思想是一致的,即认为V作主语时具有了名词的性质。

我们坚持认为,"N的V"中的"V",句法功能性质不变,仍然是谓词性的,这方面的理由,朱德熙等(1961)已说得相当透彻,这里不再赘述。但对于"N的V"中的"V"名词化论的理据,有必要做点评议。20世纪80年代以后的"名物化"论者主张"N的V"中的"V"是名词性(或"名词化")的文章里,提出了一些理论依据,其中最主要的有三种理论:一种是修辞上临时活用的理论,一种是"向心结构"的理论,一种是"动/名连续统模型"的理论。要维护"V"功能性质不变的论点,就不能不对上述几种理论作出回答。

3.2.2 评修辞上临时活用的理论

修辞上临时活用的理论,是张静(1980)《新编现代汉语》提出的。他认为"N的V"中的"V"是动词、形容词"活用为名词",是"为了达到修辞目的,临时用作名词"。他认为,在"这种突然的进攻"、"他的不来"里,动词"进攻"和"来"活用为名词,"既保留了动词的意义,又增加了名词的意义。"这种看法是把一个词的修辞上的临时性用法和一类词的某种次要的功能混为一谈了。为了某种特定的表达需要,甲类的词有时可以活用作乙类的词,但这"只是偶尔这样用"(吕叔湘1979,胡裕树1981),才是修辞上的临时活用。修辞上的临时活用是个别词在具体句子里的应境用法。在"N的V"作主语这种情况下,其中的"V"显然不是个别V的临时活用,而是 V 的语法功能之一;只不过这样的用法有条件限制,是次要的功能。

3.2.3　评"向心结构"的理论

用"向心结构"的理论,来证明 V 的名词性,是施关淦(1981)《"这本书的出版"中的"出版"的词性》一文提出来的。施文根据布龙菲尔德"向心结构"的理论(即整体与其内部核心类型相同的理论),指出:"如果'这本书的出版'这整个儿的偏正结构是名词性的,而其中的'出版'又确是'核心',那么就此只能推出'出版'是名词性的结论。"施文的推导本身是合乎逻辑的。但问题是他进行推导的那个大前提本身有问题,推导出来的结论当然也就值得怀疑了。布氏关于"向心结构"的理论,是根据印欧语的事实建立起来的,把这种理论应用于印欧语大体上还行得通(有些也有困难),但使用于缺乏狭义形态的汉语,就有点捉襟见肘了。比如用于"木头桌子"之类的结构就没法解释,用于"N 的 V"更是对不上号(范晓1986)。施文用布氏理论从名词性的"N 的 V"推出其中的核心 V也是名词性的结论;人家也可以用布氏理论从谓词性的 V(如"不出版是不应该的"中的"不出版")推出由这个 V 作为核心组成的"N 的 V"(如"这本书的不出版是不应该的"中的"这本书的不出版")也是谓词性的结论(也确有人这样推导过)(董晓敏 1987)。都根据布氏理论推导,而结论截然相反。可见用布氏理论来分析"N 的 V",无异于南辕而北辙。朱德熙(1984)《关于向心结构的定义》一文通过修正布氏"向心结构"定义的办法试图来解释"N 的V",结果得出"N 的 V"是"双核心向心结构",相当于"N 的 V",这是很令人奇怪的。到头来他不得不承认,对"N 的 V"的分析"并不符合"他自己对向心结构所下的定义;因为"N 的 V"里的"中心语

与整体语法功能不同"。可见在汉语里,用整体跟其核心功能相同
的理论来分析"N 的 V"是无能为力的。

3.2.3 评"动/名连续统模型"的理论

陈宁萍(1987)提出用"动/名连续统模型"的理论来证明"N
的 V"中"V"具有名词性,用"施事名词+的+动词"这种"N 的 V"
作为分布框架来测试一个动词的"名词性行为",认为这个框架是
名词性的,所以进入这个框架的动词都有较强的名词性,从而得出
"汉语的名词类正在扩大"的结论。这也是可以讨论的。词类之所
以能区分,就是因为不同词类之间功能上有对立或差别;V 和 N
之所以能分成两类,也是以它们的功能对立为基础分出来的。这
种区分的理据是基于它们之间具有"离散性"。诚然,不同词类之
间的功能有连续或交错的情形,有一些词甚至有界限不清的中间
状态的情形,因此就存在着动名界限难以划清以及兼类或转类难
以确定的情形,这是因为名词与动词之间具有"连续统"。可见"离
散性"和"连续统"是辩证的统一:名词和动词之间能区分,可用"离
散性"的理论来解释;名词和动词之间有界限模糊的情形,可用"连
续统"的理论来解释。其实,"动/名连续统模型"的理论跟用布龙
菲尔德"向心结构"的理论推导出"N 的 V"中的"V"是名词的观点
实际上没有两样,只是理论渊源不同而已。

3.3 作主语的"NP 的 VP"(即 N 的 V)中的 VP 跟作主语的
单个儿 VP 的比较

3.3.1 句法功能的比较

有的语法著作把作主语的"NP 的 VP"(即"N 的 V")中的 VP
跟作主语的单个儿的 VP 说成"有显著的区别"。认为单个的 VP
作主语时,保留着动词或形容词的全部特点,因此 VP 仍是谓词性

词语,只是动词、形容词的"特殊用法";而 NP 的 VP 作主语时,其中的 VP 失去了动词或形容词的一些特点,取得了名词的一些特点,因此是 VP 的名物化用法(实际上看作是名词化用法)(人民教育出版社主编 1956,1959)。作主语的"NP 的 VP"(即"N 的 V")和作主语的单个儿的 VP 句法功能的性质有本质的区别:前者是名词性的,后者是谓词性的。但是作主语的"NP 的 VP"中的 VP 和作主语的单个儿的 VP 在句法功能的性质上没有本质的区别,它们在句法平面本性不变,都是谓词性词语(动词或形容词)。比较:

(33)笑有益于健康。/ 演说开始了。/诚实是一种美德。

(34)人的笑有益于健康。/ 代表们的演说开始了。/他的诚实是一种美德。

例(33)和(34)中的"笑"、"演说"、"诚实"理应统一处理。如果把例(33)中的"笑"、"演说"、"诚实"看成谓词(其中"笑"、"演说"是动词,"诚实"是形容词),把例(34)中的"笑"、"演说"、"诚实"看作名词,"不但从理论上说是缺乏根据的,而且对于学习的人来说,更是难于理解和掌握的。"(朱德熙 1980)

3.3.2　语义功能的比较

无论是作主语的"NP 的 VP"(即"N 的 V")中的 VP 还是作主语的单个儿 VP 在语义平面都有语义功能。从它们跟句子中谓语动词 VP 的语义关系来看,作句子主语的"N 的 V"或 VP 的语义功能有共性,它们都是作谓语动词 VP 的"动元";由于它们作为动元时都具有名物性或事物性,因此在语义平面说成"名物化"也未尝不可;但切不可把"名物化"和名词化等同起来。为了避免不必要的误解,把作主语的"NP 的 VP"(即 N 的 V)中的 VP 和作主语的单个儿 VP 在语义上都释为"动元化"可能更好一些。

就"N 的 V"("NP 的 VP")结构而言,N 与 V 之间也有一定的语义关系。这种语义关系大体上可分为五类:

第一类,N 是 V 的施事,如:他的来/你的批评。

第二类,N 是 V 的受事,如:这本书的出版/中国的解放。

第三类,N 是 V 的系事,如:他的幽默/狐狸的狡猾。

第四类,N 是 V 的处所,如:台上的演出/南京路上的巧遇。

第五类,N 是 V 的时间,如:晚上的演出/昨天的考试。

3.3.3　语用功能的比较

无论是作主语的"NP 的 VP"(即"N 的 V")中的 VP 还是作主语的单个儿 VP 在语用平面都有语用功能。它们的语用功能也有共性:它们都作句子的主题,代表已知的信息,是后边述题所表达或说明的对象。但是在表示指称的性质上还是有一定的差别:作主语的"NP 的 VP"一般是有具体所指的,如"这本书的出版是有意义的"中的"这本书的出版"在上下文中是明确的;作主语的单个儿 VP 有的是有具体所指(如"白居易敢于直谏正说明他对国家的忠心"中的"白居易敢于直谏"),有的不一定,只是泛指或通指(如"创作难,翻译也不容易"中的"创作"和"翻译")。

这里顺便要讨论一下"N 的 V"作主题跟某些主谓短语或述宾短语作主题语义关系相同而在语用上有差别的现象。比较:

(35)他的干涉是不应该的。

(36)他干涉是不应该的。

(37)这本书的出版是有意义的。

(38)出版这本书是有意义的。

(35)和(37)都是"N 的 V"作主题,(36)是主谓短语作主题,(38)是述宾短语作主题。(35)和(36)的 N(他)都是 V(干涉)的施事,语义关系一致。(37)和(38)的 N(这本书)都是 V(出版)的受事,语义关系一致。(35)与(36)之间得差别是在语用上的,(37)与(38)之间的差别也是在语用上的,虽然这种差别非常细微。从语用上分析,"N 的 V"由于是个定心短语,"的"作为定语标志对后边的中心语有强调的作用,因此"N 的 V"的语义表达重心一般是在 N 上。相反,主谓短语或述宾短语作句子的主题时,语义表达重心一般是在 V 上。

4. 余言

4.1　动名兼类问题

讨论 VP 主语句问题,必然会涉及动名兼类问题。主语位置上的某些表面形式相同的词,其句法功能类可能有差异。比较:

(39)总结送上去了吗?

(40)总结是必要的。

(39)和(40)里的"总结"属于不同的句法功能类:(39)中的"总结"是名词性的,是 NP 主语;(40)中的"总结"是谓词性的,是 VP 主语。主语位置上的某些表面形式相同的词甚至可能有歧义的情形,例如:

(41)翻译很重要。

(42)代表发言也可以。

例(41)句子中的"翻译"有歧义:既可把"翻译"理解为"翻译者"(名词),也可理解为"翻译"是一种动作行为(动词);例(42)句子中的"代表"有歧义:既可把"代表"理解为"代表者"(名词),也可理解为"代表"是一种动作行为(动词)。上述的"总结"、"翻译"、"代表"就是动名兼类的问题(从语法功能着眼,甚至也可看作为不同的词)。因此,对于这类词出现在主语位置上时,主语究竟是 VP 类还是 NP 类,就要作具体的分析。

4.2　动词或形容词转成名词的界限

怎样鉴别主语位置上的兼类词是 VP 类还是 NP 类呢?这就要解决动词或形容词转成名词的界限问题。情况相当复杂。一般地说,谓词能接受副词"不"、"没"等作状语性的修饰,有的还能带补语或宾语,有的甚至还可带上动态助词;而名词则没有谓词这种能力。名词可接受数量词或指量词语作定语性的修饰,而谓词却无此能力。据此,大体上可以确定主语位置上兼类词的性质。如"总结"这个词,在"那份总结送上去了吗"里,显然是名词;在"总结一下是必要的"里,显然是动词。又如"翻译"这个词,在"那位翻译工作得很好"里,显然是名词;在"把这篇文章翻译为中文是必要的"里,显然是动词。但有些词作主语时也不大好确定其性质,有待于进一步研究。

4.3　VP 出现于句首不一定都是句子的主语

VP 主语作句子的主题总是出现在句首,但在句首作句子主题的 VP 不一定都是主语。这是需要补充说明的。例如:

(43)蛮干我不赞成。

(44)学习外语他是鼓励的。

(45)管理工厂他没有经验。

(46)去不去我自己会作主。

这些句子一般语法书称之为主谓谓语句,其特点是句首作主题的 VP 后是个主谓结构。从语义平面分析,例(43)和(44)的句首 VP "蛮干"和"学习外语"是后边谓语动词的受事,例(45)和(46)的句首 VP"管理工厂"和"去不去"跟后边谓语动词没有直接的语义关系。从句法平面分析,现在一般语法书都把句首的 VP 分析为主语。如果区分三个平面,我们认为,这些句子句首的 VP 是句子的主题,这些句子的主语应该是句首 VP 后主谓结构的主语(即句首 VP 后的名词性词语为主语)。这是因为句首的 VP"是句子的外层结构成分,后边出现的主语和谓语是句子的内层结构成分"(胡裕树 1982)。正因为这样,本章不认为这种句子是 VP 主语句,即不认为这种句子是 VP 作主语的主谓谓语句。

主要参考文献:

曹伯韩(1954)《汉语的词类分别问题》,《中国语文》第 10、12 月号。

陈承泽(1922)《国文法草创》,商务印书馆,1982 年版。

陈宁萍(1987)《现代汉语名词类的扩大》,《中国语文》第 5 期。

董晓敏(1987)《"N 的 V"功能类别质疑》,《九江师专学报》第 3 期。

范　晓(1986)《略论语法结构的核心成分》,《济宁师专学报》第 4 期。

范　晓(1990)《词的功能分类》,《烟台大学学报》第 2 期。

范　晓(1991)《动词的"价"分类》,《语法研究和探索》(5),语文出版社。

胡裕树主编(1981)《现代汉语》(增订本),上海教育出版社。

胡裕树(1982)《试论汉语句首的名词性成分》,《语言教学与研究》第 2 期。

黎锦熙(1924)《新著国语文法》,商务印书馆,1992 年版。

黎锦熙、刘世儒(1957)《汉语语法教材》,商务印书馆。

黎锦熙、刘世儒(1960)《语法再讨论——词类区分和名词问题》,《中国语文》
　　第 2 期。

吕叔湘(1943)《中国文法要略》,商务印书馆,1982 年版。

吕叔湘(1979)《汉语语法分析问题》第 47、51 页,商务印书馆。

吕叔湘、朱德熙(1952)《语法修辞讲话》,开明书店。

陆丙甫(1985)《名物化问题异义种种》,《语文导报》第 7 期。

马建忠(1898—1900)《马氏文通》,商务印书馆,1983 年版。

人民教育出版社编(1956)《"暂似汉语教学语法系统"简述》,《语法和语法教学》,人民教育出版社。

人民教育出版社编(1959)《汉语知识》,人民教育出版社。

施关淦(1981)《"这本书的出版"中的"出版"的词性》,《中国语文通讯》第4期。

史振晔(1962)《试论汉语动词、形容词的名词化》,《中国语文》第12月号。

邢福义(1980)《现代汉语语法知识》第59—63页,湖北人民出版社。

张　静主编(1980)《新编现代汉语》,上海教育出版社。

曾采今(1981)《谈汉语词的跨类问题》,《中学语文教学》第2期。

曾毅夫(1957)《"的"字底用法与分化》,河北人民出版社。

朱德熙、卢甲文、马真(1961)《关于动词形容词"名物化"的问题》,《北京大学学报》第4期。

朱德熙(1980)《现代汉语语法研究》第224页,商务印书馆。

朱德熙(1982)《语法讲义》,商务印书馆。

朱德熙(1984)《关于向心结构的定义》,《中国语文》第6期。

朱德熙(1985)《语法答问》第5页,商务印书馆。

第九章　主客兼格句

这里所说的"主客兼格句,"相当于一般语法论著所说的"兼语句"。例如:

(1)公司派李英去北京。

(2)师长命令他回来。

(3)大家选举老王当代表。

(4)我喜欢小张老实本分。

(5)我们称黄刚是老好人

(6)她有个弟弟在读大学。

这些"名词₁＋动词₁＋名词₂＋动词₂"词类序列形式的句子中的两个动词之间的那个"名词₂"("李英、他、老王、小张、黄刚、弟弟")是"双动内嵌名词",这个名词₂从语义上分析是前一动词联系的客事和后一动词联系的主事,即客事兼作主事,[①]是个"兼格"名词。[②]

一般语法论著和教材大多把上面句子中的名词₂这样的"双

---

① 关于主事和客事,可参看范晓(1991)《试论语义结构中的主事》,《中国语言文学的现代思考》,复旦大学出版社;范晓(2003)《说语义成分》,《汉语学习》第1期。

② 关于"兼格",可以参看《论名词在语义平面的"兼格"》,《语法研究和探索》(11),商务印书馆。

动内嵌名词"分析为句法成分"兼语"。^① 其实,把名词₂分析为"兼语"不很妥帖,这是因为:第一,这类句子的两个动词之间的那个名词分析为前一动词的宾语没有问题(语法学界有共识);但既然已经把它分析为宾语,从句法结构的表层线性上看,就没法再分析为主语(即不能把"名词₂"再分析为"动词₂"的主语)。第二,顾名思义,"兼语"是"主宾兼职"的意思,把它和主语、谓语、宾语、定语、状语、补语等句法成分并列起来看作一个句法成分,显然不协调。第三,虽然该"名词₂"可以和后面的动词性词语单独拿出来构成一个主谓结构,如例(1)可以拿出"李英去北京"、例(2)可以拿出"他回来";但那是脱离了句子的孤立的主谓短语,而在例(1)(2)这样的具体句子里,那个主语"李英"、"他"是不可能出现的。第四,句法分析着眼于表层显性分析,如果是"兼语",应该是句法平面显性宾语和显性主语相兼;然而说该名词₂和后面的动词有主谓关系,那是深层的、语义平面的、隐性的语法关系,这双动内嵌的名词₂充其量也只能说是隐性主语或动词₂前隐含着一个主语,所以在句法线性分析时不应该称"兼语"。^②

从表层的句法结构上说,(1)至(6)这种句子里的"名词₂"在句子里所充当的表层句法成分应分析为宾语,而不应分析为"主语",

---

① "兼语"最早是由赵元任(1948)《国语入门》提出来的(参看李荣编译(1952)《北京口语语法》,开明书店),指在"动词+名词+动词"这样的组合里,那名词性词语"可以是前头动词的宾语,同时又是后头谓语的主语",这种"宾语兼主语",称为"兼语";后来,中国科学院语言研究所语法小组《语法讲话》(1952年起在《中国语文》杂志上连载,1961年结集为丁声树等著《现代汉语语法讲话》,商务印书馆)说:"两个主谓结构套在一起。……宾语兼主语叫做'兼语'。"由于赵元任、语言研究所语法小组《语法讲话》等的影响,现在一般的语法教材都采用了"兼语"之说。

② 朱德熙、李临定等也反对"兼语"说,参看朱德熙(1982)《语法讲义》第162页,商务印书馆;李临定(1986)《现代汉语句型》第158页,商务印书馆。

当然也就不应分析为"兼语";尤其称作"兼语",还不如称作语义平面客事和主事"兼格";把"动词₁＋名词₂＋动词₂"称作"兼语短语"、"兼语式",还不如称作"兼格短语"、"兼格式";把上述句子称作"兼语句",还不如称作"主客兼格句"。

这里所研究的句子相当于一般语法书上所说的"兼语句"(兼语短语作谓语的主谓句)。但是我们称之为"主客兼格句",是从语义角度命名的,即从 N_2 位于两个动词之间时所体现的语义身份特征命名的。这包含有两层含义:一是名词在短语或句子结构里在语义平面既是语义平面的主事,又是语义平面的客事;二是这个名词必须在两个动词之间,如果不在两个动词之间,即使主事和客事兼格,也不属于我们所研究的范围。[①] 所以严格地说,这里所研究的是"双动内嵌名词主客兼格句"(简称"主客兼格句")。

一个简单的主客兼格句主要由四个部分组成,自左至右排列的顺序为:

1)名词性词语(记作 N_1),如"公司派李英去北京"中的"公司"。

2)谓词性词语(记作 V_1),如"公司派李英去北京"中的"派"。

3)名词性词语(记作 N_2),如"公司派李英去北京"中的"李英"。

4)谓词性词语(记作 V_2),如"公司派李英去北京"中的"去北京"。典型的主客兼格句词语自左至右排列的线性序列基本式用符号不妨记作:

$$N_1＋V_1＋N_2＋V_2$$

---

①　如"牧童赶跑了狼"这句话,可以分化为两个表述:"牧童赶狼","狼跑了"。这样一来,"狼"既是"赶"所联系的客事,又是"跑"所联系的施事。这类主客兼格,不属本文研究范围。

1. 主客兼格句的句法、语义、语用分析

1.1 主客兼格句的句法分析

"$N_1+V_1+N_2+V_2$"组成的主客兼格句里,N_1 不仅是 V_1 动作的发出者,而且是整个句子的陈述对象,在句法上可以分析为句子的主语。所以语义上的"兼格短语"($V_1+N_2+V_2$)在句法上可以分析为述补短语,在句子里可以作谓语对主语 N_1 进行陈述;"$N_1+V_1+N_2+V_2$"组成的主客兼格句在句法上是个述补短语作谓语的主谓句。至于作谓语的述补短语"$V_1+N_2+V_2$"的内部句法结构如何分析,学界看法有分歧,现在一般的语法教科书都分析为"动词+兼语+动词"构成的"兼语短语";但是笔者不认为这样的分析是合理的,主张把"V_1+N_2"和 V_2 之间分析为述补关系,"(V_1+N_2)+V_2"构成述补短语:其中述语是由述宾短语"V_1+N_2"充当的,V_2 是补充说明述语"V_1+N_2"的,所以是补语(范晓 1980),比如"叫他回来","回来"就是补语,补充说明述语"叫他"的目的。

从主客兼格句内部句法结构成分和层次关系上进行分析,其句法成分并不在同一层面或同一层次上,以"我叫他回来"为例,它的句法结构成分和层次关系可图示如下:

我	叫	他	回来	
(N_1)	(V_1)	(N_2)	(V_2)	
主语	谓语			……… 主谓句
	述语	补语		……… 述补短语
	述语	宾语		……… 述宾短语

从上图可以看出,主客兼格句"我叫他回来"的句法成分的层次关系构造的基本式为:

$$N_1 + [(V_1 + N_2) + V_2]$$

这个基本式结构内部有着三个层次:第一个层次是 N_1 和"$V_1 + N_2 + V_2$"发生直接关系,这是主谓关系,决定它是主谓句;第二个层次是"$V_1 + N_2$"和 V_2 发生直接关系,这是述补关系(述补短语"叫他回来"作谓语);第三个层次是 V_1 和 N_2 发生直接关系,这是述宾关系("叫他"为述宾短语作述语,与"回来"构成述补关系)。至于 N_2 和 V_2 之间,在语义上隐含着主谓关系,但那是间接成分之间的深层的隐性的语法关系;从句法平面进行分析,"N_2 只是 V_1 的宾语,⋯⋯不能看成 V_2 的主语";N_2"只是前边动$_1$的宾语,不是后边动$_2$的主语"(朱德熙 1982,李临定 1986),也就不是直接关系而是间接关系。[①] 由于"$V_1 + N_2$"和 V_2 之间的关系是述补关系(或称"动补关系"),所以"述补短语"可以在句法上分析为一种比较特别的述补短语(或"动补短语"),所谓"主客兼格句"实质上是特殊的述补短语作谓语的主谓句(也就是特殊的"述补谓语句"或"动补谓语句")。

如果将主语记作 S,谓语记作 P,述语记作 D,宾语记作 O,补语记作 R,则主客兼格句这种主谓句可标记为如下符号式:$S(N_1) + P[(V_1^D + N_2^O)^D + V_2^R]$。

主客兼格句(即主客兼格句构成的述补短语作谓语的主谓句)在词类排列的线性序列上跟主谓短语作宾语的主谓句表面一样,因此有时会发生纠缠不清的情形。试比较:

(7)我派小陈去。/我请王教授研究这个课题。

---

① "$N_2 + V_2$"(他回来)单独拿出来虽然能构成主谓关系的短语,但在"$V_1 + N_2 + V_2$"(叫他回来)里,V_2"回来"是和"$V_1 + N_2$"发生直接的句法关系的;如果说 V_2 和 N_2 有关系,只能说是一种间接关系。

　　(8)我主张小陈去。/我知道王教授研究这个课题。

上面(7)为主客兼格句,(8)为主谓短语作宾语的主谓句。虽然它们都是主谓句,但是这两种句式还是有区别的,主要表现在:从词语间的句法关系上看,主客兼格句中的 V_1 只能支配 N_2,也就是说 V_1 和 N_2 有支配被支配的关系,如(7)中的"派小陈"、"请王教授"便是这样的关系;而主谓短语作宾语的主谓句中 V_1 支配的是"$N_2 + V_2$",也就是说 V_1 和"$N_2 + V_2$"有支配被支配的关系,如(8)中的"主张小陈去"、"知道王教授研究这个课题"便是这样的关系。从句法结构的层次看,这两种句式在第一层次是一样的(因为都是主谓句),但是在第二层次就不一样(因为作谓语的那个短语的性质不一样),试比较:

　　　　A.我请王教授研究这个课题→$N_1 + [(V_1 + N_2) + V_2]$…

主客兼格句

　　　　B.我知道王教授研究这个课题→$N_1 + [V_1 + (N_2 + V_2)]$…

主谓短语作宾句

上面 A 为主客兼格句,是述补短语作谓语,B 为主谓短语作宾语的主谓句。主客兼格句的层次构造格式为"$N_1 + [(V_1 + N_2) + V_2]$","$N_1 + V_1 + N_2 + V_2$"词类序列的语音停顿的第一层次在 N_1 之后,第二层次的语音停顿只能在"$V_1 + N_2$"之后,如"我请王教授研究这个课题"可以说成"我/请王教授//研究这个课题";而主谓短语作宾语的主谓句层次构造格式为"$N_1 + [V_1 + (N_2 + V_2)]$","$N_1 + V_1 + N_2 + V_2$"语音停顿的第一层次在 N_1 之后,第二层次的语音停顿只能在 V_1 之后,如"我知道王教授研究这个课题"可以说成"我/知道//王教授研究这个课题"。如果用问答法测试,这两种句式也有区别,主客兼格句问答的一般方式是"$(V_1 + N_2) +$ 干什么"的问题,如"你请王教授干什么?——我请王教授研究这个课题";而主谓短语作宾语的主谓句问答的一般方式是"V_1＋什么"的问题,如"你知道什么?——我知道王教授研究这个课题"。

主客兼格句和某些连动句(连动短语作谓语的主谓句)的线性序列表面也一样,因此有时也会发生纠缠不清的情形。试比较:

(9)我请客人回来。/我请客人去隔壁房间打电话。

(10)他送别客人回来了。/他开门去隔壁房间打电话。

上面(9)为主客兼格句,(8)为连动句。这两种句式的区别在于:主客兼格句中的 N_1 不是 V_2 的主语;N_2 是 V_1 的宾语,又是 V_2 所隐含的主语,如(9)中的"客人"便是。而连动句中的 N_1 既是 V_1 的主语,又是的 V_2 主语;N_2 是 V_1 的宾语,但不是 V_2 隐含的主语,如(10)中的"他"便是。从句法结构的层次看,虽然第一层次是一样的(因为都是主谓句);但是在第二层次就不一样,即这两种句式作谓语的短语(述补短语和连动短语)的构造层次不一样,述补短语的层次是二分的,连动短语的层次可以是多分的。如果"V_1＋N_2"后面有两个动词性词语 V_2、V_3,(理论上甚至可以有更多的 V)试比较:

A.他请客人去隔壁房间打电话→$(V_1＋N_2)＋(V_2＋V_3)$

B.他开门去隔壁房间打电话→$(V_1＋N_2)＋V_2＋V_3$

上面两个句子的词类线性序列相同,都是 $N_1＋V_1＋N_2＋V_2＋V_3$,但是 A 为述补短语作句子的谓语,B 为连动短语作句子的谓语。述补短语的层次二分,第一刀切出两部分,即$(V_1＋N_2)$与$(V_2＋V_3)$;连动短语层次三分,第一刀切出三部分,即$(V_1＋N_2)$、V_2、V_3。相应地述补短语和连动短语在语音停顿上也不一样:在"$V_1＋N_2＋V_2＋V_3$"这样一个词语组合序列里,主客兼格的述补短语的语音停顿是在"V_1+N_2"之后,构成"(V_1+N_2)+(V_2+V_3)",如"请客人,去隔壁房间打电话";而连动短语在"V_1+N_2"、V_2之后可以有语音停顿,构成"(V_1+N_2)+V_2+V_3",如"他开门,去隔壁房间,打电话"。可见这两种句式的构造层次是不一样的:A句的层次是"他/请客人//去隔壁房间打电话",B句的层次是"他/开门//去隔壁房间//打电话"。

1.2 主客兼格句的语义分析

主客兼格句的两个动词之间嵌入一个名词,这个名词在语义平面既是前一动词的客事(受事或止事),又是后一动词的主事(施事、系事或起事),如上面例(1)、(2)中的"李英"、"他"、"老王"在语义上兼作前一动词的"受事"和后一动词的"施事",这是"主客兼格"里的"施受兼格";例(4)中的"小张"在语义上兼作前一动词的"受事"和后一动词的"系事",这是"主客兼格"里的"系受兼格";例(5)中的"黄刚"在语义上兼作前一动词的"受事"和后一动词的"起事",这是"主客兼格"里的"起受兼格";例(6)中的"弟弟"在语义上兼作前一动词的"止事"和后一动词的"施事",这是"主客兼格"里的"施止兼格"。[①] 由于主客兼格句里的两个动词之间的名词语是"兼格",两个动词通过它搭桥接合,所以从语义角度分析主客兼格句里作谓语的述补短语,可以称作"兼格短语"。

主客兼格句像其他句子一样,其语义结构都是由动核结构构成的。最基本的或典型的主客兼格句由一个基干动核结构组成。主客兼格句里的基干动核结构是由一个动核和三个动元(施事、受

---

① 关于主事和客事的下位区分以及施事、系事、起事、受事、止事等等语义成分的含义,可以参看范晓(2003)《说语义成分》,《汉语学习》第1期;范晓、张豫峰等(2003)《语法理论纲要》,第181—195页,译文出版社。

事、补事)组成,其中动核由 V_1(谓语中的主要动词)充当,V_1 动核所联系的动元主事由 N_1 充当,V_1 动核所联系的动元客事由 N_2 充当,V_1 动核所联系的动元补事由 V_2 充当。以"我叫他回来"这个句子为例,V_1"叫"是动核,N_1"我"是动核"叫"联系的施事,N_2"他"是 V_1"叫"联系的受事,V_2"回来"是动核"叫"联系的补事。

上述分析可以看出,主客兼格句中,V_1 是动核也是句核,是句子中的主要动词(谓语中心词),它在这种句式里要求至少有两个强制性的名词语(N_1、N_2)和一个强制性的谓词语(V_2)与它共现。

主客兼格句中的 N_2 的语义身份有点特殊,句中的 N_2 虽然是 V_1 动作的客事,但可以兼作 V_2 的主事,这种身份可以隐含着,无句法成分外显,也可以在一定条件下由句法成分主语显示出来。比较:

(11)我来邀请王教授研究这个课题。

(12)我来邀请王教授,让他研究这个课题。

例(11)的"王教授"作为"邀请"的受事宾语是外显的,作为施事主语是隐含的;例(12)的"王教授"和"他"为同指,作为"邀请"的受事宾语和"研究"的施事主语都是外显的。正因主客兼格句里的 N_2 对 V_1 来说是客事,对 V_2 而言是主事,所以主客兼格句可以分解为两个表述,如"大家选老王当代表",就是"大家选老王"+"老王当代表";但是从语义的完整性而言,单说"$N_1+V_1+N_2$"在很多情况下给人的感觉意义上不完整,如说成"大家选老王",听者不知"选老王"干什么,只有说成"大家选老王当代表",句意才全,听者也就明白是怎么回事。由此可以看出,典型的主客兼格句里的语义成分动核、主事、客事、补事在语义平面都是不可或缺的。

1.3 主客兼格句的语用分析

从语用上分析,主客兼格句也是一种"主题+述题"构成的句子,其中 N_1 为句子的主题(主题和主语重合),"$V_1+N_2+V_2$"为句子的述题。在一般的情况下,句子的表达重心或焦点是在 V_2 上,如"我请他吃饭"这个主客兼格句,"我"是句子的主题,"请他吃饭"是句子的述题,"吃饭"是句子的焦点。①

这种句式的语用特点是两个表述通过 N_2 搭桥套接在一起以凸现后一表述,并着重表达 V_2 所表示的动作行为或情状(包括动作行为、断定关系、性质状态等)。不同的主客兼格句可根据 V_1 与 V_2 之间的关系差异分化为四种既有联系又有区别语用意义:

第一种语用意义是"发出某种动作行为使 N_2 实施某事",如"矿主逼迫工人下井"(施事"矿主"发出动作"逼迫",使"工人"实施"下井"这件事)。如果把 V_2 所表事件行为记作"使……为",则可以把具有这种致使意义的主客兼格句概括称为"使为句"。

第二种语用意义是"因某事而使 N_1 发出某种动作行为"义,如"他批评小明好吃懒做"(因"小明好吃懒做",使"他"发出"批评"这个动作行为)。如果把 V_2 所表事件记作"因……为",可以把具有这种因果意义的主客兼格句概括称为"因为句"。

第三种语用意义是"称呼 N_2 为某某"义,如"大家称呼他为'包青天'"("大家称呼他",使他被"称为'包青天'")。如果把 V_2 所表事件行为记作"称……为",可以把这种具有称呼意义的主客兼格句概括称为"称为句"。

第四种语用意义是"有('领有'或'存在')N_2 实施某事"义,如"门口有个老人在晒太阳"(门口"有老人",那"老人"实施"晒太阳"

---

① 这里说的是常规焦点或自然焦点。但是在特定语境里,焦点也可以不一定在 V_2 上,例如:如果在回答"你请不请我吃饭"时,说"我请你吃饭",这时焦点在"请"上。

这件事）。如果把 V_2 所表事件行为分析成"有所'为'"，可以把这种具有领有或存在意义的主客兼格句概括称为"有为句"。

2. 主客兼格句的分类

V_1 是主客兼格句的谓语中的主要动词（谓语中心词）。能作 V_1 的动词数量有限，所以是个封闭类。有些语法著作在说到"兼语句"时认为 V_1 都是表示"使令"意义的动词。但如果认为凡"名词$_1$＋动词$_1$＋名词$_2$＋动词$_2$"句的那个"双动内嵌名词"（即"名词$_2$"）兼作前一动词的客事和后一动词主事，是"兼格"，那么，主客兼格句中的主要动词 V_1 不一定都是使令动词，比如"我喜欢她聪明善良"、"我们都叫他'老法师'"、"他有个朋友在银行工作"、"门前有两个小孩儿在打架"这样的句子里，V_1 和 V_2 之间的名词"她、他、朋友、小孩儿"是前一动词的客事，是后一动词的主事，但是这些句子里的主要动词"喜欢、叫、有"却没有"使令"意义；相反，表示"使令"意义的词也不见得都是谓语中的主要动词，也不一定都能够组成主客兼格句。[①]

---

① 有些语法书把"兼语句"的主要动词限于"使令"意义的，但是按照"宾语兼主语"就是兼语式的说法，那么似乎没有理由不承认不表示"使令"意义的动词也有可能构成"兼语句"。反之，有些语法书把"虚心使人进步"、"这叫我心不安"、"你太让我寒心了"、"他的生活令人羡慕"中的"使、叫、让、令"也看作表示使令意义的动词而把此类句子称作"兼语句"，其实这些词无法分析为谓语中的主要动词；因为这些词缺乏动词的语法特点，如它们不能单说，不能用肯定否定相叠（X 不 X）提问，不能用副词"不"或"没有（没）"修饰，不能带动态助词等等，在现代汉语里都已经虚化，可看作标示致使或使令意义的介词（虚词）。参看范晓（1980）《关于结构和短语问题》《中国语文》1980年第 3 期；范晓（2005）《试论"使"词义的演变及语法化问题》《语言研究集刊》第二辑，上海辞书出版社。

　　主客兼格句的内部分类,跟 V_1 的性质有密切关系。并不是任何动词都可在主客兼格句里出现在 V_1 的位置上,能作 V_1 的动词主要有以下 10 类:(一)"要求"类,(二)"派遣"类,(三)"选举"类,(四)"培养"类,(五)"陪同"类,(六)"交给"类,(七)"喜欢"类,(八)"称呼"类,(九)"有无"类,(十)"V 着"类。如果根据主客兼格句的 V_1 来给主客兼格句分类,主客兼格句也可以分为相应的10 类。[①]

　　2.1　"要求"类主客兼格句

　　"要求"类主客兼格句中常见的谓语动词 V_1 有:要求、求、请求、恳求、托、委托、拜托、嘱、嘱咐、叮嘱、吩咐、指示、告诉、提醒、警告、命令、勒令、通知、号召,等等。例如:

　　　　(13)她求娘可怜可怜她!(朱自清)

　　　　(14)(我)托桂生买豆浆去。(鲁迅)

　　　　(15)妻常常叮嘱着张婶换水,加鸟粮,刷笼子。(郑振铎)

　　　　(16)教练提醒我不要急躁,要注意技术。(倪志钦)

　　　　(17)(杜林)命令老兵迅速用帽子罩住马灯。(刘兆林)

　　　　(18)我前来通知你们,必须立即停演。(徐伟敏)

这类动词组成的主客兼格句的特点是:

　　1)V_1 表示"要求"、"嘱托"、"命令"等词汇意义。这类句子的语用意义是"因施动而使 N_2 实施某事",属于"使为句"。

　　2)由此类动词构成的主客兼格句一般不能变换成 N_2 作介词宾语的"把"字句或 N_2 作主语的"被"字句。

---

　　① 上述 V_1 的动词分类,只是大致上的,有些 V_1 还无法归入上述各类,如"我等你回来"的"等"、"现在轮到你上场"的"轮"等便是。但主要的类这里都已讲到了。

3）由此类动词构成的 $N_1+V_1+N_2+V_2$ 式大都能变换成"$(N_1+V_1+N)+(要 N+V_2)$"式，如"她求娘可怜可怜她"，可变换成"她求娘，要娘可怜可怜她"。

4）这类 V_1 构成的主客兼格句里，V_2 有时是趋向动词"来"或"去"，如"我要求他马上来"；但 V_1+V_2 不能构成动趋式。

5）此类 V_1 中一部分动词（如"求、托、叮嘱、告诉、提醒"等）有时可构成双宾语句，如"我求你一件事"、"我拜托你一件事"、"我告诉你一件事"等。区别在于：主客兼格句是 $N_1+V_1+N_2+V_2$ 式，双宾语句是 $N_1+V+N_1+N_3$ 式。

2.2　"派遣"类主客兼格句

"派遣"类主客兼格句中常见的谓语动词 V_1 有：派、派遣、打发、指使、调、请、邀请、介绍、叫（"呼唤""招呼"义）、喊、招呼、劝、催、催促、逼、逼迫、强迫、拉、推、找、接、揪、放、骗、哄、逗、惹（"逗惹"义）等①。例如：

(19)母亲派亲信的老妈子去。（朱自清）

(20)我们请老农讲话。（吴伯箫）

(21)你去叫他来。（杨朔）

(22)陈老五劝我回屋子里去。（鲁迅）

(23)团长介绍他和大家见面。（斯群）

(24)老兵拉他爬出雪坑。（刘兆林）

这类动词组成的主客兼格句的特点是：

1）V_1 表示"派遣"、"招呼"、"催逼"、"调派"等词汇意义，这类

---

① 有些是一般动作动词，可构成"S＋V＋O"的一般动宾谓语句，如"拉、推、找、逗、放"等，但它们有时也可构成主客兼格句。在主客兼格句里，这类动词也附带有"使令"义，这是句式意义赋有的。

句子的语用意义也是"因施动而使 N_2 实施某事",属于"使为句"。

2)由此类动词构成的主客兼格句在一定条件下能变换成 N_2 作介词宾语的"把"字句(N_1＋把 N_2＋V_1＋V_2)或 N_2 作主语的"被"字句(N_2＋被 N_1＋V_1＋V_2)[①],如"母亲派亲信的老妈子去"可变换成"母亲把亲信的老妈子派去"、"亲信的老妈子被母亲派去"。相反,某些表面不是主客兼格句的"把"字句或"被"字句,由于谓语里面的主要动词是"派遣"类动词,也就可以变换成主客兼格句,如"他把我劝回家去",可变换成"他劝我回家去"。

3)由此类动词构成的 N_1＋V_1＋N_2＋V_2 式大都能变换成"(N_1＋V_1＋N_2)＋(使 N_2＋V_2)"式,或变换成"(N_1＋V_1＋N_2)＋(让 N_2＋V_2)"式,如"老兵拉他爬出雪坑"可变成"老兵拉他,使他爬出雪坑",或变换成"老兵拉他,让他爬出雪坑"。

4)这类 V_1 构成的主客兼格句里,V_1 V_2 可构成动趋式或动结式(如"派来"、"调进来"、"叫去"、"拉去"、"逼走"、"逗哭"等)。

2.3　"选举"类主客兼格句

"选举"类主客兼格句中常见的谓语动词 V_1 有:提拔、选、选举、挑选、选拔、选聘、评选、荐、推荐、推举等。例如:

(25)兄弟姐妹们选我当会长。(柳达)

(26)民盟全国代表会议选举他为民盟中央主席。

(27)[他们]挑选我当了村妇女会主任。(李英儒)

(28)郝三提拔他当了小队副。(冯德英)

(29)最近有关部门又推荐他为国家级有突出贡献的中青年专家。

---

① 条件是:句中的 V_2 若能跟 V_1 构成动趋式或动结式。

（30）大连市总工会评选他为大连市职业道德标兵。

这类动词组成的主客兼格句的特点是：

1）V_1 表示"提拔"、"选举"、"推荐"、"介绍"等词汇意义。这类句子的语用意义也是"因施动而使 N_2 实施某事"，属于"使为句"。

2）由此类动词构成的主客兼格句里，V_2 通常是"当"或"为"，所以这种句子通常构成"$N_1+V_1+N_2+$当$+N_2$"式或"$N_1+V_1+N_2+$为$+N_2$"式，如"我们选举他当代表"、"我们选举他为代表"。

3）由此类动词构成的 $N_1+V_1+N_2+V_2$ 式大都能变换成"$(N_1+V_1+N_2)+$（使 N_2+V_2）"式，或变换成"$(N_1+V_1+N_2)+$（让 N_2+V_2）"式，如"我们选他当人民代表"可变成"我们选他，使他当人民代表"，或变换成"我们选他，让他当代表"。

4）由此类动词构成的主客兼格句在一定条件下能变换成 N_2 作介词宾语的"把"字句（N_1+把 $N_2+V_1+V_2$）或 N_2 作主语的"被"字句（N_2+被 $N_1+V_1+V_2$），如"我们选他为人民代表"可变换成"我们把它选为人民代表"、"他被我们选为人民代表"。

2.4　"培养"类主客兼格句

"培养"类主客兼格句中常见的谓语动词 V_1 有：培养、培育、教导、辅导、训练、指导、指引、改造、指挥、启发、鼓舞、鼓励、动员、怂恿、支持、保护、鼓动、发动、组织、督促、吸引、吸收、发展等。例如：

（31）学校培养他成为一个业务尖子。（《人民日报》）

（32）党指引着我们从胜利走向胜利。（《人民日报》）

（33）它常常鼓舞着我们奋勇前进。（江耀辉）

（34）（他）鼓励他们养鱼，栽花，种果树。（李庄）

（35）（肖队长）鼓动他跟韩老六作斗争。（周立波）

(36)咱们保护商洛山中百姓们不受官兵之灾。(姚雪垠)

这类动词组成的主客兼格句的特点是:

1)V_1 表示"培养"、"启发"、"鼓动"、"吸收"等词汇意义。这类句子的语用意义也是"因施动而使 N_2 实施某事",属于"使为句"。

2)由此类动词构成的主客兼格句在一定条件下大都也能变换成"把"字句或"被"字句①,如"学校培养他成为一个业务尖子"可变换成"学校把他培养成为一个业务尖子"、"他被学校培养成为一个业务尖子"。相反,某些表面上不是主客兼格句的"把"字句或"被"字句,如果谓语里的主要动词是"培养"类动词,有时也可变换成主客兼格句。

3)由此类动词构成的 $N_1 + V_1 + N_2 + V_2$ 大都能变换成"($N_1+V_1+N_2$)+(使 N_2+V_2)"式,或变换成"($N_1+V_1+N_2$)+(让 N_2+V_2)"式,如"党指引着我们从胜利走向胜利",可变换成"党指引着我们,使我们从胜利走向胜利";"肖队长鼓动他跟韩老六作斗争",可变换成"肖队长鼓动他,让他跟韩老六作斗争"。

4)这类 V_1 一般不能跟趋向动词构成动趋式。

2.5 "陪同"类主客兼格句

"陪同"类主客兼格句中常见的谓语动词 V_1 有:陪、陪同、送("陪送"义)、护送、陪送、扶、搀、搀扶、领、带、带领、率领、引("带领"义)、引导、领导、帮、帮助、协助等。例如:

(37)我陪你上天山去看一看。(碧野)

(38)他送我上车。(朱自清)

---

① 条件是:句中的 V_2 动词是"成"、"为"、"成为"、"人"、"到"等。

(39)雷锋扶着老人上了车。（陈广生、崔家骏）

(40)他领我去串了几家门子。（杨朔）

(41)他率领队伍继续前进。（刘兆林）

(42)牛保正还帮助我们传递秘密信件。（薄一波）

这类动词组成的主客兼格句的特点是：

1)V_1 表示"陪同"、"搀扶"、"带领"、"帮助"等词汇意义。这类句子的语用意义一般也是"因施动而使 N_2 实施某事"，属于"使为句"。①

2)由此类动词构成的主客兼格句有的不能变换成"把"字句或"被"字句；但有的可以，如"他带我们到他家里"可变换成"他把我们带到他家里"。

3)由此类动词构成的 $N_1 + V_1 + N_2 + V_2$ 大都能变换成"($N_1 + V_1 + N_2$)+(使 $N_2 + V_2$)"式，或变换成"($N_1 + V_1 + N_2$)+(让 $N_2 + V_2$)"式，如"他率领队伍前进"，可变换成"他率领队伍，使队伍继续前进"，"他率领队伍，让队伍继续前进"。

4)由这类动词构成的 $N_1 + V_1 + N_2 + V_2$ 一般能变换成"由"字句（N_2＋由 N_1＋V 着＋V_2），如"雷锋扶着老人上了车"，可变换成"老人由雷锋扶着上了车"，"他领我去串了几家门子"，可变换成"我由他领着串了几家门子"。反之，由这类动词构成的"由"字句也可变换成主客兼格句，如"他由妻子、大臣、将军们扶着勉强走进了那座堂皇伟大的宝塔"，可变换成"妻子、大臣、将军们扶着他勉强走进了那座堂皇伟大的宝塔"。

---

① 但有些句子比较特殊，如"我陪他一起上山"，这个句子里，不但"他"是 V_2 的施事，"我"也是 V_2 的施事（"我"还是"陪"的施事）。

5）这类 V_1 中的单音节动词（"帮"例外）一般都能跟趋向动词构成动趋式，如"带进来"、"领出去"等。这类 V_1 构成的主客兼格句，V_2 有时是趋向动词。此类 V_1 可带"着""了"等动态助词[①]。

6）这类动词构成的主客兼格句里的 V_2 在语义上往往也可跟 N_1 构成一个表述，如"我陪你进天山去看看"，这句里 V_2（进天山去看看）既可与 N_1（你）构成一个表述，也可与 N_2（我）构成表述。因此，这类主客兼格句在 V_2 前有时会出现"同"、"一起"、"一块儿"等词语，如"一个熟悉的茶房陪我同去"（朱自清《背影》）。有的语法著作认为这种句子既是兼语句，又是连谓句（即"连动句"），因此就称之为"兼语连谓融合式"（邓福南 1980）；也有语法著作称之为"黏合句"（刘小南 1982）。

从语法关系上看，"陪同"类动词构成的 $N_1 + V_1 + N_2 + V_2$ 在许多情况下似乎是"兼格"和"连动"融合（或黏合）在一起。这种表层同形结构可能有三种情形：一种是主客兼格句，一种（少数）是连动句，还有一种是兼格连动融合句（或兼格连动黏合句）。究竟是哪一种，需在一定的语境里分析。比较：

（43）我扶你去躺一躺。（鲁彦周）

（44）我来帮你拿吧。（曹禺）

（45）我扶着他上马。

（46）我帮着他割麦子。

这里例（43）中的 V_2"去躺一躺"的施事是"你"而不是"我"，显然是主客兼格句。例（44）中的 V_2"拿"的施事是"我"，而不是"你"，显

---

① 朱德熙《语法讲义》认为此类动词能带"着""了"，而其他的 V_1 不能带"着""了"。其实其他的 V_1 有时也有能带"着"、"了"的，如"她逼着我跟他去"、"她派了两个人跟着"（朱自清《阿河》）。

然是连动句。例(45)是孤立的同形结构,就会有歧义:a 是"他上了马","我"没上马,是主客兼格句("我"为 V_1 的施事,"他"为 V_1 受事、V_2 的施事);b 是"我"上了马,"他"没上马,是连动句("我"是 V_1、V_2 的施事,"他"是 V_1 的受事);c 是"他上了马","我"也上了马,两个合骑一匹马,是兼格连动融合句,或称兼格连动黏合句("我"是 V_1、V_2 的施事,"他"是 V_1 的受事又是 V_2 的施事)。例(46)跟例(45)有类似的情形。例(45)(46)"我扶着他上马"、"我帮着他割麦子"究竟分析为哪种?需要凭借语境才能决定。

上面有个例句"雷锋扶着老人上了车",如果这是孤立的一句话,也跟"我扶着他上马"一样是同形结构,有歧义;但此句出现在篇章里就没有歧义:

　　　　雷锋扶着老人上了车……他正想给老人找个座位,身边有个学生站起来让老人坐下了。雷锋就站在老人身边(《雷锋的故事》)。

从这个篇章语境里,可以看出"雷峰"是 V_1"扶"、V_2"上"的施事,"老人"是 V_1"扶"的受事又是 V_2"上"的施事,所以此句可以分析为属 c 类兼格连动融合句(或兼格连动黏合句)。[①]

2.6　"交给"类主客兼格句

"交给"类主客兼格句中常见的谓语动词 V_1 有:给、交、送("赠送"义)、借、租、赏、赏赐、供给、递给等[②]。例如(以下例句有的转引自龚千炎《由"V 给"引起的兼语句及其变化》一文):

———————————

　　① 关于这个类句子的句法分析,还可以参看吴竞存、侯学超(1982)《现代汉语句法分析》第 207—208 页和第 230—231 页,北京大学出版社。
　　② 有的动词单独不是"交给"类,但后边加上"给"后便成"交给"类,如"唱给"、"讲给"、"烧给"等。

(47)我给你一件东西看。(曹禺)

(48)一位同路者给了我一杯水喝。(周立波)

(49)(祖母)讲给他有趣的故事听。(鲁迅)

(50)我给个东西你看看。(古华)

(51)奶奶给粥我吃。(赵元任)

(52)(他娘)塞给鞋底我纳。(高晓声)

这类动词组成的主客兼格句的特点是:

1)V_1 表示"给与"意义。这类句子的语用意义既有"给与"义,也有"使为"义("因施动而使 N_2 实施某事"),是一种"给与+使为"的混合句。

2)此类动词除本身是"V 给"外,表示"给与"义的非"V 给"式的动词一般也能构成"V 给"式,如"交给""送给""借给"等等。

3)此类动词大都是三价动词,它们大都能带双宾语。可构成双宾语句 $S+V+O_1+O_2$,如"我送他一件东西"。构成主客兼格句时有两种基本句式,可记作:$S+V_1+O_1+O_2+V_2$(我送他件东西看)和 $S+V_1+O_2+O_1+V_2$(我送件东西他看)。在这样的主客兼格句中,O_1 是 V_2 的施事,O_2 是 V_2 的受事。

4)由此类动词构成的主客兼格句有时也能变换成"把"字句,如"我送他件东西看"可以变换成"我把那件东西送(给)他看"。

5)这类主客兼格句有时还可变换成 $S+V_1+O_1+V_2+O_2$,如"我送他件东西看"可变换成"我送他看件东西"。

6)这类主客兼格句有时还可变换成 $S+V_1+O_2+$给O_1+V_2 或 $S+V_1+O_2+$让O_1+V_2,如"我送他件东西看",还可变换成"我送件东西给他看"、"我送件东西让他看"。

2.7 "喜欢"类主客兼格句

"喜欢"类主客兼格句中常见的谓语动词 V_1 有:喜欢、爱、羡慕、钦佩、佩服、表扬、称赞、夸、感谢、祝、祝贺、心疼、恭喜、感谢、祝、祝贺、怨、埋怨、怪("责怪"义)、责怪、责备、批评、斥责、控告、气、恨、痛恨、怕("害怕"义)、害怕、嫌("厌恶"义)、嫌弃、厌恶、原谅、怜悯、可怜("怜悯"义)等。例如:

(53)我爱他勤奋好学。(《现代汉语八百词》例)

(54)我妈总夸你穿着色彩不俗,很有美术细胞。(王小鹰)

(55)同胞们祝贺她为中国在世界艺坛上占据了一席位置。(石楠)

(56)指导员还表扬过他思想活跃,知识面宽。(刘兆林)

(57)老人家处处心疼我年纪轻轻负担一个家。(新凤霞)

(58)那么水灵一个姑娘,你嫌人家穷。(鄂华)

这类动词组成的主客兼格句的特点是:

1)V_1 表示"喜怒哀乐"等心理活动以及表示行为"褒贬"等词汇意义。这类句子的语用意义是"因某事而使 N_1 发出某种动作行为",属于"因为句"。

2)不能构成动趋式、动结式、V 给式。

3)由此类动词构成的主客兼格句不能构成"把"字句或"被"字句。

4)由此类动词构成的主客兼格句里,V_2 通常表示 V_1 的原因[1],因此,$N_1 + V_1 + N_2 + V_2$ 可变成为"$(N_1 + V_1 + N_2)$ + 因为

---

[1] V_2 作为 V_1 的原因,是作主语的人的主观感觉或认识,至于是否属实,是另一回事,因为主观不一定符合客观,比如"他批评我不负责任",那是"他"个人的看法,也许我是"很负责任"的,他批评错了。

(N_2+V_2)"式,或变换成"因为(N_2+V_2)＋所以$(N_1+V_1+N_2)$"式,如"他喜欢我聪明勇敢",可变换成"他喜欢我,因为我聪明勇敢",或变换成"因为我聪明勇敢,所以他喜欢我"。

作"责备、批评"义时的"说",作"斥责"义时的"骂",作"讥笑"义时的"笑",以及"嘲笑""讥笑"等,也可构成这类主客兼格句,例如:

(59)铁蛋他外爷说王小黑无情无义。(张宇)

(60)你爹骂老板娘儿们蠢。(乔雪竹)

(61)他点着陈赓的鼻子,笑他不懂求婚的艺术。(姚文奇)

(62)李老兵嘲笑他浪漫。(刘兆林)

有的语法著作把"喜欢"类动词构成的 $N_1+V_1+N_2+V_2$ 看成双宾语句,认为 N_2 和 V_2 是双宾语。我们以为不妥。一则,双宾语句中的宾语应该是名词性词语充当的,但这类句子的 V_2 是谓词性词语;二则,双宾语中的远宾语一般表示事物,是句中动词的受事,而这类句子中的 V_2 很难说成受事,如"我感谢你们盖了这间小草房",这句中的 V_2"盖了这间小草房"怎么说也不好说成它是"事物"或是 V_1"感谢"的受事。

有的语法著作认为这种 $N_1+V_1+N_2+V_2$ 的句式是主谓短语作宾语的主谓句。我们以为也有问题,因为这类句子的层次构造与主谓短语作宾语的主谓句是不一样的,这从语音停顿上可以看出:这类句子 N_2 后边可以停顿,而 V_1 后边不能停顿,所以是主客兼格句;反之,主谓短语作宾语的主谓句 V_1 后边可以停顿,N_2 后边不必停顿,如"我喜欢他/办事认真",是主客兼格句,"我知道/他办事认真",则是主谓短语作宾语的主谓句。当然,也得承认,其中有些词,由于语义上的多义性或差异性,可能在一种情况构成主客兼格句,在另一种情况下构成主谓短语作宾语的主谓句,例如,"嫌"便是。试比较:

(63)他们嫌我头发太脏。(唐栋)

(64)我嫌那两件衣服太花。(朱自清)

例(63)中的"嫌"是"厌恶"义,该句是主客兼格句;例(64)中的"嫌"是"不满意"义,该句是主谓短语作宾语的主谓句,这跟 N_2 的内容也有关,如果 N_2 是人,"嫌"有"厌恶"义,构成的句子一般是主客兼格句;如果 N_2 是物,"嫌"是有"不满意"义,就构成非主客兼格句。

2.8 "称呼"类主客兼格句

"称呼"类主客兼格句中常见的谓语动词 V_1 有:称、称呼、简称、俗称、叫("称呼"义)、说("称呼"义)、骂("贬称"义)、认、追认、封等。例如:

(65)郑佩华亲切地称杨怀远为启蒙老师。(《文汇报》)

(66)湖南人叫种地的为"作家"。(萧三)

(67)群众叫他们是"冲不垮的供销社"。(马识途)

(68)别人都说你是傻子。(朱自清)

(69)她妈骂她是书虫子。(杨朔)

(70)我明日就认姨妈做娘。(曹雪芹)

这类动词组成的主客兼格句的特点是:

1)V_1 主要表示"称呼"的词汇意义。这类句子的语用意义是"因施动而使 N_2 实施某事(称呼为某物)",即"称呼 N_2 为某某"义,属于"称为句"。

2)这类动词构成的主客兼格句中的 V_2 一般是"为"、"是"、

"做"、"作"等表示断定联系的关系动词。有的 V_1V_2 合起来常可成为一个复合动词,如"称为"、"叫为"、"称作"、"叫作"等。V_2 动词后必须有表示称谓的名词性词语。

3)这类动词组成的主客兼格句可以变换成"把"字句或"被"字句,如"郑佩华称杨怀远为启蒙老师",可变换成"郑佩华把杨怀远称为启蒙老师"、"杨怀远被郑佩华称为启蒙老师"。

4)这类主客兼格句大都可以变换成双宾语句,变换后基本意义不改变,如"大家叫她为祥林嫂",也可说成"大家叫她祥林嫂"。

5)由这类动词构成的 $N_1＋V_1＋N_2＋V_2$ 式是不是"兼语句"(即这里所说的"主客兼格句"),也有不同的意见的。有的认为是双宾语句,理由是像"骂他是最大的走资派"这样的句式如果当作"兼语句","将要犯政治性错误"(宋玉柱 1981)。这是用政治分析代替语法分析。语法分析应当就结构论结构。就句法结构而言,双宾语句的句式是 $N_1＋V＋N_2＋N_3$ 式,而这类是 $N_1＋V_1＋N_2＋V_2$ 式,所以形式上还是区别得清楚的。还有一种意见认为"大家叫他做肖队长"这样的句子是"紧缩复句",理由是"这种材料实际上已不是现代汉语的材料,而是近代汉语的材料"。明明是一个单句,只是因为认为这种句式不是现代汉语的材料而看作紧缩复句似也没说服力。连主张者自己也在同一篇文章中承认:"把它当作现代汉语材料来处理,不叫'兼语式'是困难的。"(张静 1977)退一步说,就是把这种句子当作近代汉语的材料,恐怕也很难说成是紧缩复句,更何况这类句子在现代汉语里不是偶然出现的,更不是绝无仅有的。

2.9　"有无"类主客兼格句

"有无"类主客兼格句中常见的谓语动词 V_1 有:有、没有、无等。例如：

　　(71)三仙姑有个女孩叫小芹。（赵树理）

　　(72)门外有两个乡下人要进来。（朱自清）

　　(73)岛上有一处好景致叫花沟。（杨朔）

　　(74)那边月台的栅栏外有几个卖东西的等着顾客。（朱自清）

　　(75)忽然听见咚咚两声，门外有人敲门。（周而复）

　　(76)老吴朝蓊的卧室喊了几声，室内无人答应，老吴心里一惊，使劲敲门，仍然没有人答应。（罗永常）

这类动词组成的主客兼格句的特点是：

　　1)V_1表示"领有"或"存在"的词汇意义。这类句子的语用意义是"领有或存在着的N_2实施某事"，这种意义的主客兼格句属于"有为句"。

　　2)这种"有"类主客兼格句里的"$N_1+V_1+N_2$"有的是"名物+V+名物"（如"三仙姑有个女孩叫小芹"），有的是"处所+V+名物"（如"门外有人敲门"），它们本身能独立成句，前者称之为领有句，后者称之为"存在句"；V_2是领有句或存在句的后续补充成分。

　　3)由这类动词构成的基本句式不能变换成"把"字句和"被"字句。

　　4)这类主客兼格句大都能变换成"$N_1+V_1+(V_2$的$N_2)$"式，如"三仙姑有个女孩叫小芹"，可变换成"三仙姑有个叫小芹的女孩"。

　　5)这类主客兼格句的肯定句也可变换成"$(N_1+V_1+N_2)+$(这$N_2+V_2)$"式或"$(N_1+V_1+N_2)+$(代词$+V_2)$"式，如"门外有

两个乡下人要进来",可变换成"门外有两个乡下人,这两个乡下人要进来"或"门外有两个乡下人,他们要进来"。

2.10 "V着"类主客兼格句

"V着"类主客兼格句中的 N_1 一般是表示处所的名词性词语,N_2 一般是表示人或物的名词性词语,V_1 是由"V+着"构成的,例如:

(77)后面跟着几个解差大声吆喝着。(范方莲)

(78)船头蹲着一个跟明子差不多大的女孩子在剥一个莲蓬吃。(汪曾祺)

(79)后面便跟着一群小孩唧唧喳喳的看热闹。(《第一个春天》)

(80)入口处站着一男一女两个年轻人在谈笑。(《新民晚报》)

(81)河岸上坐着一个老头儿在钓鱼。(《上下五千年》)

(82)低矮的床上躺着一位老人在不住地咳。(《新民晚报》)

这类动词组成的主客兼格句的特点是:

1)V_1 中的动词可以是很多样的,如"坐着、站者、跟着、躺着、蹲着"等,"V着"表示事物的"存在及存在方式"的意义。这类句子的语用意义是"某处存在着的 N_2 实施某事",这种意义的主客兼格句也属于"有为句"。

2)这种"V着"类主客兼格句里的"$N_1+V_1+N_2$"是"处所+V着+名物",本身能独立成句,一般称之为"存在句";V_2 是存在句的后续补充成分。(毛永波 1991)但"处所+V 着+名物"带上它的后续成分并不一定都是 V 着主客兼格句。

3)由这类动词构成的基本句式不能变换成"把"字句和"被"字句。

4)这类主客兼格句大都能变换成"$N_1+V_1+(V_2$ 的 $N_2)$"式，如"后面跟着几个解差大声吆喝着"，可变换成"后面跟着几个大声吆喝着的解差"。

5)这类主客兼格句的肯定句也可变换成"$(N_1+V_1+N_2)+$ $(这 N_2+V_2)$"式或"$(N_1+V_1+N_2)+(代词+V_2)$"式，如"河岸上坐着一个老头儿在钓鱼"，可变换成"河岸上坐着一个老头儿，这个老头儿在钓鱼"或"河岸上坐着一个老头儿，他在钓鱼"。

3. 主客兼格句的 N_1、N_2、V_2 和其他

3.1　主客兼格句的 N_1

N_1 是主客兼格句中的主语，通常由名词性词语充当，大都表示"人"。但也有表示物的，如"这盏小桔灯照你上山吧"（冰心《小桔灯》）中的"小桔灯"便是。N_1 通常是 V_1 的施事主语，但有的也不一定是施事主语，如"有无"类动词构成的主客兼格句里的 N_1 一般不是施事主语。另外其他主客兼格句中的主语也有不是施事主语的。例如：

(83)那个画画的叫不叫他来。（转引自《中国语文》1983年 5 期）

(84)柿子专拣软的捏。（转引自《中国语文》1983年 5 期）

(85)地里的活完全交给金桂做。（赵树理）

这几个主客兼格句里的 N_1 都是 V_1 的受事。

N₁ 在一定的语境(对话或上下文)里可以省略,例如:

(86)这使天帝动了怒。[　]命令他们一个住在天河东岸,一个住在天河西岸。(初中语文课本)

这句中 V₁(命令)前边承上省略了 N₁(天帝)。有的兼格短语在一定的语境里直接成句,属非主谓句,当然不可能有主语,例如:

(87)[　]等他醒来,屋里已漆黑了。(乔雪竹)

这句中 V₁(等)之前无主语。

3.2　主客兼格句的 N₂

N₂ 是 V₁ 的宾语,是由名词性词语充当的,通常是 V₁ 的受事。N₂ 多数情况下表示"人",但也有表示"物"的,例如:

(88)这些自然现象,我国古代劳动人民称它为物候。(初中语文)

这句里的 N₂(它、自然现象)便是指"物"。

主客兼格句中的 N₂ 一般和 N₁ 不是同物,但有时却有同指一物的情形。这有两种情形:一是 N₁ 为受事,如"那个人请不请他来"中的"那个人"和"他"便是;一是 N₁ 为施事,N₂ 是 N₁ 的反身代词,如"他警告自己头脑要冷静"中的"他"和"自己"便是。

N₂ 多数情况下不能省略,但有时在一定的语境里,即在显然可知的情况下,也可以不出现,如"送上新作一篇,请[　]批评指正。"这句里 V₁(请)后边的 N₂(你)便省略了。有的 N₂ 属于隐含,而不是省略,如"他要求放他走",可以说隐含着 N₂(别人)。(吕叔湘 1979)

3.3　主客兼格句中的 V₂

V₂ 是谓词性词语,它可以是一个谓词,也可以是一个谓词性短语。V₂ 是什么样的谓词,跟 V₁ 有一定的关系,比如"要求"类、

"命令"类、"派遣"类、"培养"类、"陪同"类、"交给"类的 V_1，它们所要求的 V_2 必定是动词或动词性短语；"喜欢"类的 V_1，它所要求的可以是动词性词语，也可以是形容词短语；"称呼"类的 V_1，它所要求的一定是"为""是""作""做"之类的动词和它们的宾语构成的动词性短语。

V_2 在主客兼格句中是补充说明 V_1N_2 的，所以是补语。从语义上看，V_2 补充说明的意义有四种情形：

1）V_2 表示目的，如"连长命令他马上出发"中的"马上出发"是补充说明"命令他"的目的。

2）V_2 表示原因，如"我责备他忘恩负义"中的"忘恩负义"，是补充说明"责备他"的原因的。

3）V_2 表示称谓的断定，如"人们称她是铁女人"中的"铁女人"是对"她"的称谓的断定，是补充说明"她"的名称的。

4）V_2 表示领有或存在的人或物的情状，如"我有个妹妹在北京工作"中的"在北京工作"是补充说明"妹妹"的情形的。

3.4　同形结构

有些表面形式相同的词构成的 $N_1＋V_1＋N_2＋V_2$ 结构，可能是两种不同的句型。产生这样的同形结构有几种情形：

1）V_1 的多义影响结构类型。如"使、让、叫、数、怕、扶、嫌、反对、提议"等词作 V_1 时，都有可能产生同形结构。比如"我使他到北京去"这个"使"可以理解为"派遣"，也可以理解为虚词，不同的解释，句子就会作不同的分析。又比如"我扶着他走"，V_1"扶"可以理解为"用手搭在他身上使自己不倒"，也可以理解为"用手搀扶他"；若是前者，此句就是连动句，若是后者，此句就是主客兼格句。

2）N_2 的语音停顿不同也会影响结构类型。如"他说你很聪明",若说的是"他说你/很聪明",是主客兼格句;若说的是"他说/你很聪明",则是主谓短语作宾语的主谓句。

3)V_2 的动作方向的不同也会影响结构类型,如"我请医生去了",V_2"去"的动作若是 N_1(我)发出的,是连动句,若是 N_2(医生)发出的,则是主客兼格句。

3.5　连串主客兼格句

有些主客兼格句的谓语由两个或两个以上的兼格短语套接串合在一起组成的,叫做"连串主客兼格句"。[①] 这样的句子有两个或两个以上的 V_1,有两个或两个以上的"兼格",例如:

(89)我们请老向导领我们顺着南山坡上。(杨朔)

(90)我来找个法文教授辅导你学习法文。(石楠)

(91)大家用它当罐盛过水。(袁鹰)

(92)他逼着儿子王铁蛋把他扶上架子车,拉着他到山坡
　　下转转。(张宇)

这里例(89)、(90)各有两个 V_1、两个 N_2,例(91)、(92)各有三个 V_1、三个 N_2。无论连串主客兼格句的谓语多么复杂,它仍然是个兼格短语作谓语的主谓句,即述补谓语句(主述补句),只不过谓语内部层次比较多一些而已,可以按照层次分析法一层一层分析下去。

主要参考文献:

丁声树等(1961)《现代汉语语法讲话》,商务印书馆。

邓福南(1980)《汉语语法专题十讲》第 97 页,湖南人民出版社。

---

① 赵元任称之为"连串兼语句",参看赵元任(1979)《汉语口语语法》第 73 页,商务印书馆。

龚千炎(1983)《由"V 给"引起的兼语句及其变化》,《中国语文》第 4 期。

范　晓(1980)《关于结构和短语问题》,《中国语文》第 3 期。

吴竞存、侯学超(1982)《现代汉语句法分析》,北京大学出版社。

李临定(1986)《现代汉语句型》,商务印书馆。

李荣编译(1952)《北京口语语法》,开明书店。

刘小南(1982)《语法修辞易混问题区分》第 43 页,吉林人民出版社。

吕叔湘(1979)《汉语语法分析问题》第 68 页,商务印书馆。

吕叔湘主编(1980)《现代汉语八百词》第 33 页,商务印书馆。

毛永波(1991)《存在句及其后续成分》,复旦大学硕士研究生学位论文。

宋玉柱(1981)《论"准双宾语句"》,《现代汉语语法论集》第 58—59 页,天津人
　　民出版社。

张　静(1977)《连动式和兼语式应该取消》,《郑州大学学报》第 4 期。

赵元任(1979)《汉语口语语法》(吕叔湘译),商务印书馆。

朱德熙(1982)《语法讲义》,商务印书馆。

第十章　受事主语句[*]

——"NP受＋VP"句

　　受事主语句是以句子主语的语义特征命名的。现代汉语里有多种受事主语句,这里只是论述受事主语句中的一种——"NP受＋VP"句。这种受事主语句词语配列的基本格式是:"表示受事的名词性词语＋动词性词语",记作"NP受＋VP"。

　　"NP受＋VP"句中的"N"表示名词,V表示动词,"受"表示动作的受事,"NP受"表示受事的名词性词语(包括名词和名词性短语),VP表示动词性词语(包括动词和动词性短语)。这种句子在词类结合上属"名＋动"(名词＋动词)结构,在语义成分的搭配上属"受＋动"(受事＋动作)结构。例如:

　　(1)大门紧紧的关着。

　　(2)奴隶解放了。

　　(3)饺子已经煮熟了。

　　这种句子里表层一般不出现施事,吕叔湘(1946)说这种句子是:"施事不现,不因省略"。但我们发现这种句子的表层有时也出

---

　　[*] 本文曾以《"N受＋V"句说略》为名在 1993 年 10 月"中国语言学会第七届学术年会"上宣读过,发表于《语文研究》1994 年第 2 期。收入本书时文字上略作修改。

现施事名词却并不作主语,如"他的话说完了"中的施事"他"在这句中作定语。"NP受＋VP"句属于受事主语句,汉语里受事名词作主语的受事主语主谓句有各种类型,"NP受＋VP"句只是诸多受事主语句中的一种。我们拟对这种句子的句法、语义和语用进行多角度的考察。

1. "NP受＋VP"句中"NP受"的语法分析

1.1 "NP受"位置上的词语

NP受 位置上的词语一般是名词性词语。例如:

(4)那个任务终于完成了。

(5)这幅墨竹挂起来了。

(6)他的思想问题解决了。

但有时也有非名词性词语的情形,例如:

(7)庄稼还没收,管理不能丢。

例(7)中的"管理"便是非名词性词语。动词"管理"在这个句子里作主语是一种特殊的情形,可以说它在语义平面名物化了,[①]所以它在这个句子里的句法地位或者说起的句法作用相当于名词。

1.2 "NP受"的句法分析

"NP受"在句法平面的身份可以分析为主语。

五十年代主宾语问题讨论时,曾经讨论"钱花完了,精力也绞尽了"这样的"NP受＋VP"句,大家都认为这种句子里的"NP受"

---

① 名物化不等于名词化,参看范晓(1992)《VP主语句》,《语法研究和探索》(6),语文出版社;胡裕树、范晓(1994)《动词形容词的"名物化"和"名词化"》,《中国语文》第2期。

("钱"、"精力")是主语,认为这样的句子是"主—动"句或主谓句。
(中华书局 1956)

有的学者在讨论"苹果我吃了"这个句子时,提出一个新观点,认为"苹果"这个"NP受"在句子里"既是主语,又是宾语",并说这是主语的"二重性"。[①] 据此推理,"苹果吃光了"这样的句子里"苹果"也可以分析为"既是主语,又是宾语"。这是很难理解的。众所周知,主语和宾语是句法平面的概念,一个名词作了句子的主语,不可能同时又作该句子的宾语,犹如一个"父亲+母亲+儿子"组成的两代人三口之家,不能说这个家庭里的父亲既是父亲又是儿子一样。因此"NP受"既是主语又是宾语的说法不合逻辑,会引起句法分析上的混乱。

我们注意到吕叔湘在《汉语语法分析问题》一书中提出过主语"二重性"的观点。他说:"主语的二重性:一方面是主和谓直接相对,是说明和被说明的关系,一方面是主和宾围绕动词相对,是施动和受动的关系"。(吕叔湘 1979)这实际上涉及到了两个不同的平面:句法平面和语义平面。但吕先生没有明确区分不同平面,而用主语"二重性"来表述。实际上不是主语有二重性,准确地说,充当主语的词语具有二重性:在句法平面作主语,在语义平面是施事或受事等。比如"苹果吃光了","苹果"这个词在句法平面可分析为主语,在语义平面可分析为受事。还应指出,吕先生虽然说主语有二重性,但在分析句子时并没有把"NP受 + VP"句中的"NP受"看作"既是主语又是宾语",如他在分析"这个字写错了"、"一封信

---

① 李临定(1992)《以语义为基础的分析方法》,《语法研究和探索》(6),语文出版社。在文中,作者举的例子是"苹果我吃了",虽不是"N受 + VP"式,但"N受"句首是一致的,比较:"苹果吃完了"。

写完了"时,把"这个字"、"一封信"看作主语,而并没有看作宾语。他说:"一个名词可以在入句之前做动词的宾语,入句之后成为句子的主语";①而并没有说入句后既是主语又是宾语。把"NP_受"分析为"既是主语又是宾语",是把主语"二重性"的观点推向极端,不仅混淆了入句前的静态短语分析和入句后的动态句子分析,而且混淆了语法的不同平面。从句子的三个平面的角度分析,句子的主语应是句法平面的概念;施事或受事等应是语义平面的概念,主题应是语用平面的概念。有人认为"主语、施事(或受事)、主题"在句首时可以重合在一起,于是提出"主语三重性"的观点,(常理1992)这同样是有问题的。这是因为就主语本身而言,它只是属于句法平面这一"重",没有什么"三重性"。如果一定要说"三重性",那只能说出现在"句首那个名词性词语"可能有"三重性",即那个名词性词语在三个平面有三种身份:句法平面是主语,语义平面是动元,语用平面是主题。

1.3 "NP_受"的语义分析

在"NP_受+VP"这样的句子中,VP 前的 NP 在语义平面必须是受事,即和 VP 构成"受动"关系。"NP_受+VP"句是受事主语句的一种。如果不是这种关系,就不符合这种格式。比较下面两个句子:

      A. 奴隶解放了。

      B. 奴隶翻身了。

这两句都是单动谓语句(单个动词作谓语的主谓句),然而比较一下是有差别的:A 句中的"奴隶"是句子的主语,是该句谓语动词

---

① "这个字写错了"的分析见吕叔湘(1955)《语法学习》第 26 页,中国青年出版社;"一封信写完了"的分析见吕叔湘(1979)《汉语语法分析问题》第 72、73 页,商务印书馆。

"解放"的受事，所以是"NP_受＋VP"句；而 B 句子中的"奴隶"虽然也是句子的主语，但却是该句中谓语动词"翻身"的施事，所以 B 句不是"NP_受＋VP"句，而是"NP_施＋VP"句。可见，"NP_受＋VP"句是属于"受踞句首"句的一种。

1.4　"NP_受"的语用分析

1)"NP_受"在语用平面是主题。

"NP_受＋VP"句子中的"NP_受"一般是旧信息，是句子中的说明对象。所以这种句子在语用平面由两部分构成：主题和述题。前段的"NP_受"为主题，后段的"VP"是述题。比如，"那本书已经出版了"里"那本书"便是主题，而"已经出版了"是述题。所以"NP_受＋VP"句从语用平面上说是"受事主题句"。

2)"NP_受"是定指或任指（也称"遍指"）。

"NP_受＋VP"句中，"NP_受"一般是定指、任指（也称"遍指"）或统指，请看下面例句：

　　(8)那大桥终于造好了。

　　(9)他的工作问题已经解决了。

　　(10)一切能吃的东西都吃光了。

　　(11)只要努力，什么事都好办。

　　(12)饭要一口一口地吃，事要一样一样地做。

上例(8)、(9)中的 NP_受"那大桥"是定指，(10)、(11)中的 NP_受"一切能吃的东西"、"什么事"是任指，(12)中的 NP_受"饭"、"事"是统指。

2.　"NP_受＋VP"句中"VP"的语法分析

2.1　"VP"位置上的词语

出现在"NP_受＋VP"句中的"VP"是动词或动词性短语。V 一般是及物性的动作动词。某些不及物动词有时也能出现在这样的句子里,但那是有条件的,必须是离合式的不及物动词(离合动词)。例如:

　　(13)若要长得高,饭要吃得饱,觉要睡得好

　　(14)这个状告得好!

例句(13)中的"饭要吃得饱"和"觉要睡得好"都是"NP受＋VP"结构,但是"吃"为及物动词,"睡觉"是不及物动词。在这句里,由于语用的需要而将不及物动词"睡觉"一分为二,使"觉"变成了"NP受"。例句(14)中的"告状"也是不及物离合动词,在这句里由于语用的需要而将"告状"中的"状"变成了"NP受"。

2.2 "VP"的句法分析

　　"NP受＋VP"句中的"VP"在句法平面的句法身份是作句子的谓语(或谓语中心词)。根据考察,"NP受＋VP"句中的谓语大都由动词性短语充当,即在谓语的中心词的前边或后边有附加性或补充性的句法成分。例如:

　　(15)客人不看见了。

　　(16)车子在一边扔着。

　　(17)江山易改,本性难移。

　　(18)船两边的棹儿一上一下在划,就像天上雁儿打翅膀。

上面四句是谓语动词前附加有状语。又例如:

　　(19)这种事做不得。

　　(20)顽民杀尽了,……辫子早留定了。

　　(21)这篇文章写得好极了。

上面三句是谓语动词后边带着补语。又例如:

　　(22)这件衣服已经洗干净了。

(23)凤姐的血一口一口地吐个不住。

上面两句是谓语动词前边附加有状语,谓语动词后边带有补语。

"VP"作为谓语也有单个动词(前边或后边没有附加性的或补充性的句法成分)充当的,但动词后边通常带有动态助词或语气词。例如:

(24)房子毁了,东西烧了。

(25)祥子的车卖了。

(26)黑漆大门关着呢。

不加任何句法成分(状语、补语)也不带任何虚词(动态助词或语气词)的光杆动词作"NP受 + VP"句中的谓语很少,出现时是有条件的,通常用于一定语境里出现的对比句或并列句。例如:

(27)这个卖,那个不卖。

(28)这个要,那个也要。

2.3　"VP"的语义分析

"NP受 + VP"句中的"VP"在语义平面的语义身份是作动核结构中的动核。[①]"VP"与前面的名词性词语有密切关系,可以构成动核结构。这有两种情形:

一种是 NP 和 VP 构成一个动核结构。谓语动词 VP 所表示的动作行为是动核,前边的名词性词语 NP 所表示的名物是 VP 所联系着的强制性语义成分受事动元。这种情形下的"NP受 + VP"或是隐含着施事的一个"受 + 动"语义结构,例如"奴隶解放

---

　①　关于动核结构,可参看范晓(1991)《动词的"价"分类》,《语法研究和探索》(5),语文出版社;范晓、胡裕树(1992)《有关语法研究三个平面的几个问题》,《中国语文》第4期。

了"、"大门关着呢"等便是;或是在句中表层存在着一个施事名词的"受＋动"语义结构,例如"她的菜做好了"、"祥子的车卖了"中的"她"、"祥子"在语义上分别是"做"和"卖"的施事,但在句子表层的句法上不是句子的主语而是修饰其后面名词的定语。

另一种是构成两个动核结构。有的谓语动词后带有补语的就是这样的。比如"铁路修通啦"中就有两个动核结构:"[施]＋修＋铁路"和"铁路＋通";"这篇文章写得很好"也有两个动核结构:"[施]＋写＋文章"和"文章＋很好"。

2.4　"VP"的语用分析

"NP受＋VP"句中的"VP"在语用平面是句子的述题,用来表述句首的主题。根据述题表述主题时所表示的语用意义,"NP受＋VP"中的述题可以分为两类:描记性述题和评议性述题。

第一类,描记性述题。这种述题是说明"NP受"这个主题事物在动作行为的影响下所起的变化或产生的情状。这样的"主题＋述题"句是描记句,也可称为"表态句",①例如:

(29)祥子的车卖了。

(30)家庭组织起来了。

(31)地主家的大门紧紧地关着呢。

(32)她的歌唱得好极了。

(33)他的先进事迹正在全国各地传播着。

"NP受＋VP"描记句的形式特点是:动词后边带有虚词"着"、"了"

---

① 吕叔湘称此类句子为"表态句",说"动作完成就变成状态",所举的例子有:"房子呢,卖了;衣服呢,当了"等,可看吕叔湘《中国文法要略》第五章。

之类,或动词后带有表结果、趋向之类的补语。

第二类,评议性述题。这种述题是对"NP_{受}"加以主观评议的。这样的"主题＋述题"句是评议句,例如:

(34)势不要使尽,福不要享尽,便宜不要占尽,聪明不要用尽。

(35)这样的好风格的确值得发扬。

(36)这样的事做不得。

(37)我的任务完不成了。

(38)白杨树长得秀丽挺拔,磨折不了,压迫不倒。

"NP_{受}＋VP"评议句的形式特点是:有的是动词前有语气副词或助动词表示评议,如(34)、(35);有的是动词后有表示可能或不可能的补语(动补结构中插入"得"或"不",或者动词后有表示能否性的"得"或"不得")表示评议如(36)、(37)、(38)。

3.　与"NP_{受}＋VP"句有关的几个问题

3.1　受事作主语的"NP_{受}＋VP"句和施事作主语的"NP_{受}＋VP"句的区别

3.1.1　施事隐含和施事省略

受事作主语的"NP_{受}＋VP"句和省略施事主语的"NP_{受}＋VP"句有时候表面形式一样,都是"NP_{受}＋VP",但实质不一样:受事作主语的"NP_{受}＋VP"句是受事作主语的主谓句,这种句子里空缺施事的原因,不是因为语用上的省略,而是由于语义上的隐含;含有施事主语的"NP_{受}＋VP"句是施事作主语的主谓句,这种句子里空缺施事的原因,大多数是由于特定语境中省略施事主语造成的,但有些也是语用表达上的隐含决定的。① 所以应当把"NP受＋VP"受事主语句和省略施事主语的"NP受＋VP"施事主谓句区别开来。

施事作主语的"NP受＋VP"句省略施事主语有两种格式：

一种是"[N施]＋N受＋VP"格式，这是句首省略施事主语的句式。如果把主语记作 S，谓语动词记作 VP，宾语记作 O，省略的施事主语记作[S]，则句首施事主语省略句"[N施]＋N受＋VP"可记作"[S]＋O＋VP"式。例如：

(39)祥子点了点头，[S]话已说完，他似乎不愿再张口了。

(40)他心事重，[S]饭也吃不好，[S]觉也睡不着。

这两个句子里"N受＋VP"句的句首分别承前省略了施事主语"祥子"和"他"，如果把"话已说完"、"饭也吃不好"、"觉也睡不着"等"NP受＋VP"形式单独抽出来，离开了上下文语境，意思就不清楚，所以这几个"NP受＋VP"实际上是"[S]＋O＋VP"句。

另一种是"N受＋[N施]＋VP"格式，这是受事宾语后省略施事主语的句式（即省略了的施事主语在受事宾语和动词之间）。这种句子的"N受＋[N施]＋VP"省略句可记作"O＋[S]＋VP"式。例如：

(41)以前的一切辛苦困难[S]都可一眨眼忘掉，可是他忘不了这辆车。

(42)问：任务你完成了吗？(O＋SVP)

---

① 在某些说明性的或评议性的表达语句里，不是旨在说明动作的主体是谁以及他如何发出动作或行为过程，而是着重说明某物的受动情形。例如"煮米饭时，先把米淘洗干净，然后把米饭放在锅里加适量的水再煮。"在这种句子里，人们并不关心也不需要知道施事是什么，所以施事也是隐含的。

答 a：任务我完成了。（OSVP）

答 b：任务［S］完成了。（O［S］VP）

这两个句子里"N受＋VP"句的受事宾语后分别承前省略了施事主语"祥子"和"我"，如果把作为"NP受＋VP"形式的"一切辛苦困难都可一眨眼忘掉"、"任务完成了"等"NP受＋VP"形式单独抽出来，离开了对话和上下文语境，意思也不清楚，所以这几个"NP受＋VP"实际上是"O＋［S］＋VP"句。

吕叔湘（1946）曾经分别过"施事不见，不因省略"的句子（即"NP受＋VP"构成的受事主谓句）和"VP前省略施事"的施事主语句（即"［S］＋O＋VP"句和"O＋［S］＋VP"句），他认为"大多数的例句是不容易分别"，"是颇使分析的人为难的一个问题"。这确是一个难题，但是我们认为大体上还是可以区别的。要加以区别，就得注意两点：

第一，理论上应该分别省略和隐含，因为"N受＋VP"这种受事主语句跟"［S］＋O＋VP"，"O＋［S］＋VP"这种施事主语句表面形式都是"NP受＋VP"，从语义的动核结构上说都是施事空缺；而空缺的性质不一样："N受＋VP"受事主语句施事空缺是强制性的，就是隐含；"［S］＋O＋VP"和"O＋［S］＋VP"的施事空缺是非强制性的，就是省略。施事隐含一般不能补出，即使勉强补出，或者补出的词语见仁见智，或者句子不通，或者意思有变。① 而施事主语省略不仅可以补出，而且补出的词语也是可以确定的。②

---

① 如"他的菜烧得很好"如果补上施事，变成"他烧他的菜烧得很好"不通；"大门紧紧的关着"说成"他把大门紧紧地关着"意思有变，前者是描写句，后者是叙述句。

② 关于省略和隐含的区别，可参看吕叔湘（1979）《汉语语法分析问题》第 67—68 页，商务印书馆。

第二,如果孤立地分析表面同形的"N受+VP"是受事作主语句还是省略施事的施事主语句的确比较困难,容易发生歧解;但是如果把"N受+VP"放在话语或篇章的语境里来分析,那还是可以分得清楚的。所以对于有歧解的"N受+VP",一定要分清孤立句和语境句(范晓 1993)。例如:

　　(43)文章写好了。

　　(44)任务完成了。

如果这两句是孤立句,似都可看作为"N受+VP"式的受事主语句。如果是语境句,则要根据语境来推断,比较(49)和(50):

　　(45)做任何事都不应马虎,作文也是如此。文章写好了,
　　应该仔细推敲并认真加以修改。

　　(46)甲问:你文章写好了吗? 乙回答说"文章写好了"。

从上下文和对话语境中,可以看出(45)里"文章写好了"是"N受+VP"式受事主语句,(46)里"文章写好了"是"[S]+VP+O"式的省略施事主语的主谓句。

3.1.2　隐含施事的"S受+VP"句

受事作主语的"NP受+VP"主谓句也可记作"S受+VP"句。从深层语义平面分析,这种句子的结构里应该有个施事主语,但却隐含着。这种句子隐含施事主要有以下几种情形:

1)施事泛指。例如:

　　(47)江山易改,本性难移。

　　(48)水土不下坡,谷子打得多。

　　(49)千军易得,一将难求。

这类句子里的施事都是泛指某事物,成语格言中出现的"NP受+VP"句,都属此类。

2)施事不明。例如：

(50)炉子上正烧着水。

(51)墙上贴了许多标语。

(52)小曲好唱口难开。

上面句子的"烧"、"贴"、"唱"、"开"都是及物动作动词,但是发出动作的施事是什么无法确定。

3)施事虽明,但是在句中作了主语之外的其他句法成分。例如：

(53)他的话讲完了。

(54)他的菜烧得很好。

(55)你的账记得很清楚。

这类句子里施事词语作了受事名词的定语,施事词语也就不能再分析为句子的主语。

4)"NP_受"受事主语句和其他非受事主语句并列作描记句时。例如：

(56)一切别的东西都试过了,都失败了。

(57)顽民杀尽了,遗老寿终了,辫子早留定了,洪杨又闹起来了。

这类句子中的及物动词与不及物动词或形容词作谓语构成的描记句共一主语,上面句子里的"一切别的东西"、"顽民"、"辫子"等受事词语无疑是主语,但是施事是隐含着的,很难补出。

5)施事虽明,但"NP_受＋VP"句以上文句子的宾语词语作主语。例如：

(58)那次敌人占了斜柳村,就修岗楼。楼修起了,饭野小队长……带着鬼子和伪军驻在那儿。

这段话里的"NP_受＋VP"句"楼修起了"的主语"楼"和上文句子的宾语同指,而且从上文里也知道动词"修"的施事是"敌人",但是由于主题转换,所以"楼修起了"显然是"NP_受＋VP"主谓句,也不能再添加施事。

6)某些疑问代词作宾语构成的特指问句里,句首为"NP_受"。例如:

(59)谁调走了?

(60)哪个队打败了?

这类句子里的施事也是隐含着的。

3.2　"NP_受＋VP"受事主语句与被动句的区别

被动句一般也是受事作主语的主谓句,[1]也可以记作"NP_受＋VP"式。这样一来,就涉及如何区别这里所说的"NP_受＋VP"构成的受事主谓句和"NP_受＋VP"形式的受事作主语的被动句的问题。

"NP_受＋VP"构成的受事主谓句是不是被动句,学界是有争议的。不少语法论著认为它是被动句:有的称为"没有被字的被动式"、"借主动的形式来表示被动意义"的被动句(王力 1944),有的说是"没有被动形式而有被动意义"的被动句(吕叔湘、朱德熙1953,龚千炎 1980);有的称为"自然表明的被动句"(张志公1954);有的称为有"被性动词"的"主—[被]—动"句,即无"被"的被动句(黎锦熙 1956);有的称为"无标志的被动句"(王还 1983)。

被动句是相对于主动句而言的。印欧语言里有主动态和被动态的区别,这种区别是有形式标志的。汉语里也有主动句和被动

---

① 有的非受事词语也可以作被动句的主语,如"这把刀被他砍坏了"中主语"刀"是工具,不是受事。

句之别,究竟怎样来区别,很值得来讨论。而"无被动形式的被动
句"或"自然表明的被动句"等说法,都是从逻辑观念上来界定的。
从逻辑观念出发的基本前提是认为"受事"不能发出动作,所以都
属被动,因此结论是受事主语句都是被动句。从逻辑概念来解释
或确定被动句是有问题的。首先,语法虽和逻辑有密切联系,但有
区别,从逻辑观念出发来解释语法上的问题,前提就不能成立,比
如"偷来的锣鼓打不得",从逻辑上说,"那黑漆大门关得严严实
实","大门"自身不能发出"关"这个动作,当然只能理解为被打,但
实际上这个句子是描记句,不能说它是被动句。又如"偷来的锣鼓
打不得","锣鼓"自身不能发出"打"这个动作,当然只能被打,但实
际上这个句子是评议句,不能说它是被动句;又如"江山易改,本性
难移"同样不能看作被动句。其次从逻辑观念来说明主动被动,往
往见仁见智,难以分清谁是谁非。王力曾经指出:"有时候。观念
上的被动和观念上主动似乎分不清。"(王力 1945)他曾经举"前儿
的药丸都吃完了没有"为例,认为这种句子既可认为是被动句,也
可认为是主动句。再次,把"NP受＋VP"句说成意义上或观念上是
被动的、形式上是主动的,这就把形式和意义割裂开来了。任何语
法结构或语法范畴,都是语法形式和语法意义的结合体或统一体,
因此,仅仅是从意义上或观念上来断然判定"NP受＋VP"句是被动
句显然是欠妥的。(方光焘 1961)

　　语法研究应采取形式和意义相结合的原则,研究汉语的主动
句、被动句也应当采用这个方法论原则。我们认为,汉语的被动句
不但要有被动的意义,而且要有被动的形式,这种被动意义不是概
念意义,而是被动的语法形式控制着的意义,所以确定被动,首先
应确定被动形式,就可以用形式来验证被动句。在现代汉语里,表

示被动意义的形式标志主要是"被",其次是与"被"标志相当的"叫"、"让"、"为……所"等,其中"被"是最重要的语法标志,"被"字句是现代汉语里最典型、使用得最普遍的表示被动意义的被动句;而"NP受＋VP"句里没有"被"等表被动意义的标志,就不该看作为被动句。① 另外,主动句和被动句是属于叙述句的范围,(王力1944,王了一1956)主动句的句子主语、主题是施事词语充当的,谓语表示施事主动发出的动作或事件,或者说述题叙述施事发出某种动作行为或施加某种动作行为于某事物。被动句的句子主语、主题是受事词语充当的,被动句的谓语表示受事主语所受到的被动行为或事件,或者说述题叙述受事被施事施加某种动作行为或事件。从表达角度分析,"NP受＋VP"受事主语句不是叙述句,而是描记句或评议句。② 这种句子里的谓语不是表示主语的施动或被动,而是表示受事主语所代表的事物的情状或对与受事主语相联系的某种动作行为进行评议的。所以"NP受＋VP"既不是被动句,也谈不上主动句或主动形式。总之,这里所说的"NP受＋VP"构成的受事主谓句和"NP受＋VP"形式的受事作主语的被动句区别开来一定要借助于形式,即看有没有表示"被动"的行驶标志"被"(或与"被"标志相当的"叫"、"让"、"为……所"等),没有

----

① 有些句子有无"被"虽然基本意义相同,但是语用意义不同。例如"这里的农奴都解放了"和"这里的农奴都被解放了"的语义结构是一样的,都是"受＋动",因此两句所说的基本事实或基本意思相同;但是两句的语用意义不同;前句是描记句,述题描记主题"农奴"的情况,后句是叙述句里的被动句,述题叙述主题"农奴"被施事施加动作行为及其结果。

② "叙述句"、"描记句"(也称"描写句")、"评议句"、"解释句"等是根据述题表述主题的表达用途角度分出来的。既然主动句和被动句是属于叙述句范畴,那么作为描记句或评议句的"N受＋VP"这种受事主语句也就谈不上是主动句还是被动句的问题。

"被"标志的"NP_受＋VP",如"大门关着呢"、"这件事真难办"之类,是我们所说的受事主语句,属于描记句或是评议句;有被动标志"被"(或与"被"标志相当的"叫"、"让"、"为……所"等)表示的"NP_受＋VP"(严格地说,应该是"NP_受＋被＋VP"或"NP_受＋被NP_施＋VP"),如"大门被关上了"、"大门被小王关上了"、"他让人讹诈了"、"她叫人欺负了"、"我为这假象所迷惑"之类是表示被动的"被"字句,属于叙述句。

4. 余言

"NP_受＋VP"句是一种受事主语句。这种句子里施事通常是隐含不现。用"三个平面"的理论来分析,在"NP_受＋VP"句中,出现在"NP_受"位置上的词语(一般是名词性词语)在句法平面可分析为主语,在语义平面可以分析为受事,在语用平面可以分析为主题,也就是说,在这种句子里,主语、受事、主题重合在一起。

由此可得到启发,主语虽是句法平面的,但也不是跟语义平面、语用平面毫无关系的,主语与语义成分、语用成分有密切的联系:在语义平面,作主语的词语表示句中谓语动词所联系着的强制性语义成分(受事动元);在语用平面,作主语的词语出现在述题所要表述的对象的位置上,所以是句子的主题。[①]"NP_受"在"NP_受＋VP"句中是句子的主语,这是大家公认的。但是把"NP_受"分析为"既是主语 又是宾语"的所谓主语的"二重性"观点以及主语具有

[①]　吕叔湘说主语是"放在主题位置上"的,"主语得像个主题"。这与本章所说是一致的。参看《汉语语法分析问题》,第 73 页。

句法、语义、语用"三重性"的观点都是不妥的。

出现在"NP_受＋VP"句中的"VP"是动词（或动词性短语），一般是及物性的动作动词。VP 在句法上是谓语或谓语中心词，在语义上表示动核结构中的动核，它与前面的名词性词语"NP_受"和隐含着的施事构成动核结构。

"NP_受＋VP"句子是"主题＋述题"构成的句子，句中的述题有两类：一类是描记性述题，一类是评议性述题。相应地，从表达用途上看，"NP_受＋VP"句子也就有两种，即描记性"NP_受＋VP"句和评议性"NP_受＋VP"句。

在研究这种句式时，应当注意把它和省略施事主语的句子区别开来，还应当把它和受事主语的被动句区别开来。

这里对"NP_受＋VP"受事主语句研究还是初步的，有些问题还研究得不够，特别是这种句子的语用价值以及在篇章中的适用范围和运用规律，这里只简单提及，论述不透，还需要深入研究。

主要参考文献：

常　理(1992)《汉语主语的三重性及相关问题》，《学术交流》第 1 期。

方光焘(1961)《关于古汉语被动句基本形式的几个疑问》，《中国语文》第 10、11 月号合刊。

范　晓(1991)《动词的"价"分类》，《语法研究和探索》(5)，语文出版社。

范　晓(1992)《VP 主语句》，《语法研究和探索》(6)，语文出版社。

范　晓(1993)《关于句子合语法或不合语法问题》，《中国语文》第 5 期。

范　晓、胡裕树(1992)《有关语法研究三个平面的几个问题》，《中国语文》第 4 期。

龚千炎(1980)《现代汉语里的受事主语句》，《中国语文》第 5 期。

黎锦熙(1924)《新著国语文法》，商务印书馆，1992 年版。

黎锦熙(1956)《主宾小集》，《汉语的主宾语问题》，中华书局。

李临定(1992)《以语义为基础的分析方法》,《语法研究和探索》(6),语文出
　　版社。

吕叔湘(1943)《中国文法要略》,商务印书馆,1982年版。

吕叔湘(1946)《从主宾语的分别谈国语句子的分析》,《开明书店二十周年纪
　　念文集》。

吕叔湘(1979)《汉语语法分析问题》第108页,商务印书馆。

吕叔湘、朱德熙(1953)《语法修辞讲话》第118页,开明书店。

王　还(1983)《英语和汉语的被动句》,《中国语文》第6期。

王　力(1944)《中国现代语法》,商务印书馆,1985年版。

王　力(1945)《中国语法理论》下册,中华书局,1954年版。

王了一(1956)《主语的定义及其在汉语中的应用》,《汉语的主宾语问题》,中
　　华书局。

张志公(1954)《汉语语法常识》,中国青年出版社。

中华书局(1956)《汉语的主宾语问题》,中华书局。

第十一章 主事后现句[*]

名词和谓词(包括动词和形容词)组合时有一定的语义关系。名词跟动作动词组合时可表示动作或行为的施事,例如"客人来了"中的"客人"便是;名词跟状态动词或形容词组合时可表示性质或状态的系事,例如"头歪着"中的"头"便是。施事和系事都是谓词所身份的动核所联系的主体,都属于主事。^①

现代汉语里谓词和它的主事(这里指施事和系事)组配成句的一般语序是:施事和系事在前,谓词所表的动核在后;但在一定的条件下,施事、系事在句子里也可出现在谓词之后,这就是主事(施事或系事)后现句。主事后现句是以句子中谓词后的名词性词语的语义身份命名的。例如:

(1)家里来了贵客了。

(2)他歪着头,对人理也不理。

(3)床上醉着一个人。

(4)他黑着眼眶走了出来。

---

　　* 本章部分内容(有关施事置于动词后作宾语的情况)曾以《施事宾语句》为名发表于《世界汉语教学》1989 年第 1 期。

　　① 主事也可以说是动词所表示的动作(包括"行为")、活动、变化、性质、状态、关系等的主体,它包括施事、经事(准施事)系事、起事四类。关于主事,可以参看范晓(1991)《试论语义结构中的主事》,《中国语言文学的现代思考》,复旦大学出版社;范晓(2003)《说语义成分》,《汉语学习》第 1 期。

上面例句中的"贵客、头、人、眼眶"等都是表示主事的名词,后现于谓词。表示主事的名词性词语在谓词之后该看作什么句法成分,不同的语法体系意见不一:有的看作宾语,有的看作主语,在不同的语法体系里都有各自的理由。这里根据现在一般的看法,称之为宾语①。这样,主事后现的句子似可称作"主事宾语句"。但是为了不纠缠于谓词后面表示主事的名词性词语在句法上是主语还是宾语的争论,这里把谓词后带有主事名词的句子统称为主事后现句,只是在需要时提及它的句法身份——"主事宾语"。

如果把置于谓词后的主事名词看作宾语(主事宾语),则该宾语是动作的发出者或性状的系属者。主事后现句形式特点是:表动作或性状的谓词和主事宾语的位置可以颠倒,"宾语变为主语而意思大体不变"(孟琮等 1987),例如:

A. 来客人了→客人来了。

B. 床上醉着一个人→一个人醉在床上。

现代汉语里有各色各样的主事后现句,我们着重考察一些主要的主事后现句。

1."存现句"中的主事后现句

这种句子的格式是:"处所名词+动词+事物名词",可记作

---

① 胡裕树主编(1981)《现代汉语》(增订本)、黄伯荣、廖序东主编(1985)《现代汉语》、刘月华等编(1983)《实用现代汉语语法》、孟琮等编(1987)《动词用法词典》等等都把施事名词在后的分析为施事宾语。至于系事名词在后的,如果承认是宾语,那当然可以分析为系事宾语。

"N₁处所＋V＋N₂名物"式。① 这种句子是表示某处所存在、出现、消失某物(包括有生命的和无生命的)的句子,一般称之为存现句。

存现句种类很多,这里主要是指句中动词带有附着成分的存现句。② 在这样的存现句里,如果动词是及物动词,则句中动词后的宾语一般分析为受事宾语,如"桌上放着一本书"中的"一本书"就是。如果动词是不及物动词或形容词,则动词后面的宾语分析为主事宾语。

存现句中不及物动词可带主事名词,这种现象很多。例如:

(5)台上坐着主席团。

(6)地上倒着一个人。

(7)树林里跑出来三个大汉。

(8)宾馆里晚上走了五个客人。

有的形容词在存现句中有时也可带主事名词,这种现象较少。例如:

(9)收音机里坏了一个零件。

(10)村头上亮着一片红光。

(11)榻上歪着一位老婆婆。

(12)河面上横着一条小木桥。

(5)至(12)这类句子就是存现句。曾经有人认为主事出现在动词之后的这类句子是"变式句"或"倒装句",事实上,这类句子里的主事在后"乃是通例"(吕叔湘1955),它是现代汉语里的一种重要句式。"N₁处所＋V＋N₂名物"式中的主事后现句有以下几个特点:

---

① 由于典型的存现句句首由表示处所的处所名词充当,在语义上大多表示处所,所以记作 N₁处所。

② "有"、"是"类存现句里不可能有主事宾语。

1)这类句子的语用特征是:N_1 是主题(topic),$V+N_2$ 是述题(comment)。语用意义是:述题表述句首主题所指称的某处(或某时)存现着(存在、出现、消失)何种事物并以何种方式或状态存现着。

2)N_1 大多是表处所的名词性词语(少数是时间名词)。N_1 前一般没有介词,但有时为了强调说明事物的存在处所或出现起点时,N_1 前可出现"在"、"从"之类介词,例如:

(13)从树林里跑出来三个大汉。

(14)在我眼前出现了一个移动的黑影。

3)V 大多为动词或动词性词语(形容词性词语很少),是表示事物(包括有生命的或无生命的)的动作行为或活动状态。V 后通常要附着动态助词"着"或"了"。出现在这里的动词通常是不及物动词,其中有的是不及物的动作动词,如"走、跑、坐、爬、躺、站、蹲、跪、飞、跳、游、奔驰、飞奔"等;有的是不及物的状态动词,如"病、醉、醒、死、瘫、瞎、倒、断、碎、丢、长、飘、出现、生长、飘浮、蠕动、瘫痪、倒塌、遗失"等;有的是不及物动词构成的动结式或动趋式结构体,如"坐满、跌倒、走过来、飞出去"等。中段 V 有时也出现有形容词,如"坏、亮、歪、斜"等;但有些形容词用在这类句子里带有形象性或隐喻性,代替了或省略了一个动词,比如(11)中的"歪"描写"卧"的姿势,(12)的"横"描写小木桥"架"在河面上的形象。

4)N_2 为表示存现的事物(包括有生命的或无生命的)的名词性词语。这种名词性词语在句法上是宾语还是主语有争议;但在语义上是动核所联系的主事应该没有争议的。其中有的主事是不及物动作动词所表动作的施事,例如:

　　　　（15）门口站着一个老人。

　　　　（16）地上爬着一个小孩。

有的主事是不及物状态动词或形容词所表性质或状态的系事。
例如：

　　　　（17）山坡上倒塌了许多房屋。

　　　　（18）榻上歪着一位老婆婆。

表示主事的词语大都是无定的，但并不排斥有定的，如"沙发上坐
着厂长李辉"，这"李辉"是专有名词，当然是有定的。

　　5）"$N_{1处所}＋V＋N_{2名物}$"式的主事后现句里，V 和 N_2 能构成
"动核＋主事"的语义关系，"动核＋主事"变换成"主事＋动核"在
句法上可表现为主谓关系，如"躺着一个人"可以变换成"一个人躺
着"。N_1 和 V 能构成"处所＋动核"的语义关系（即 N_1 和 N_2 之间
是"存在关系"：N_2 存在于 N_1），"处所＋动核"不能构成主谓关系。
由于 N_1 和 V 有存在关系，所以"$N_{1处所}＋V$"可以变换成"$V_在＋$
$N_{1处所}$"和"在 $N_{1处所}＋V$"，如"台上坐着主席团"可以说成"主席团
坐在台上"、"主席团在台上坐着"。

2. "领主属宾句"中的主事后现句

　　这种句子的格式是："领有者名词＋动词＋隶属者名词"，可
记作"$N_{1领}＋V＋N_{2属}$"式。这种句子中句首的名词和动词后的名
词之间在语义上有比较稳定的"领有—隶属"关系，即 N_1 是"领
有者"（领事），N_2 为"隶属者"（属事）。一般认为 $N_{1领}$ 是句子的
主语或主题（即"领主"），$N_{2属}$ 为动词的宾语，所以称之为"领主

属宾句"。① 领主属宾句并不都是主事后现句,如果动词是及物动词,则句中动词和作主题的句首名词具有"施动关系",动词后的宾语分析为受事宾语,如"他移动了一下身体"、"小王抚摸着自己的手背"中的"身体、手背"就是。如果动词是不及物动词或形容词,则后面的名词在句法上可分析为主事宾语,在语义上就是主事后现。在这种主事后现的句子里,N_2 具双重的语义身份(兼格):对 N_1 而言,它是属事;对 V 而言,它是主事。

$N_{1领}＋V＋VN_{2属}$ 格式里不及物动词构成的主事后现句很多。例如:

(19)王冕七岁上死了父亲。

(20)祥林嫂死了当家人。

(21)他来了三个客人。

(22)他流着眼泪。

(23)他动着嘴唇,却没有作声。

(24)这张桌子断了一条腿。

形容词在 $N_{1领}＋V＋VN_{2属}$ 格式里构成的主事后现句的也不少。例如:

(25)二小姐苦着脸。

(26)我红着脸,不敢回答一句话。

(27)华大妈黑着眼眶,笑嘻嘻的送出茶叶来。

(28)她硬着心肠把孩子扔了。

上面这些 $N_{1领}＋V＋VN_{2属}$ 式里的主事后现句跟"$N_{1处所}＋$

---

① 参看郭继懋(1990)《领主属宾句》,《中国语文》第 1 期。但我们这里所说的"领主属宾句"的范围比郭继懋说的范围要大一些。

V＋N$_{2名物}$"式的主事后现句有共同处,表现为:都是 N$_1$＋V＋N$_2$格式;V 都是不及物动词或形容词,N$_2$ 都是表示主事的名词性词语,所以都是主事后现句;N$_1$ 都是句子的主题,V＋N$_2$ 都是句子的述题。但它们跟存现句中的主事后现句也有不同之处。N$_{1领}$＋V＋N$_{2属}$式的主事后现句有如下一些特点:

1)这类句子的语用结构是:N$_1$ 是主题,V＋N$_2$ 是述题。语用意义是:语用意义是述题表述句首主题所指称的人或事物发生(或遭遇)的情况或状态;而"N$_{1处所}$＋V＋N$_{2名物}$"式的主事后现句的语用意义是述题表示某处(或某时)存现着何种事物并以何种方式和状态存现着。从这个意义上说,后者称作"存现句",前者(领主属宾句)可称作"发生句"。

2)N$_{1领}$＋V＋N$_{2属}$式的主事后现句的 N$_1$ 表事物(多数表人)却不是表处所(或时间);V 是不及物动词或形容词,表示动作或性状,V 后一般要附着"了"或"着";N$_2$ 是具体名词,表示有生命或无生命具体物。

3)这类主事后现句的 N$_1$ 和 N$_2$ 之间在语义上有领属关系,即 N$_2$ 属于 N$_1$:N$_2$ 或是 N$_1$ 的亲属或具有一定社会关系的人(如"友人、客人"之类),如例(19)、(20)、(21);或是表示 N$_1$ 所领有的事物,如例(22)、(23)、(24);或是表示 N$_1$ 所领有的一部分,如(25)至(28)。由于这种主事后现句的 N$_1$ 和 N$_2$ 之间有领属关系,所以"N$_{1领}$＋V＋N$_{2属}$"式可变换成"N$_{1领}$的 N$_{2属}$＋V"式,如:

　　A.祥林嫂死了当家人。→祥林嫂的当家人死了。

　　B.二小姐苦着脸。→ 二小姐的脸苦着。

而"N$_{1处所}$＋V＋N$_{2名物}$"式的主事后现句是不能作如此变换的。

4)这类主事后现句的 V 和 N$_1$ 之间不发生直接的句法关系或

语义关系，N_1 和 V 不能组合成主谓关系或施动关系，如"这张桌子断了一条腿"不能说"这张桌子断了"，"王冕死了父亲"不能说"王冕死了"（因为是"王冕的父亲死了"）。①

5）这类主事后现句的名词 N_2 表示发生某种动作或状态的事物（包括有生命的或无生命的）。N_2 这种名词在句法上是宾语，在语义上是不及物动词所表动核所联系的主事，其中有的是不及物动作动词（如"走、跑、飞、飞走"等）所表动作的施事。例如：

（29）老王飞走了一只鸽子。

（30）他跑了媳妇走了娘。

有的是不及物状态动词（如"死、伤、瞎、聋、断、丢、掉、塌、倒、遗失、落掉、牺牲、倒闭"等）所表状态的系事。例如：

（31）张明掉了一块手表。

（32）老孙头瞎了一只眼。

有的是形容词（如"红、黑、白、歪、斜、苦、硬、弯、直"等）所表性状的系事。例如：

（33）他饿着肚子，硬挺着继续工作。

（34）吴维懿弯曲着腰，去拾地上的东西。

6）这类主事后现句的述题表示句首主题所指称的人或事物发生（或遭遇）的情况。句子里作为领有者的主题一般是有定的，所以作为隶属者的主事宾语一般也是有定的，如"他跑了媳妇走了娘"里，由于"他"是有定的，N_2 主事"媳妇"和"娘"是指"他的媳妇"和"他的娘"，显然也是有定的。

还有一种句子和上面（19）至（34）的例句有点不太一样，例如：

---

① "王冕死了"虽能构成主谓关系，但意义变了，不合原句意义。

(35)北大来了三十个学生。

(36)我们倒塌了二十间（房）。

这种句子跟上面"他来了三个客人"、"这张桌子断了一条腿"之类句子的差别是：前者 N_1 为表机构团体的名词（如"北大"）或代名词（如"我们"），后者 N_1 是表某个个体事物的名词（桌子）或代名词（如"他"）。但是这种句子的 N_1 和 N_2 之间也存在着领属关系，(35)里 N_2"三十个学生"是隶属于 N_1"北大"的，(36)里 N_2"二十间房"是隶属于 N_1"我们"的，所以也可以看作为"$N_{1领}＋V＋N_{2属}$"式的主事后现句。

值得注意的是，有些句子可能会有不同的理解，例如：

(37)动物园逃走了一头老虎。

(38)图书馆遗失了许多善本书。

这种句子里作主题的 N_1 是个机构名词。这种机构名词在一种情况下跟具体事物名词相同，如都可以前加数量词语限定（比如"三个人"、"五个苹果"、"三个动物园"、"五个图书馆"）；在另一种情况下跟处所名词相同。比较：

(37')动物园里逃走了一头老虎。

(38')图书馆里遗失了许多善本书。

(37)、(38)跟(37')、(38')比较，基本意义似乎差不多。但在语用上是有区别的：(37)、(38)属于领主属宾句，旨在表述"动物园"、"图书馆"所领有的事物发生（或遭遇）的情况或状态；(37')(38')属于存现句，旨在表述"动物园里"、"图书馆里"存现的情况（这两句表示某处消失了某事物，即存现句中的消失句[1]）。

---

[1]　存现句可以下分三类：出现句、存在句、消失句。

3. "主宾同指句"中的主事后现句

这种句子中句首作主语或主题的名词和动词后的作宾语的名词所指称的事物相同,可以称为"主宾同指句",可记作"$N_{1(同后名)}$＋V＋$N_{2(同前名)}$"。在这种句子里,如果动词是及物动词,则句中动词后的宾语分析为受事宾语,如"五个苹果吃了三个(苹果)"中的"三个(苹果)"就是。如果动词是不及物动词,则后面的名词在句法上可分析为主事宾语,在语义上就是主事后现。

"$N_{1(同后名)}$＋V＋$N_{2(同前名)}$"格式里不及物动词构成的主事后现句的实例:

(39)四个客人来了三个。

(40)十个俘虏逃走了九个。

(41)十个指头伤了三个。

(42)八只碗碎了三只。

(43)五筐苹果烂了一筐。

(44)六间房倒塌了三间。

这类句子的特点是:

1)N_1 和 N_2 都是"数量名"组合,作宾语的"数量名"组合通常省略或隐含一个和 N_1 同指的名词,如(39)中的"三个"是指"三个客人",(40)中的"九个"是指"九个俘虏"。

2)N_1 和 N_2 指称同一事物,但有数量上多少或大小的差别:二者相比,N_1 大于(或多于)N_2,即 N_1 为多量(或"量大"),N_2 为少量(或"量小")。如(39)中"四个客人"多于(或大于)"三个(客人)",(42)中"八只碗"多于(或大于)"三只(碗)"。可见这种句子

里 N_2 是 N_1 的一部分，①这种类型的"N_1+V+N_2"句式可变换成"N_1+ 有 N_2V"句式，例如：

　　A. 四个客人来了三个。→四个客人有三个来了。

　　B. 五筐苹果烂了一筐。→五筐苹果有一筐烂了。

3）这类句子里的 N_1 和 V 在句法上不能构成主谓关系，在语义上不能构成施动关系，如（39）是"三个客人来了"，而不是"四个客人来了"（虽然"四个客人来"本身是主谓关系和施动关系，但放在句子里意义改变了）。

4）V 一般是表示位移的不及物动作动词，如"来、去、走、跑、逃走、飞、到"等，后面带的是表示施事的名词语；也有些是表示活动状态的动词，如"碎、烂、断、倒、倒塌"等，后面带的是表示系事的名词性词语。

5）这类句子的语用特征是：N_1 是主题；$V+N_2$ 是述题。语用意义是：述题表述 N_1 所指称的一定数量的事物里有部分事物发生（或遭遇）的情况或状态。

归入"主宾同指句"的还可以有这样一些句子：

（45）这旅店十个客人走了三个。

（46）他五间房塌了三间。

表面上看，这种句子句首多出了一个名词（或代名词），但由于句首两个名词词语之间存在着领属关系（上例实际表示"这旅店的十个客人"、"他的五间房"），而在 N_1 和 N_2 之间存在着"同指"关系：（45）中的 N_1 和 N_2 都是指称"客人"，（46）中的 N_1 和 N_2 都是指称

---

　　① N_2 和 N_1 是整体和部分的关系，属于广义的从属关系。但是领主属宾句中 N_2 和 N_1 是不同的事物，而这种句子里 N_2 和 N_1 是相同的事物，所以我们不把这种句子归入领主属宾句的施事后现句。

"房";所以还是属于"主宾同指句"。(45)、(46)这类句子假如删去"数量名"组合,动词后补出名词,就成为"这旅店走了三个客人"、"他塌了三间房",这就变成为领主属宾式的主事后现句。

归入"主宾同指句"的还可以有这样一些句子:

(47)[昨天开联欢会,]学生来了五十个,老师来了五个。

(48)[洗碗不小心,]碗碎了三只,碟子碎了五只。

表面上看,这种句子里作主题的 N_1 不是"数量名"组合,而是一个表示统称或泛指的光杆名词。在这样的句子里,N_1 和 N_2 之间也存在着"同指"关系:(47)前一小句中的 N_1 和 N_2 都是指"学生",后一小句中的 N_1 和 N_2 都是指"老师";(48)前一小句中的 N_1 和 N_2 都是指"碗",后一小句中的 N_1 和 N_2 都是指"碟子";所以还是属于"主宾同指句"。

4. "供动句"中的主事后现句

供动句的基本格式是:"数量短语(或"指量短语")+动词+数量短语",可记作"$N_{1指(数)量名}$+V+$N_{2数量名}$"式。这类句子的语用意义是:述题表述 N_1 所指称的事物"供"(或"让")多少人使用,即语用上有"供让关系",所以这种主事后现句可以称之为"供动句"(或称"供让句")。这种主事后现句是汉语里一种很有特色的句子。有些及物性的动作动词能构成这样的句子,先看例句:

(49)一锅饭吃了十个人。

(50)这杯水喝了三个人。

(51)这一件衣服穿了三代人。

(52)一匹马骑了两个人。

(53)这一场电影看了两千人。

(54)这本书读了五个人。

这类主事后现句的特点是：

1)N$_1$ 必须是"数＋量＋名"短语（如"一锅饭"），或"指＋量＋名"短语（如"这杯水"），或"指＋数＋量＋名"短语（如"这一件衣服"），所以记作"N$_{1指（数）量名}$"；如果 N$_1$ 是光杆名词，就不能构成这样的句子（如"饭吃了十个人"不能成立）。N$_2$ 必须是"数＋量＋名"短语（如"十个人"、"三代人"）；如果是光杆名词，在多数情况下同样不能构成这样的句子（"一锅饭吃了人"也不能成立）。①

2)这类句子的语义结构是：句中动词是及物动作动词（如"吃、喝、穿、看、骑"等），N$_1$ 一定是受事，V 后常附有"了"，N$_2$ 必须是施事，构成"受事$_{指（数）量名}$＋动作＋施事$_{数量名}$"句。有些句子虽也是"数量名＋动词＋数量名"结构，但由于语义上 N$_1$ 不是受事，也就不属于这类句子，如"三块钱买了五斤苹果"、"十个俘虏逃走了九个"之类便是。"受事$_{指（数）量名}$＋动作＋施事$_{数量名}$"式的主事后现句可以变换成"施事$_{数量名}$＋动作＋受事$_{指（数）量名}$"主动句，例如：

A.一锅饭吃了十个人。→十个人吃了一锅饭。

B.一匹马骑了两个人。→两个人了骑一匹马。

值得注意的是有的句子可能会有歧义，如"两只老虎吃了一头狮子"，既可以理解为"两只老虎让一头狮子吃了"，也可以理解为"两只老虎把一头狮子吃了"，真实句意如何，当看篇章里的上下文

---

① 有些 N$_2$ 是光杆名词也可成立，如"这匹马骑人，那匹马驮东西"。这种句子一般出现在对称的句子里。

而定。

3)这类句子的语用特征是:N₁是主题;V＋N₂是述题。语用意义是:述题表述 N₁ 所指称的事物"供"(或"让")多少人使用,即语用上有"供让关系"。句子的焦点是 V 后的数量名。

4)这种供动句的 V 前常可加上"能、可以"之类助动词,表示评议,如"这锅饭能吃十个人"、"这匹马可以骑两个人",就是"这锅饭能供十个人吃"、"这匹马可以供两个人骑"的意思。这种表示评议的主事后现句中动词 V 后一般不加"了"。

值得注意的是:某些不及物动词在一定的条件下有时也能构成"N₁指(数)量名＋V＋N₂数量名"格式中的主事后现句,例如:

(55)这辆车坐了五个人。

(56)一张大床睡了四个人。

(57)这台跑步机能同时跑两个人。

(58)这间屋子可住三个人。

这种句子也是具有"供让关系"的主事后现句,具备着及物动词构成的"供让关系"的主事后现句的绝大部分特点,但也有自己的特点,主要是 N₁ 的受事性比较弱(有带有处所或工具意义的痕迹),N₁ 不妨看作"准受事",①这类句子可以变换成"N₂数量名＋在 N₁指(数)量名＋V",例如:

A.这辆车坐了五个人。→五个人在这辆车上坐了。

B.一张大床睡了四个人。→四个人在一张大床上睡了。

_____

①　不及物动词一般不能带受事宾语,但在"坐车"、"睡大床"这样的结构里,"车、大床"是不及物动作动词"坐"的客体,与受事接近;但为有别于及物动作动词所支配的受事,可分析为"准受事"。

5.“两面性动词句”中的主事后现句

现代汉语中有一类及物动词是“两面性的”,主语跟宾语可以互换,意思上没有大的差别,如“大饼夹着油条”也可以说成“油条夹着大饼”、“人盖着被子”和“被子盖着人”意思也差不多。(丁声树,1961)这种动词可以称之为“两面性动词”。由两面性动词作谓语中心词构成的主事后现句称之为“两面性动词句”,可记作“$N_1 + V_两 + N_2$”。例如:

(59)老人在晒太阳。

(60)他们淋着雨了。

(61)在海边种地的人终日吹着海风。

(62)他盖着厚厚的被子。

这类主事后现句有如下一些特点:

1)这类句子中的 V 是及物动词,但能在这种句子里作谓语动词的不多,只有“晒、淋、吹、盖、夹”等有限的几个。说它具有两面性,只是因为“及物动词＋名词”一般都是“动作＋受事”,如“吃饭”不能说成“饭吃”;但是这类动词后带名词可以很自然地构成“动作＋施事”,如“晒太阳”、“淋雨”、“吹风”等,似乎已经带有熟语性。另外,这类动词常常可以“主宾互换”(或者说句子可以“互相变换”)组成意思相同的两种句子,例如:

A.老人在晒太阳。→太阳在晒老人。

B.他们淋着雨了。→雨淋着他们了。

一般人如果不去追究,往往不知这类动词所联系的两个名词哪个是施事哪个是受事。但实际上这类动词所联系的施事和受事还是分得清楚的,①这可以用"被"字句检验,即"$N_1+V_两+N_2$"式的主事后现句中的 N_1 都可以出现在"被"字句的句首作主语,N_2 在"被"后作宾语;相反 N_2 不能作"被"字句的主语,N_1 不能作"被"后宾语。例如:

A. 老人被太阳晒得皮肤黝黑。/ ＊太阳被老人晒。

B. 他们被雨淋着了。/ ＊雨被他们淋着了。

C. 在海边种地的人终日吹着海风。/ ＊海风被在海边种地的人终日吹着。

2)句中的 N_1 大多是指人的名词性词语,但也有指物的名词性词语,如"油条夹着大饼"中的"油条"。N_1 在句法上可分析为主语,在语义上可分析为句中动词的受事,在语用上可分析为主题。

3)句中的 N_2 一般是指物的名词性词语,是动词所联系的施事。

4)这类句子的语用特征是:N_1 是主题,$V+N_2$ 是述题,N_2 是句子的常规焦点。语用意义是述题表述 N_1(多数是指称人)发生(或遭遇)着某物所施加的行为活动。

6. 非主谓句中的主事后现句

有一些非主谓句的主事后现句,其格式是:"动词＋名词",可记作"V＋N"式。例如:

(63)下雨了!

---

① 从这个角度说,这类动词也很难说成严格意义的"两面性动词"。

  （64）出太阳了。

  （65）刮风啦！

  （66）下大雪啦！

这些主事后现句的特点是：

  1）动词前通常无名词性词语，句中的 V 大多属于不及物动词，①动词后的名词表示大自然的事物（"雨、雪"之类），句末一般附着语气词（如"了"或"啦"等）。这种句子主要用来说明（或告示）发生或出现了某种自然现象。

  2）这类句子如果在动词前加上表处所或时间名词性词语，在结构上就跟"$N_{1处所}＋V＋N_{2名物}$"式存现句一样，如"晚上下雨了"、"山里下大雪啦"等。但上边这类句子不能也不需补出 N_1，是一种 V＋N 句式。②

  还有一些非主谓句也是主事后现句，例如：

  （67）他在门口喊着：来客人啦！

  （68）来人哪！救命啊！

这类句子有的用于简洁地直陈某件事情，如（67）；有的用于急促的祈使，如（68）。用于简洁地直陈某件事情的非主谓式主事后现句一般可以变换成主谓句，如"来客人啦！"可以说成"客人来啦！"。这种句子动词前面如果加上一个处所名词，也可以变成存现句或领主属宾句，如"来客人啦！"可以说成"家里来客人啦！"、"我家来

---

  ①　"刮风啦"中的"刮"是及物的还是不及物的可能有争议，如"大风刮倒了大树"中的"刮"似乎是及物动词。

  ②　这类句子要跟存现句里的省略句"V＋N"式区别开来，如"1945 年，村上发生水灾，死了十多个人"，这句的动词"死"前承上省略 N_1，属存现句。单说"死了十多个人"是不能成立的。

客人啦!"、"我来客人啦!"。由于(67)这个主事后现句用于特定的语境,所以不能说它是省略 N_1 的省略句,可见它还是不同于存现句或领主属宾句的。用于急促的祈使的非主谓式主事后现句一般不可以变换成主谓句,如"来人哪! 救命啊!"不能说成"人来哪! 救命啊!",这种句子动词前面一般不可能再加上名词,也不可以变成存现句或领主属宾句,如"来人哪! 救命啊!"一般不能说成"这里来人哪! 救命啊!"、"你们人来哪! 救命啊!"

有一种句子很像非主谓式主事后现句,例如:

　　(69)来杯茶!

　　(70)再来瓶啤酒!

这种句子虽然也是"V＋N"式非主谓句,但是动词后的名词不能分析为主事,这是因为:第一,"人来"可说,但是"茶来"、"酒来"是不能成立的;第二,这种句子里的"来"含有"拿来"的意思,如(69)和"拿杯茶来"基本意思相同,(70)和"再拿瓶啤酒来"基本意思相同。之所以用(69)、(70)这种简洁明快的形式,那是语用上省力表达的需要。

7. "使动句"中的主事后现句

这种句子的格式是:"名词＋形容词＋名词",可以记作"N_1＋$V_形$＋N_2"式。这种句子是表示 N_1 致使 N_2 发生或出现 $V_形$ 所表示的情状。一般称之为"使动句"或"致使句"。例如:

　　(71)生活困难苦了这两个孩子。

　　(72)是我不好,我累了你。

(73)泪水模糊了她的眼睛。

(74)我辛苦你了。

(75)从此我不再仰眼看青天，不再低着头看白水，只谨慎着我双双的脚步。

(76)他们丰富了社区的文化生活。

这类主事宾语句的特点是：

1)句子的 N_1 在句法上可以分析为主语，在语用上可以分析为主题；形宾短语"$V_形＋N_2$"在句法上是谓语，在语用上是述题。N_2 在句法上可分析为宾语，在语义上可分析为主事。①

2)由于 N_2 是 $V_形$ 的主事，整个句子具有表述"N_1 使 N_2 发生或出现 $V_形$ 所表示的情状"的意义，所以这种句子可以变换成"使"字句。例如：

A.我累了你。→我使你累了。

B.他们丰富了社区的文化生活。→他们使社区的文化生活丰富了。

3)在一定的语境里，为了表达的需要，这种句子有时可以省略 N_1，如"辛苦你了"、"便宜他了"、"真急人"、"麻烦你了"等。

4)这种句子里的形容词跟宾语之间有时带有助词"了"，但一般不用"着"。有时也有形容词带上补语以后再带宾语，即形容词短语带宾语的情形，例如：

(77)这三个月，急坏了 S，苦坏了孩子，累坏了我。

(78)他们瘦得了我的肉，可瘦不了我的骨。

---

① 也可以分析为"主事"和"使事"兼格。

8. 余言

现代汉语里主事后现句(或称"主事宾语句")跟受事宾语句(谓语动词后带有受事宾语的句子)比较,在数量上少得多;但它并不是个别的,也有相当的数量,而且还可分为若干类。如果根据主事的下位语义性质分类,可以分为两大类:施事后现句和系事后现句,前者主要是不及物动作动词构成的主事后现句,后者主要是不及物状态动词和形容词构成的主事后现句。如果根据谓词的句法性质分类,可以分为三类:不及物动词构成的主事后现句、及物动词构成的主事后现句、形容词构成的主事后现句。如果根据谓词的语义特征分类,可以分为动作谓词构成的主事后现句,状态谓词构成的主事后现句、性质谓词构成的主事后现句。如果根据语用意义来分类,可以分为用作存在句的主事后现句,用作出现句的主事后现句,用作消失句的主事后现句,用作发生或遭遇的主事后现句,用作供动句的主事后现句,用作"使动"的主事后现句等。

主要参考文献:

陈建民(1986)《现代汉语句型论》,语文出版社。

丁声树等著(1961)《现代汉语语法讲话》,商务印书馆。

范方莲(1963)《存在句》,《中国语文》第 5 期。

范 晓(1983)《关于形容词带宾语问题》,《汉语学习》第 5 期。

范 晓(1989)《施事宾语句》,《世界汉语教学》第 1 期。

范 晓(1991)《及物动词和不及物动词的区分和再分类》,《中国语言学报》,商务印书馆。

范 晓(1991)《试论语义结构中的主事》,《中国语言文学的现代思考》,复旦大学出版社。

范 晓(1998)《汉语的句子类型》,山西书海出版社。

范 晓(2003)《说语义成分》,《汉语学习》第1期。

范 晓、张豫峰等(2003)《语法理论纲要》,上海译文出版社。

郭继懋(1990)《领主属宾句》,《中国语文》第1期。

黄伯荣、廖序东主编(1985)《现代汉语》,甘肃人民出版社。

胡裕树主编(1981)《现代汉语》(增订本),上海教育出版社。

李临定(1986)《现代汉语句型》,商务印书馆。

吕叔湘(1955)《从主语宾语的分别谈国语句子的分析》,《汉语语法论文集》,
　科学出版社。

刘月华等编(1983)《实用现代汉语语法》,北京语言学院出版社。

孟 琮等编(1987)《动词用法词典》,商务印书馆。

易洪川(1997)《汉语口语里的一种施事宾语句》,《语言教学与研究》第4期。

第十二章　动介带宾句[*]

本章所说的动介带宾句,是指现代汉语里词语的线性排列顺序为"名词性词语＋动词＋介词＋名词性词语"的这样一种句式。例如:

(1)运动员跑到操场。

(2)我们飞往广州。

(3)时代正奔向二十一世纪。

(4)孩子掉在河里。

(5)他们来自农村。

(6)王若英出身于上海。

(7)霜叶红于二月花。

(8)文章已经寄给报社。

这些实例中的"运动员、我们、时代、孩子、他们、王若英、霜叶、文章"都是名词性词语(包括代名词),"跑、飞、奔、掉、来、出身、红、寄"都是动词(这里指"广义动词",包括一般语法书上所说的动词和形容词),"到、往、向、在、自、于、给"一般语法书都看作

＊　关于动介组合体配价的有关观点,曾在《动介组合体的配价问题》(发表于《营口师专学报》1987 年第 1 期,又收入《现代汉语配价语法研究》第二辑,北大出版社,1998 年 7 月)一文中论述过。

介词,[①]"操场、广州、二十一世纪、河里、农村、上海、二月花、报社"都是名词性词语。如果把名词记作 N,动词记作 V,介词记作 P,那么"名词性词语＋动词＋介词＋名词性词语"可记作"N_1＋V＋P＋N_2"式。[②]

1. 动介带宾句的句法分析

1.1 "N_1＋V＋P＋N_2"句法上的层次关系

在"N_1＋V＋P＋N_2"这种结构句法层次问题上,一般认为这种句子是主谓句,所以第一层次切在主语和谓语之间,也就是切在 N_1 和"V＋P＋N_2"之间。但对于"V＋P＋N_2"的层次,语法学界有不同的看法,主要有两种观点:

一种认为:"V＋P＋N"的句法层次是"V＋PN",PN 为介词结构(或介词短语),在动词后作补语,"V＋PN"为动补结构(也称述补结构)。五十年代制定的"暂拟系统"及根据该体系编写的语法教材都是这样分析的。目前大多数语法教科书仍沿用着这样的分

---

① 说动词后的"到、往、向、在、自、于、给"是介词。这是沿用一般语法书的说法。实际上,这些词在汉语历史上大多曾经是动词;现代汉语里有的词如果能带宾作主谓句的谓语中心词,也还是动词;如果带上宾语出现在动词之前,一般分析为介词。至于这种介词置于动词后带宾语(构成"VP＋N"式),这个 P 在形式上和动词之前的介词是一样的,但从语法意义来说就有点不一样:介词带宾语的语法意义是说明动作发生的处所,VP 带宾语的语法意义是表示动作达到或锁定的位置("定位"),所以这个 P 似可看作定位标记,称它为"定位助词"也不是不可以。考虑到现在通行的看法,这里暂且还是称作介词。

② 及物动词组成的动介带宾句一般有两个宾语,一个是动词的宾语(常用"把"字引导置于动词之前),一个是"动介"所带的宾语。如"他把文章寄给了杂志社",或把动词的宾语置于句首作为全句的主题,如"那篇文章他已经寄给了杂志社。"参看本章的"余言"。

析法。^①

另一种认为："V＋P＋N"的句法层次是"(V＋P)＋N"，介词P附着在动词后边"构成一个整体，相当于一个动词"，"V＋P"后的N看作VP的宾语。持有这种观点的可以以胡裕树主编的《现代汉语》为代表。也有人干脆把"VP＋N"分析为"动介复合词带宾语"。(蒋同林1982)

本章认为，把"V＋P＋N"的句法层次关系分析为"(V＋P)＋N"(简称为"VP＋N")是比较恰当的。

为什么这样分析？前人已经有所解释：赵元任(1979)认为介词P在动词后一般读轻声，VP中间不能停顿，也不能插入别的词，所以P是V的"后附"成分。胡裕树(1987)认为：在语音上，"V＋P＋N"中的停顿在介词之后；如果加上动态助词，要加在介词之后；在并列格式里，动词后边的介词一定要重复出现；分析为介词结构作补语，意义上讲不通；有些介词用与不用，意思一样。蒋同林(1982)说VP表现为"一个最小的语音节拍群，可以整体重复，有一些时态变化，不能任意拆开和扩展，并且还具有综合性的整体意义"。他们的这些见解都有相当的说服力。

1.2 "N₁＋(VP)＋N₂"中语法单位VP的性质

对于VP(动词＋介词)属于何种语法单位？学界有不同的看法：一种认为VP在词汇上是两个词，即"动词＋介词"；另一种认为VP在词汇上是一个词，动词介词已经演变为一个词的两个词

___
① 八十年代制定的《中学教学语法系统提要》对"V＋P＋N"的分析沿用"暂拟系统"，因此，根据该"提要"所编的许多教材和参考书也沿用着这样的分析法。

素,称之为"动介复合词"。我们认为,把 VP 看作都是"动介复合词"(一个词)的观点,或把 VP 看作都是"动词＋介词"(两个词)的观点,似乎都绝对化了,实际情况是:并不是可以简单地"一刀切"的。

从语言事实来看,VP 在汉语历史上曾经是"动词＋动词"或"动词＋介词",经过演变,在现代汉语里有些 VP 的确已成为复合词,例如"等到、达到、倾向、属于、等于、合于、献给"等便是。然而对大多数 VP 而言,只能说是一个动词和介词组合成的结构体,简称"动介组合体",虽然它们在语法结构里的功能相当于一个动词,但是很难说在词汇里已成为"复合词",例如下面的 V＋P(VP)便是。

V 在:坐在、落在、走在、死在、挂在、发生在、站立在、奔驰在、栽倒在、吃在、打翻在、倒在、安排在、拜倒在……

V 到:走到、跑到、飞到、拾到、挂到、落到、航行到、追赶到、飘落到、普及到、推广到……

V 向:飞向、流向、滚向、飘向、杀向、射向……

V 往:送往、派往、飞往、开往、逃往、寄往……

V 自:寄自、选自、摘自、译自、抄自、转引自……

V 于:相当于、接近于、毕业于、落后于、献身于、集中精力于……

V 给:打给、写给、奉献给、赠送给、贡献给、传送给……

上述这些 VP,还不好说成复合词。如果一个动词加上介词就成为复合词,则这类复合词多得不可胜数。一般说,复合词可以进入语文词典,但上述那种多得不可胜数的 VP 是不可能全部当作词收入语文词典的①。

"到、在、往、向、给、自、于"等介词,绝大多数来源于古汉语里的动词。在现代汉语里置于动词后时,在不少情况下还保留着动词的痕迹。这可从下面两点看出来。

第一,某些 VP 可拆开变成动词连用式

有些"把 N_1＋VP＋N_2"结构可变换成 $V_1 N_1 ＋ V_2 N_2$,例如:

(9)他把船摇到湖心。(VP 为"摇到")

把船摇到湖心→摇船到湖心

(10)我把礼物送给他。(VP 为"送给")

把礼物送给他→送礼物给他

(11)老李把那幅画挂在墙上。(VP 为"挂在")

把那幅画挂在墙上→挂那幅画在墙上

这类格式里的动词一般是及物动作动词。

第二,有些"N_1＋VP＋N_2"在隐层一般含有两个动核结构。例如:

(12)苹果落在地上。→苹果落＋苹果在地上(VP 为"落在")。

(13)他走到操场上。→他走＋他到操场上(VP 为"走在")。

(14)飞机飞往广州。→飞机飞＋飞机往广州(VP 为"飞往")。

(15)(他去了北京),我追到南京。→我追[他]＋我到南

---

① 当然也不排除有些动介组合体可能逐渐凝固为一个复合词,这是因为语法现象在使用过程中是不断发展、变化的。一旦 VP 成为复合词,就可进入语文词典。

京（VP 为"追到"）。

含有两个动核结构"N_1＋VP＋N_2"里，显现动核结构时，P 实际上转化为动词了，如上面的"苹果在地上"、"他到操场上"、"飞机往广州"、"我到南京"等动核结构里，"在、到、往"等，表示动核的就是动词。但有许多"N_1＋VP＋N_2"结构不能分化为两个动核结构（如"这段话转引自《人民日报》社论"、"他毕业于清华大学"之类），这表明有些动词后的 P 本来是介词，或本来是动词，现在已彻底虚化，取得了介词的资格。

从上面的分析表明：大部分 VP＋N_2 结构从来源看是 V_1V_2＋N 结构，这跟"走进教室"、"爬上山冈"之类的动趋式和"打败敌人"、"学会外语"、"抓住老鼠"之类的动结式在 V_1V_2＋N 的层次结构上是相似的。如果说"走进"、"爬上"、"打败"、"抓住"之类是具有"使成"义的"使成式"（王力 1944）；那么"摇到"、"挂在"、"落在"之类从来源上看来似乎也是一种"使成式"。区别只在于：（1）"走进"、"爬上"之类表示动作的趋向，使动作的施事或受事趋向于某处所，"学会"、"打败"之类表动作的结果，使动作的施事或受事得到或成就某种结果；而"落在"、"摇到"之类表动作的定位，使动作的施事或受事达到某个位置或所在（包括空间、时间、方面、目标等）。（2）动趋式、动结式的内部可插入"得/不"表可能或不可能，而动介式则不可能。（3）动趋式、动结式有少数也演化成了复合词，如"呈上"、"提出"、"指出"、"看见"、"革新"、"改良"等，但大部分还是 V_1＋V_2，即主要动词后面的动词仍是动词；有些 V_2 也在开始虚化，如"抓住"、"找着"、"碰到"、"考上"中的"住、着、到、上"便是（有的已经虚化为虚词，有的还在演变成虚词的过程中）；而"落在"、"摇到"之类中的动介式里，V_2 已演变为介词（虽然演变的程度不完全相同:有的已完全虚化,有的还带有动词的痕迹)。

　　语言是不断发展的,在发展过程中,某些动趋式或动结式的短语会演变成复合词。同样,有些原来不是复合词的动介组合体 VP 也可能逐渐演变转化为复合词,比如"大于"、"小于",原本和"高于"、"红于"、"绿于"一样,只是"动词+介词"(形容词广义上也是动词)但由于在数学里经常使用"大于"、"小于"现在已实际上成为复合词,进入语文词典。

　　1.3　"N_1+(V+P)+N_2"的句法成分分析

　　学界在对"N_1+VP+N_2"这种结构进行句法分析时,一般把 N_1 分析为主语,把"VP+N_2"分析为谓语,认为这种句子的句型是主谓句。但是对作谓语的"V+P+N_2"之间的句法成分关系却有分歧观点,主要有两种观点:

　　一种认为:"V+P+N_2"中,P 是介词,N_2 是介词所带的宾语,"P+N_2"为介词结构(或介词短语),置于动词后作补语,"V+(P+N_2)"为动补结构(也称述补结构)。

　　另一种认为:"V+P+N_2"中,P 是介词,附着在动词后组合成一个整体(动介组合体),相当于一个动词(或认为是"动介复合词");N_2 分析为"V+P"所带的宾语。

　　本章倾向于第二种观点,即认为 N_2 是 VP 的宾语。理由主要是:一是 P 是附着在动词上的,V+P 是一个动词性的结构体;二是"V+P+N_2"的句法层次关系为"(V+P)+N_2"(简称为"VP+N_2");三是如果承认 V+P 是一个动词性的结构体,则 N_2 在动词或动词性的结构体后面只能分析为宾语。所以"N_1+VP+N_2"是述宾短语作谓语的主谓句。以"苹果落在地上"为例,句法分析可以图示如下：

2. 动介带宾句的语义分析

2.1 "N₁＋(VP)＋N₂"中 VP 的语义配价

2.1.1 VP 的"价"分类

动词有"价"的分类，在现代汉语里有一价动词、二价动词、三价动词之区分。相当于动词的动介组合体 VP 同样有"价"的分类。从动介组合体 VP 所联系着的动元（VP 组成动核结构时所联系着的强制性语义成分）的数量来看，VP 可以分为以下两类：

第一类，二价 VP

二价 VP 是联系着两个动元的 VP，比如 VP"住在"，要回答"谁住"和"住在哪儿"的问题，所以联系有两个动元，便是二价动介组合体。二价 VP 的实例如：

V 在：生在、住在、落在、跑在、坐在、走在、躺在、睡在、掉在、留在、停在、昏在、倒在、团聚在、飞驰在……

V 到：落到、漂到、走到、跑到、逃到、飞到、游到、进入到、逃跑到、飘落到……

V 往：跑往、飞往、逃往……

V 向：走向、飞向、跑向、奔向、冲向……

V 自：来自、来源自……

V于：在于、死于、重于、轻于、高于、红于、精通于、毕业于、落后于、趋向于、献身于、服务于、埋头于、集中精力于……

第二类，三价VP

三价VP是联系着三个动元的VP，比如VP"放在"要回答"谁放"，"放什么"和"放在何处"的问题，联系有三个动元，所以是三价动介组合体。三价VP的实例如：

V在：放在、藏在、射在、写在、画在、涂在、穿在、搁在、记在、寄存在、铭记在、限制在、保持在……

V到：放到、写到、画到、挂到、贴到、抬到、送到、派到、塞到、吃到、安放到、寄存到、搬迁到、护送到、落实到、移栽到……

V往：迁往、运往、派往、寄往、送往、开往……

V向：扔向、抛向、踢向……

V自：寄自、选自、译自、摘自、转引自……

V于：放于、写于、画于、作于、藏于……

V给：交给、寄给、打给、写给、传给、送给、贡献给、传递给、遗留给、分发给、奉献给、赠送给……

2.1.2　VP的"价"类与VP内部组成成分的关系

VP的"价"类跟VP内部的组成成分"V"和"P"都有关系，大体上有以下规则：

1）如果VP中的V是不及物的动作动词，则VP必是二价的动介组合体，例如：

住在、躺在、走到、跑到、飞向、逃往、毕业于、服务于……

2）如果VP中的V是不及物的性状动词，则VP必是二价的动介组合体，例如：

掉在、瘫痪在、出现在、散落在、陶醉在、倒在、飘荡在……

3）如果 VP 中的 V 是趋向动词，则 VP 必是二价的动介组合体，例如：

回到、进到、进入到……

4）如果 VP 中的 V 是形容词，则 VP 必是二价的动介组合体，例如：

红于、高于、轻于、精通于、有得于……

5）如果 VP 中的 V 是个动补短语或动宾短语，则 VP 也是二价的动介组合体，例如：

跌倒在、醉倒在、浮起在、走回到、集中精力于、寄希望于……

6）如果 VP 中的 V 是及物性的动作动词：则有些 VP 是二价的动介组合体，大多数是三价的动介组合体。二价的例如：

打到、写于、画于、选自、译自……

三价的动介组合体例如：

写在、挂在、摆到、放到、搬到、扔向、射向、派往……

7）介词"给"附着在动词后构成的 VP 必是三价的动介组合体，例如：

传递给、赠送给、贡献给、转交给、分发给……

从以上规则可以看出，VP 的配价和 VP 中 V 的配价有的一致，有的并不一致：一致的如"传递给、赠送给、贡献给、转交给、分发给"等三价的动介组合体，其中的动词 V 也是三价的。而不一致的情形更多，如 V 是一价动词，组成的 VP 不一定是一价的，如"躺在、走到、跑到、飞向、逃往、毕业于"等二价的动介组合体，其中的动词"躺"、"走"、"跑"、"飞"、"逃"、"毕业"等却是一价动词；而"打到、写于、画于、选自"等三价的动介组合体，其中的动词"打"、"写"、"画"、"选"等却是二价动词。

2.1.3　VP 的"价"类的形成

V 原本有自己的配价,有些 P 也有自己的配价。以"他走到教室里"中的 VP"走到"为例,"走"联系有一个动元(比如"他"),"到"联系有两个动元(比如"他"、"教室里"),"走"加"到"动元总数是三个,似应为三价;但"走到"组成 VP 后实际为二价。又如"他把书放在桌上"中的"放在"为例,"放"联系着两个动元(比如"他"、"书"),"在"联系有两个动元(比如"书"、"桌子"),"放"加"在"的动元总数是四个,似应为四价;但"放在"合成为 VP 后实际为三价。再如"他写给我一封信"中的 VP"写给"为例,"写"联系有两个动元(比如"他"、"信"),"给"联系有三个动元(比如"他"、"我"、"信"),"写"加"给"的动元总数是五个,似应为五价;但"写给"组成 VP 后实际为三价。为什么它们组成 VP 后,价目("价"的数目)就少了呢? 这主要是由于 V 和 P 各自所带的动元在 VP 结构体相当于一个 V(动词)的条件下并合(通过名词的"兼格"来实现)的结果。

并合的规则是:

V 和 P 的动元如果由同一词担当(即某个词语既表 V 的动元,又表 P 的动元),则两动元就"合二而一"(并合为一个动元)。

现举"走到"、"扔在"、"写给"、"赠送给"为例加以说明(【】表示并合,下均同):

(16)他走到教室里。(VP 为"走到")

走:【他】…………………………… V 的动元数为 1

到:【他】到教室里 ……………………… P 的动元数为 2

VP"走到"里,两个"他"并合,3-1 ………… VP 的动元数为 2

(17)他把书扔在桌上。(VP 为"扔在")

　　　　放:他扔【书】·················· V 的动元数为 2

　　　　在:【书】在桌上·················· P 的动元数为 2

VP"扔在"里,两个"书"并合,4－1 ········ VP 的动元数为 3。

　　(18)他写给我一封信。(VP 为"写")

　　　　写:【他】写【信】·············V 的动元为 2

　　　　给:【他】给我【信】·············V 的动元为 3。

VP"写给"里,两个"他"两个"信"分别并合:5－2········VP 的动元数为 3。

　　(19)小王赠送给小李礼物。(VP 为"赠送给")

　　　　赠送:【小王】赠送【小李】【礼物】······V 的动元数为 3

　　　　给:【小王】给【小李】【礼物】··········P 的动无数为 3。

VP"赠送给"里,两个"小王"、两个"小李"、两个"礼物"分别并合:6－3··········VP 的动元数 3。

　　(20)我邮寄给他一本书。(VP 为"邮寄给")

　　　　邮寄:【我】邮寄【他】【书】············· V 动元数为 3

　　　　给:【我】给【他】【书】 ·············· P 动无数为 3。

VP"邮寄给"里,两个"我"、两个"他"、两个"书"分别并合:6－3······VP 动元数 3。

　　从上述实例的分析中可以看出:VP"走到"通过并合后动元数为 2,所以是二价的动介组合体,而"扔在"、"写给"、"赠送给"、"邮寄给"通过并合后动元数为 3,所以它们都是三价的动介组合体。

　　2.2　VP 的动元角色和 VP 构成的动核结构

　　2.2.1　VP 的动元所担当的角色

　　不同的 VP,联系着不同角色的动元。从 VP 所联系的动元的角色来看,主要的动元角色有以下几种:

1)施事(动作的发出者),例如"我站在马路上"、"小王冲向球门"、"画家把一幅画挂在墙上"里,"我""小王""画家"都是施事。

2)系事(性质或状态的系属者)例如"病人瘫痪在床上"、"阿金醉倒在马路边上"、"笑容浮现在他的脸上"里,"病人"、"阿金"、"笑容"都是系事。

3)受事(动作的接受者,即接受动作的事物),例如"他把行李寄存在火车站"、"大家把小王推到领导岗位上"、"他送给我一本书"里,"行李"、"小王"、"书"是受事。

4)位事(动作达到的位置或目标),例如"张育英把孩子搂在怀里"、"小鸟飞到树上"、"这座桥毁坏于一九四零年"、"小李埋头于物理学"、"我们正在走向胜利"、"他献身于语言学事业"里,"怀里"、"树上"、"一九四零年"、"物理学"、"胜利""语言学事业"是位事。位事是动作所定的"位",有的是定位在处所,有的定位在时间,有的定位在范围或方面,有的定位于某个目标。位事多数由处所词语或时间词语表示。

5)与事(参与动作或加以比较的事物或对象),如"我送给他一本书"、"艺术高于生活"里的"他"和"生活"便是与事。

2.2.2　VP构成的动核结构

VP由于相当于一个动词,所以可以由VP作动核构成动核结构。VP构成的动核结构的种类决定于它联系着的动元角色。VP构成的动核结构的类型主要有:

1)VP+施事、位事。例如:

(21)列车奔驰在华北平原上。/(22)飞机飞到了广州

(23)他毕业于清华大学。/(24)他工作到晚上十二时。

(25)我们奔向和平的理想的世界。

2)VP＋系事、位事。例如：

(26)苹果掉在地上。/(27)红旗飘扬在空中。

(28)这故事发生在很久以前。

(29)这座大桥毁于战火中。

(30)他陶醉在蜜月之中。

3)VP＋施事、与事。例如：

(31)我们效忠于祖国。/(32)小明求助于玲玲。

(33)我们有求于他。

4)VP＋系事、与事。例如：

(34)小明落后于玲玲。/(35)人民的利益高于一切。

(36)主队强于客队。

5)VP＋施事、受事、位事。例如：

(37)他把松树栽在院子里。

(38)晓兰把妈妈的话牢记在心里。

(39)他把老王护送到车站。

(40)良英把小船划向湖中。

(41)此文他写于一九五零年。

(42)这篇文章选自《古文观止》。

(43)我们把室温控制在二十度左右。

(44)他把全部精力倾注于事业上。

6)VP＋施事、受事、与事。例如：

(45)他赠送给我一本精美的画册。

(46)我们奉献给祖国一片赤诚的心。

(47)老张打给我一封加急电报。

(48)我把我的知识传授给了学生。

动核结构的构成跟动介组合体 VP 的语义配价的类型有密切的关系,以上 1)、2)、3)、4)四类动核结构是由二价 VP 构成的,5)、6)两类动核结构是由三价 VP 构成的。

3. "VP＋N"结构和"PN＋V"结构的比较

不少语法论著把动介带宾句"N_1＋V＋P＋N_2"中 V 后的"P＋N"跟"N_1＋P＋N_2＋V"动词前的"P＋N"看作为一个东西,认为都是介词结构(或介词短语),只不过一个在动词前作状语,另一个在动词后作补语,并且认为 V＋P＋N(VP＋N)和 P＋N＋V(PN＋V)可以互相变换位置。比如:

> 我们走在大路上←→我们在大路上走

> 他在黑板上写字←→他把字写在黑板上

其实,这只是一种表面现象,动词后的 P＋N 和动词前的 P＋N 是不一样的。这表现在:

第一,层次关系不同。如前所说,动词后的 P 靠前不靠后,它已和 V 构成一个 VP 组合体,相当于一个动词,后面的 N 就不再是 P 的宾语了。所以 V＋P＋N 的层次构造是(V＋P)＋N,即 VP＋N,如"走在/大路上";而动词前 P＋N＋V 里,P 和 N 组合成一个结构体(介词短语),作动词的状语,所以它的层次构造是(P＋N)＋V,如"在大路上/走"。

第二,动核结构不同。在 V＋P＋N 里,由于 VP 是一个相当于动词的组合体,所以 VP 后的 N 都可以作为 VP 联系着的动元,而成为 VP 所构成的动核结构中的必有的强制性的成分,比如："我们走在大路上","大路上"是 VP"走在"所联系着的动元之一,再加上动元"我们"就组成了"走在"为动核的基干动核结构(VP＋施事＋位事)。相反,"我们在大路上走","大路上"作状语,说明动作"走"发生的处所,表示动作"走"的状元(状态元)。在这种情况下,作为动核的是"走"(V),而不是 VP,"走"只联系着一个动元(施事),所以组成以"走"为动核的基干动核结构(V＋施事)。

第三,表义也有差别。PN 在动词前是修饰或限制动词,说明动作发生的处所或时间、或范围等。而 VP＋N 则表示动作达到或涉及的位置(包括空间、时间、范围、方面、目标等),具有"定位"的意义。如果说动结式中 V 后的 V 表动作的结果,动趋式中 V 后的 V 表动作的趋向,那么动介式中 V 后的 P(多数由动词转化过来的)则是表示动作定位的标志。比较下面两句:

(49)他把字写在黑板上。

(50)他在黑板上写字。

例(49)句是在说明通过"写"这个动作使受事"字"达到某个处所(黑板上),而例(50)句只是说明"写"这个动作所发生的处所。从语用上分析,例(49)的常规焦点落在 VP 后面的"黑板"上,例(50)的焦点落在 PN 后面的"写字"上。

第四,V＋P＋N(VP＋N)和 P＋N＋V(PN＋V)并不是都能变换的,有些 VP＋N 和 PN＋V 可以互相变换,变换后基本句意接近,只是语用意义上有明显的差别。但是由于二者层次结构不一样,组成的动核结构不一样,VP 已经合为一体相当于一个动词,所以二者并不是全都能互相变换。这表现在:

一则,从字面上看好像是互相变换的,而且都能成立,但句子的意思却完全不一样。比较：

(51)a 他跑到操场上。←→b 他到操场上跑。

(52)a 我把他送到村口。←→b 我到村口送他。

例(51)的"跑到"是二价 VP，例(52)中的"送到"是三价 VP。(51)a
的"跑到操场上"是说"跑"这个动作达到处所"操场上"，说明通过动
作"跑"，"他"才能"到操场上"；而(51)b 的"到操场上跑"是说"跑"
这个动作"到操场上"才能发生，不一定到操场上时是跑着去的(也
可能走到操场才跑步，也可能坐车到操场上才跑步)。(52)a 的
"把他送到村口"是说发出"送"这个动作使"他"到达村口(位事)；
而(52)b 的"到村口送他"则是说"在村口"(处所)发生"送"这个动
作，至于送到何处，则未说明。可见(51)a 与(51)b 的句义根本不
同，(52)a 与(52)b 的句义也完全两样。

二则，还必须指出，有相当多的 V＋P＋N(VP＋N)根本不能
变换成 P＋N＋V(PN＋V)，变换后的句子不能成立。例如：

(53)苹果落在地上。→＊苹果在地上落。

(54)他跳到河里。→? 他在河里跳。

(55)革命利益高于一切。→＊革命利益于一切高。

(56)他把一碟菜打翻在地上。→? 他在地上打翻一
碟菜。

(57)领导上把他派往农村。→＊领导上往农村派他。

(58)他们把参军年龄限制在二十岁。→? 他们在二十岁
限制参军年龄。

(53)、(54)、(55)的"落在"、"跳在"、"高于"是二价 VP，(56)、
(57)、(58)的"打翻在"、"派往"、"限制在"是三价 VP。这表明无
论是二价 VP 或三价 VP 构成的句子，都不是一概能将"P＋N"移

到动词之前的。

反之,也有一些 P+N+V(PN+V)根本不能变换成 V+P+N(VP+N),变换后的句子不能成立。例如:

(59)他在河里摸鱼。→﹡他摸鱼在河里。/﹡他把鱼摸在河里。

(60)他在晚饭后散步。→? 他散步在晚饭后。

(61)老张到9点钟才起床。→﹡老张才起床到9点钟。

(62)学生们到大教室里听。→? 学生们听到大教室里。

4. 余言

4.1 动介组合体带宾构成的句式

动介组合体构成的句子虽然都是动介带宾句,但由于 VP 的性质不一样,有的是二价 VP,有的是三价 VP,因此构成的动介组合体带宾句式也就不完全相同。

4.1.1 二价 VP 组合成的 VP 带宾句式

二价 VP 组成的动介带宾句句式一般为"主动宾"句。例如:

(63)他睡在竹榻上。

(64)我站在马路边上。

(65)嫩蒲的香味散在春晚的暖气里。

(66)小鸟飞到大树上。

4.1.2 三价动词组合成的 VP 带宾句式

三价 VP 组合成的动介带宾句句式主要有三种:

第一种是"N_1+VP+N_2+N_3"式

这种句式在句法上是述宾短语作谓语的主谓句,也是一种带双宾语的主谓句,即"主＋动介＋宾$_1$＋宾$_2$"句型;这种句式在语义上是"施动与受"(即"施事＋动核＋与事＋受事")句模。在这种句子里,VP 在句法上是谓语的中心,在语义上是句模的动核。例如:

(67)我赠送给他一件礼物。

(68)我寄给他一本书。

(69)他写给我一封信。

这类句子的动介组合体 VP 相当于交接动词中的"交"类动词("交"、"给"、"送"之类),所不同的是:"交"类动词大多表示"给予"的动作;而这类动介组合体不只是表示动作,而且还有表"给予"的标志"给","交"类动词后一般可以加上"给";但这类动介组合体由于已经有了"给",就不再加"给",而且有些甚至还不能去掉"给",比如"他写给我一封信",不能说成"他写我一封信"。

第二种是"N$_1$＋[把]N$_3$＋VP＋N$_2$"式

这种句式在句法上是"主＋[把]宾$_2$＋动介＋宾$_1$"句型,是状心短语作谓语的主谓句,其中"把＋宾"作状语、VP＋N$_2$为述宾短语,是"把＋宾"状语所限制的中心语;这种句式在语义上是"施受动与"(即"施事＋[把]受事＋动核＋与事")或"施受动位"(即"施事＋[把]受事＋动核＋位事")句模。在这种句式里,VP 在句法上也是谓语的中心,在语义上也是句模的动核。例如:

(70)我把那本书赠送给他了。

(71)他把那本书放在桌上。

(72)王芬把那首诗写在墙上。

这类句子中的动介组合体 VP 有两类:一类相当于"交"类动词,如例(70)的"赠送给";另一类相当于及物性的位移动词,("放"、

"移"、"搬"之类)。相当于"交"类动词的前边已谈到。至于相当于位移动词的,跟位移动词也有一定的差别。位移动词构成"把"字句时,动词后一般要加介词 P 从而构成动介组合体(在某些方言中也可以不加定位标记词),而这类动介组合体中的动词未必都是位移动词,如例(72)中的"写"便是。

第三种是"$N_3 + N_1 + VP + N_2$"式

这种句式在句法上是宾踽句首作主题、主动在动前、VP 带宾的主谓句,即"宾$_2$+主+动介+宾$_1$"句型;这种句式在语义上是"受施动与"(即"受事+施事+动核+与事")或"受施动位"(即"受事+施事+动核+位事")句模。在这种句式里,VP 在句法上也是谓语的中心,在语义上也是句模的动核。例如:

(73)那本书我已赠送给他了。

(74)此文他写于 1954 年。

(75)这篇文章我选自《古文观止》。

(76)那幅画我放在仓库里。

这类句子中受事宾语置于句首,主要是语用表达上宾语事物主题化选择的需要。

4.2 动介带宾句中的焦点

"$N_1 + (V+P) + N_2$"这种动介带宾句的语用结构可以分析为"主题+述题"结构,其中 N_1 为主题,"$VP+N_2$"为述题。述题用于对主题进行叙述,所以这种句子属于主题句中的叙述句。如"我们走在大路上"这个句子,在语用上分析,"我们"可分析为主题,"走在大路上"可分析为述题。述题是句子的新信息。这种句子的焦点通常落在述题上,严格的说是在句子尾部的 N_2 上,所以 N_2 可以看作这种句子的常规焦点。

在具体的语境句里,由于表达的需要,句子中着重强调的部分要随表达的需要而定,也就是说,这种句子的实际的表达重点或对比焦点常常是随情应境而变化的。它可以出现在 N_2 上,也可以出现在句子其他部分。

VP 带宾句在动态的语境句里表达的重点落在句末的"位事"上,也就是对比焦点落在 N_2 上。例如:

(77)雪片愈落愈多,白茫茫地布满在天空中,向四处落下,落在伞上,落在轿顶上,落在轿夫的笠上,落在行人的脸上。(巴金)

(78)她出生于 1900 年,她的丈夫出生于 1898 年。

(79)植物的种子随风飞舞,会飘落在屋顶上,飘落在河流里,更多的是飘落在土壤中,来年就会长出青青的幼苗。

例(77)的表达重点或对比焦点"天空中"、"伞上"、"轿顶上"、"轿夫的笠上"、"行人的脸上",例(78)的表达重点或对比焦点是"1900年"、"1898 年",例(79)的表达重点或对比焦点是"屋顶上"、"河流里"、"土壤中"。

有些 VP 带宾句在动态的语境句里表达的重点或对比焦点可以落在 VP 上。例如:

(80)食堂的饭菜香喷喷的,工人们吃在嘴里,甜在心上,生产热情更加高涨。

(81)她因为过于激动,滚滚的泪珠流淌到两颊,又滑落到衣襟上。

(82)她怀着一颗报恩的心拼命工作,吃在店,住在店,白天黑夜连轴转。

例(80)中的表达重点是 VP"吃在"、"甜在",例(81)中的表达重点是 VP "流淌到"、"滑落到"，例（82）中的表达重点是 VP "吃在"、"住在"。

　　有些 VP 带宾句在动态的语境句里表达的重点或对比焦点也可落在 VP 中的 V 上。例如：

　　　　（83）月光如流水一般，静静地泻在这一片叶子和花上，薄薄的青雾浮起在荷塘里。（朱自清）

　　　　（84）他睡觉的时候，不是平躺在床上，而是爬在床上。

　　　　（85）张淑英在王淑芬家里，这是村上人都知道的。但是人们有不同的说法，有人说：张淑英住在王淑芬家；有人说：张淑英睡在王淑芬家；有人说：张淑英躲在王淑芬家；有人说：张淑英赖在王淑芬家。

例（83）中的动介组合体 VP "泻在"、"浮起在"，不仅表达了"月光"和"青雾"的定位，而且还表达了怎样定位：一是说"泻"，一是说"浮起"；这个句子重在强调描写定位的方式，也就是说，它在语境中的对比焦点是在 V 上。例（84）的对比焦点强调说明睡觉的方式不是"平躺"而是"爬"着睡觉。例（85）各人都是讲"张淑英在王淑芬家里"，"在"本身是个定位标记词，只是单纯定位（在王淑芬家）；而各人不同的说法表达了不同的定位的方式，即不同的人对张淑英"怎样在"王淑芬家定位的行为方式不一样，有"住"、"睡"、"躲"、"赖"之别，可见这里的 VP 带宾句里句子的对比焦点是在 P 前的 V 上。

　　关于动介带宾句，这里只是简略谈了些，有待于进一步深入探索。

主要参考文献：

范　晓（1991）《动词的"价"分类》，《语法研究与探索》（5），语文出版社。

范　晓(1998)《动介组合体的配价问题》,《营口师专学报》第 1 期(又收入《现代汉语配价语法研究》第二辑,北大出版社,1998 年 7 月。)

胡裕树主编(1987)《〈现代汉语〉使用说明》,上海教育出版社。

蒋同林(1982)《试论动介复合词》,《安徽师大学报》第 1 期。

王　力(1944)《中国现代语法》,商务印书馆,1985 年版。

赵元任(1968)A Grammar of Spoken Chinese,吕叔湘译为《汉语口语语法》,商务印书馆,1979 年版。

第十三章　句子的合格度 [*]

　　一个句子合格不合格,从广义上说,涉及的因素很多,有语言因素,也有非语言因素;有语法因素,也有非语法因素。这里所说的合格不合格,是专指语法方面说的:合语法的句子称为合格句,反之称为不合格句。讨论句子合语法或不合语法问题,也就是讨论句子在语法方面的合格度问题。这个问题很重要,不仅有理论意义,而且有实用价值。

1. 语言学界的分歧

1.1　无争议和有争议的几个实例

　　关于句子合语法或不合语法问题,国内外语言学界都曾讨论过。有些句子在语法上是合格句,人们没有争议。例如:

　　　　(1)Sincerity may frighten the boy.（乔姆斯基）

　　　　　（真诚可能使这男孩感到害怕）

　　　　(2)这是个主要问题。（邢公畹）

有些句子在语法上是不合格句,也没有争议。例如:

---

　　[*] 本文曾以《关于句子合语法和不合语法问题》为名发表于《中国语文》1993 年第 5 期。收入本书时文字上略有修改。

（3）Furiously sleep ideas green colorless.（乔姆斯基）

　　（狂怒地睡觉念头绿色的无色的）

（4）所有的死都石头了。（邢公畹）

但是，对以下一些句子是不是语法合格句就存在着不同的意见：

（5）Colorless green ideas sleep furiously.（乔姆斯基）

　　（无色的绿色的念头在狂怒地睡觉）

（6）Sincerity bought the boy.（乔姆斯基）

　　（真诚买了这男孩）

（7）我喝饭。（邢公畹）

（8）所有的石头都死了。（邢公畹）

1.2　国外学界的争议

在国外乔姆斯基（1957）《句法结构》认为例（5）是无意义但合语法的句子，理由是不能把"合语法"（grammatical）这个概念跟任何语义上的"有意义"（meaningful）或"有意味"（significant）这类概念等同起来。但在《句法理论的若干问题》（1965）里，他改变了看法，认为类似例（5）和例（6）不合语法，理由是这样的句子违反了动词的句法特征制约着的动词与名词之间的选择限制。认为"买"这个动词的句法搭配特征，要求主语是指人名词，宾语不能是抽象名词，而例（6）的主语不是指人名词，也就不合语法。据此还认为The boy bought sincerity（这男孩买了真诚）也不合语法，因为这句中的宾语是个抽象名词（徐烈炯 1990）。

麦考莱不同意乔姆斯基关于词语搭配的选择限制属于语法的，他在《语义在语法中的作用》（1968）、《关于转换语法的基础部分》（1968）、《名词词组从何而来》（1970）等一系列论文中对选择限制提出质疑，认为词语搭配的选择限制是属于语义上的而不是语法上的,认为例(5)、(6)这类句子是违反语义上的选择限制,而并不违反语法(徐烈炯 1990)。

1.3　国内学界的争议

在国内,邢公畹(1978)认为例(5)、(7)、(8)这类句子是一种语法不正确、意义有错误的句子,理由是:"语法结构公式的正确性是和真实性相联系的,如果一个组合或句子缺乏真实性,也就是语法上不正确的。"

文炼(1982)不赞同邢的观点,认为跟(7)、(8)类似的"小王吃拖拉机"、"小王修理三角形"(也是邢举的例)是合语法的,只是词汇选择上有问题。他说:"不顾词汇上的选择关系,依据公式造出'小王吃拖拉机'之类的可笑的句子,那并不能证明公式的错误,只能说明造句的人忘掉了词汇上的选择这个重要条件。"文炼这种看法跟吕叔湘(1958)的观点是一致的。吕叔湘曾指出:"必须区别语法上的选择和词汇上的选择",认为"看见们""又星"之类组合不合语法上的选择,"甜星"、"吃床"之类组合不合词汇上的选择。

常敬宇(1990)认为"词语搭配的性质归根到底是语义(或称逻辑事理)问题","语言结构公式的正确性的基础是它的真实性","语义决定着语法结构"。这个观点跟邢相同。但是在对例(7)、(8)一类句子的分析上却跟邢不相同:邢认为这类句子意义有错误(不真实),所以语法也不正确;而常认为这类句子毛病不在语法方面,而是违反了事理逻辑,在语义上是荒谬的。常的这种观点跟麦考莱类似。

宋玉柱(1991)不同意邢和常关于正确性和真实性相联系的观点。他说:"应该把词语组合的正确性和真实性区别开来","正确性是指其结构合于语法上的选择,⋯⋯真实性是指语言表达的内容合于事理，……前者是语法问题，后者是逻辑问题"。但在分析例(7)、(8)这类句子时，又跟常的观点相同，认为这类句子合语法，只是表达内容不合事理、不合逻辑。

吕叔湘、朱德熙(1952)认为，"语法不是修辞学，它只管虚字的用法，一般有实在意义的词儿用得对不对，例如'喝饭'的'喝'，它是不管的"，言下之意是，"喝饭"之类说法不是语法问题，而是修辞问题。上海语言学界曾经讨论过"我喝饭"的问题，也有些人认为这句话不通只能看作是修辞问题而不是语法问题(郭绍虞1979)。

汤廷池(1978)在谈到句子的"合法"和"不合法"时，区别了句法上的"合法"与"不合法"，句义上的"有意义"和"无意义"以及语用上的"妥当"与"不妥当"。他认为一个句子"句法上的不合法与句义上的无意义是两个不同的概念。"还举了"胖的人都很瘦"和"太阳从西边出来"的例子，认为这类句子在句义上是无意义的，在句法上是完全合法的。

1.4　不同见解的小结

综上所述，对例(5)、(6)、(7)、(8)一类句子是否合语法问题，共有两大种五小种不同意见。两大种是：一种认为这类句子合语法，一种认为不合语法。五小种是：(一)认为合语法，只是词汇选择上有问题；(二)认为合语法，只是语义选择上有问题；(三)认为合语法，只是修辞上有问题；(四)认为不合语法，因为违反了词的句法特征制约着词语搭配的选择限制；(五)认为不合语法，因为这类句子内容不真实决定了语法不正确。笔者曾在《词语组合的选择性》(1985)和《谈谈词语的搭配》(1986)二文里谈过词语组合或搭配的选择性问题，区别了"功能上的选择"、"语义上的选择"和"语用上的选择"，认为这类句子合语法，但语义上有问题。经过进一步研究,笔者现在的认识已有所发展。

2. 句子合语法的基本条件

2.1　讨论句子的合格度应注意语法的三个平面

讨论一个句子的合语法或不合语法,应当注意到语法的三个平面,即句法的、语义的、语用的。教学语法里说到语法病句时,常用"用词不当"或"词语搭配不当"或"成分搭配不当"(包括"主谓搭配不当"、"动宾搭配不当"、"动补搭配不当"、"状心搭配不当"、"定心搭配不当"等)来解释句子的语法错误。其实这种说法是比较含糊的。如果从宽,似乎也可以,有些语法书就是这样分析的。如果从严,则嫌太粗疏、太笼统。如果能用三个平面的理论和方法来评判句子的合语法或不合语法,也许能分析得细密一些、准确一些,也就更实用一些。

2.2　句法上要合句法规则("合法")

一个句子在句法平面合语法,必须做到合句法规则,这是指词语之间的结合要符合句法功能上的选择,即要合乎词类在句法配置中的分布规律。合句法规则可简称为"合法",反之称为"不合法"。比如动词、形容词在句法上一般可以接受副词的修饰,而名词一般不能接受副词修饰;动词、形容词常用来作谓语或谓语中心词,而名词一般不能作谓语,更不能带宾语;副词可以作状语,而不能作谓语等。有些句子的语法错误就是由于句法平面上违反了词语组合的句法规则,例如:

(9)参加这次会议,我感到非常荣誉和高兴。

(10)小王很智慧,很勇敢。

(11)我愿望我们间有更多的接触。

例(9)、(10)句法上状心搭配不当,因为"非常荣誉"和"很智慧"这样的组合违反了副词一般不能修饰名词的句法规则;例(10)还可说主谓搭配不当,因为"智慧"这个名词是不能作句子的谓语的。例(11)句法上动宾搭配不当,因为"愿望"是个名词,后边带上了宾语,违反了名词不能带宾语的句法规则。所以例(9)、(10)、(11)这类句子都是不合法的不合格句。

2.3　语义上要合语义规则("合理")

一个句子在语义平面合语法,必须做到合语义规则,这是指词语之间的搭配要符合语义上的选择,即要合乎词的语义特征类别在语义结构中的选择规律。合语义规则可简称"合理",反之称为"不合理"。比如在谓核结构中,动词和动元组合有一定的"价",有一定的"格"关系,有"施—动"、"系—动"、"施—动—受"等语义结构(范晓 1991),指人名词一般可表示施事,而抽象名词一般不表示施事。在语义结构中还有次范畴的语义搭配规则,如不同的动词跟不同的动元搭配,不同的动词和名词如果有不同的语义特征,也会引发出一些不同的语义搭配的选择。有些句子的语法错误不在句法上,而是在语义上,即违反语义上的选择规则或选择限制,例如:

(12)革命先烈的英雄事迹将永远活在我们的心中。

(13)人们尽情地呼吸着海水、阳光和新鲜空气。

(14)一踏进大楼,最触目的感觉是又脏又乱。

例(12)是作主语和谓语的词语在语义上搭配不当;因为"活"这个动词要求有生命的名词作主语,而"事迹"不是有生命的名词,不可能有"死""活"这类动作行为的。例(13)是构成动宾结构的词语在语义上搭配不当;因为"呼吸"这个动词的受事要用表气体的名词表示,而"海水""阳光"都不是气体,在语义平面也就不能构成"动—受"结构。例(14)是作定语和中心语的词语搭配不当;因为"感觉"这个词表示人脑的一种机能,或者表示"觉得"、"认为"之意,是一种心理上的行为,所以不能和"触目"搭配。例(12)、(13)、(14)这类句子都是不合理的不合格句。上面谈到的"我喝饭"、"所有的石头都死了"、"小王吃拖拉机"等也属此类。

2.4　语用上要合语用规则("合用")

一个句子在语用平面合语法,必须做到合语用规则,这是指词语的搭配安排或句子的变化必须合乎语用的选择,也即必须合乎表达的需要。合语用规则可简称"合用",反之称为"不合用"。"合用"与"不合用",决定于能否清楚地、准确地、恰当地表达思想。有些句子的错误不在句法上,也不在语义上,而是在语用上,即违反语用的选择规则。例如:

(15)我们一定要反对批判唯心主义。

(16)为了帮助这几个学生改正错误,王老师对他们进行了尖刻的批评。

(17)请您来讲一次,想来您也会觉得荣幸的。

例(15)是一个歧义句,即可理解为"唯心主义"是"反对和批判"的宾语,也可理解为"批判唯心主义"是"反对"的宾语。这样的句子不清楚,易引起误解,传出错误的信息,所以是不合用的。例(16)的"尖刻"一词,是说话尖酸刻薄之意,老师对学生批评帮助,说话可以尖锐,但不应尖刻。这句表达不准确,所以也不合用。例(17)的"觉得很荣幸"用在请者对被请者的说话里,显然不恰当,也不合用。可见,例(15)、(16)、(17)都是不合用的不合格句。

2.5 句法规则跟语义规则有密切的联系

一般地说,词语句法功能上的选择是以语义上的选择作为基础的。比如名词之所以能跟形容词结合,是因为名词大都表示事物,事物一般具有性状特征;而形容词大都表示性状;语义上事物可以跟性状搭配在一起,功能上便表现为名词可以跟形容词结合在一起。但功能上的选择和语义上的选择有时也会发生矛盾,表现在:句法上合法的,语义上却不合理,如"甜星"、"喝饭"之类;或者语义上合理的,句法上却不合法,如"问题主要"、"孩子男"之类。这是因为:前者涉及到语义上更细的次范畴分类,比如"甜"这个形容词有味觉的语义特征,要求跟食物名词相配,而"星"不是食物,"甜星"这样的组合就不合理;后者涉及到句法上的更细密的规则,任何语义上能搭配的词语,必须按照一定的句法规则组合,"主要问题"、"男小孩"合句法规则,倒过来则不合汉语句法规则。

2.6 语用规则跟说话者的表达意图与语境有密切的联系

在一般情况下,合法合理的句子往往是合用的,而不合法不合理或合法不合理或合理不合法的句子则往往不合用。但也不是绝对的。在某种情况下,合法合理的也可能不合用,如(15)、(16)、(17)便是。相反,在一定条件下,某些句子的某些组合存在着合法不合理或合理不合法,甚至不合法不合理的情形,但整个句子却是合用的,例如:

(18)石头不会死,因为它没有生命。

(19)我于是"而已"而已。(鲁迅)

(20)"又星"、"看见们"是不合语法的组合。

例(18)"石头死"不合理,但用于否定结构成了合用的句子。例(19)"而已"是个叹词,在句中作谓语中心词、带宾语,本来是不合法的,但在鲁迅文章里作为一种修辞手法用"而已"代替动词"叹气",就合用了。例(20)"又星"、"看见们"既不合法也不合理,但作判断句的主语时这样的句子还是合用的。上述这种情况涉及到孤立句和语境句的区别问题。

3. 关于"词汇上的选择"和"语义上的选择"

3.1 要准确、恰当地解释"词汇上的选择"和"语义上的选择"

"词汇上的选择"和"语义上的选择"这两种说法目前很流行,但人们有不同的理解。什么是词汇上的选择? 什么是语义上的选择? 它们跟语法的合法或不合法有什么关系? 这些问题必须给以准确的、恰当的解释。如果不加限定,那就很可能把句子或词语搭配中的语言因素和非语言因素,或者把语法因素和非语法因素混淆起来,从而把一些语法上的病句说成非语法病句,或者把非语法上的有问题的句子说成语法病句。

3.2 关于"词汇上的选择"

关于"词汇上的选择",有几种解释。一种以吕叔湘(1958)为代表,他认为词汇上的选择是由"词汇意义的限制"而造成的,如"甜星""吃床"之类,并认为词汇上的选择属词汇问题而不是语法问题。另一种以文炼(1982)为代表,他认为词汇上的选择除了"甜星"、"吃床"之类外,还有一类,例如"我们一定要克服骄傲","克服"和"骄傲"不能搭配也是词汇上的选择。他指出:"这里所说的词汇上的选择不同于……'吃床''甜星'之类。'吃床'的问题可以从指称意义上加以说明,而'克服骄傲'只能从语言习惯上加以解释。这种习惯,如果找出规律的话……已经是语法上的说明了"。

这样看来,文炼实际上把词汇的选择分为两类:"吃床"之类是纯属于词汇上的,"克服骄傲"之类是既属于词汇上的,也属于语法上的[①]。我们认为,倘若用三个平面的理论来分析上述两类,实际上都属于语法上的选择。"甜星"、"吃床"跟"喝饭"、"石头死"同类,都是语法的语义平面不合理,是违反了语义上的选择限制;而"克服骄傲"违反了非谓宾动词不能带谓词宾语的句法规则,跟"感到荣誉"、"愿望接触"同类,都是语法上的句法平面不合法。

3.3　应区别词汇上的选择和语法上的选择

词汇和语法属于语言的不同层面的范畴,所以应当把词汇上的选择和语法上的选择严格区别开来,也就是把词语组合的选择性中单纯词汇上的原因跟语法上的原因区别开来。这就要对"词汇上的选择"给以恰当的解释。先看实例:

(21)凡高校本科毕业生或具有同等学历的都可报考。

(22)明天咱们去公园白相好吗?

(23)他们正在开垦地。

这些句子语法上没问题,错误都出在词汇上。例(21)因误解词义而将"学力"误用为"学历"。例(22)的"白相"是方言词,用在普通话句子里显然不妥。例(23)"开垦地"一般不说。这样,词汇上的选择似可限定在非语法原因造成的词语搭配不当或用词不当上。

3.4　关于"语义上的选择"

关于"语义上的选择",人们也有不同的看法。主要有两种:一种是狭义地理解的语义上的选择,把语义限制在语法范围内,即把

---

①　叶圣陶认为"打败巡逻"跟"喝饭"是一样的,都是词汇上"搭不拢",这种看法跟文炼有相同处,也有不同处。参看叶圣陶《类乎"喝饭"的说法》,《人民日报》1950年5月24日。

语义上的选择看作词语搭配在语法的语义平面上的选择,如"我喝饭"、"石头死"之类便是违反了这种语义上的选择限制。主张区分语法三个平面的多持此观点。2.3节所说的也是这种看法。另一种是广义地理解的语义上的选择,不仅把"喝饭"、"石头死"之类看作语义上的选择,而且还把词汇意义、逻辑意义甚至思想内容上的问题也看作语义上的选择。如麦考莱把"那个电子是绿色的"这样的句子不能成立也看作是违反语义上的选择限制(徐烈炯 1990)。常敬宇(1990)、宋玉柱(1991)也持有这种观点,他们把"一个骆驼掉在茶杯里淹死了"之类句子内容上的荒谬也认为是语义搭配上的问题。

3.5 语法的语义跟事理意义、逻辑意义、词汇意义的关系

把词汇意义、逻辑意义甚至思想内容上的问题也看作语义上的选择,这是把语法上所说的语义和词汇意义、逻辑意义甚至思想内容混淆起来了。不看到它们的区别是不妥的,但如果认为它们之间没有任何的关系,同样是不妥的。事实上,它们之间既有联系,也有区别。表现在:一个句子的语法的语义平面有问题,往往跟事理意义、逻辑意义、词汇意义有一定的关联,比如"石头死了"这个句子违反语法上的语义选择限制,从根源上看,它是违反事理、违反逻辑的,因而在词汇意义上也不能搭配。这是因为事理意义、逻辑意义是词汇意义的基础,而词汇意义又是语法中语义的基础。但是语法中的语义跟词汇意义、逻辑意义、事理意义也没有必然的联系。例如:

(24)鲸鱼是鱼。

(25)太阳从西边升起来了。

(26)大学生应该刻苦学习,我不是大学生,所以不必刻苦

学习。

　　(27)儿子三岁了，明天是他的寿辰，我要送给他一件
礼物。

这些句子有问题，但跟"我喝饭"、"石头死"之类性质是不一样的。
这些句子并不是违反语法上的语义选择限制，而是语法意义以外
的意义有问题。例(24)、(25)都是事理意义有问题，因为句子反映
的内容不符合客观实际。例(26)犯了结论超出前提范围的逻辑错
误。例(27)"生日"误用为"寿辰"，是误解词汇意义而造成的错误。
上述分析表明，语法中说的语义跟事理意义、逻辑意义、词汇意义
虽有联系，但并不完全对当。因此，在语法上讲语义的选择限制，
控制在语法的语义平面比较合适，而不宜扩大到广义的语义。

　　3.6　区别不合语法和不合事实

　　句子结构上的合不合语法和句子内容上的合不合事实是两码
事，前者属于语法范围，后者属于百科知识范畴。因此，在评判句
子合语法或不合语法时，应把句子结构的合法不合法或合理不合
理跟句子内容的合实不合实(合不合客观事实)区别开来。有些句
子命题是假的或内容是不真实的，但语法结构上却是合法合理的，
如"鲸鱼是鱼"、"那个电子是绿色的"、"一加一小于一"、"太阳从西
边升起来了"等句子便是。这类句子在句法上合法一般没有争议，
可是它们在语义上合理却常不被人理解。"鲸鱼"和"鱼"在这句里
作主语和宾语符合语义上起事和止事的类属关系，所以在语义上
是合理的。"一加一小于一"也不合事实，但这句里动词"小于"的
宾语是表数名词，这符合"小于"在语义上的选择规则，所以这句在
语义上也是合理的。骗子说出的句子，内容往往不真实，但句子结
构却不一定不合法不合理。神话童话及某些文艺作品里有些句子

所反映的内容在现实中并不存在，可是句子结构却合法合理。人们由于受知识水平的局限而说出了一些不合事实的句子，这些句子也不一定不合法不合理。还有，科学上目前有些问题还在争论，不同的观点很难断定谁是谁非，表现不同观点的句子也都可以是合法合理的。相反，内容符合实际的句子，也可能在语法上有错误。

4. 孤立句和语境句

4.1　区别孤立句和语境句

评判一个句子合语法或不合语法，总是着眼于具体的句子，即一个个句例。这种具体的句子有两种类型：一种是孤立句，一种是语境句。虽然这两种句子都是由具体的词语按照一定的语法格式组成的，但实际情形不完全一样，如果不加分别，笼而统之地讨论一个句子在语法上的合格或不合格，也许各说各的，很难有共同的语言。

4.2　语境句

语境句是指跟一定语境或某种现实相联系的句子，它是以动态面貌出现的、在言语表达中实际使用着的，也可称作动态句。孤立句是指脱离语境跟现实不相联系的孤立地存在的句子，它是以静态面貌出现的，也可称作静态句。例如：

（28）萧长春忘了吃饭，瞪着两只眼睛听着。领导同志讲的话一句一句都吃到他的心里了。（浩然）

（29）上面那石头有点儿不高兴。（童话《古代英雄的石像》）

（30）今天是星期六。（1992 年 2 月 1 日说的话）

这几句都是语境句,因为跟语境和现实联系着的。如果从语境里把"领导同志讲的话一句一句都吃到他的心里了"、"上面那石头有点儿不高兴"等句子抽出来,就成了孤立句①。评判表面同一形式的孤立句和语境句合不合语法,结论不一定一致。

4.3　孤立句语法上合格但语境句语法上不合格的句子

有些句子从孤立句角度来看在语法上是合格的,但从语境句角度分析却是不合格的。例如:

（31）你别明天来,我去找你。

（32）北方能大量种水稻吗?（标题句。该文旨在改变某些人认为北方不能大量种水稻的看法）

（33）小朋友为您服务!（一个儿童用品商店里的面对顾客的墙壁上张贴着的标语）

例(31)中"你别明天来"抽出来作为孤立句,无疑是合语法的。但作为语境句,根据下文,这个句子否定的重点应在"来"上(吕叔湘1985)。如果说成"你明天别来"或"明天你别来",前后就连贯了。现在这个句子的否定重点却在"明天"上,和下文"我去找你"失却了照应。所以这是一个在语法的语用平面有问题的句子,即不合用的句子。例(32)如果抽去语境作为孤立句,是完全合语法的。但这里作为语境句就不合用。如果改为反问句"北方不能大量种水稻吗"就合用了。例(33)的"小朋友"本意是招呼语,应当用标点断开。而现在"小朋友"成了施事主语,给人的印象是该商店的营业员都是小孩儿,显然是不合用的。诸如"我们应当避免今后工作

---

① 孤立句和语境句分不清时,评判其合不合语法可作孤立句处理。

上不发生错误"、"这是五千年前出土的文物"之类句子,作为孤立句是合语法的,但作为语境句则不合用。

4.4　孤立句语法上不合格但语境句语法上合格的句子

有些句子从孤立句角度看,在语法上是不合格的,但从语境句角度分析却是合格的。例如:

(34)一个被称为"钢牙"的法国人,迄今已吃掉了10辆自行车、7台电视机和数不清的刀片、玻璃瓶。……"钢牙"已被列入吉尼斯世界纪录大全。(《新民晚报》)

(35)鞋子听了老工人的话,觉得奇怪起来。(《童话选·鞋子的故事》)

(36)小王小李今天都戴了帽子,小王是皮帽子,小李是呢帽子。

例(34)如果从语境句中抽出孤立句"一个人吃掉了10辆自行车"就跟"小王吃拖拉机"、"我喝饭"之类句子一样,在语义上不合理,也就不合用。但在上边这个语境句里,就成为合用的了。例(35)如果从童话里抽出来,作为脱离语境的孤立句,显然在语义上不合理,在语用上也就不合用。但在上述童话里,却是合用的。例(36)如果把"小王是皮帽子"、"小李是呢帽子"抽出来作为孤立句,则违反了判断动词"是"前后两个动元应当是同一或类属的语义规则,成了不合理、不合用的句子。但作为语境句,借助于上文,知道省略或隐含了一定的语义成分,所以不会误解,是合用的。在文艺作品的修辞语境里,作为孤立句不合用而作为语境句合用的实例很多。

4.5　评判孤立句合格不合格的主要标准

就孤立句而言,由于它是静态的,所以句法上合法、语义上合

理是评判它在语法上合格不合格的主要标准。孤立句合格不合格的情形,可概括为如下四类:

A. 合法合理的句子,是合格句,例如:

(37)今天是星期六。

B. 合理不合法的句子,是不合格句,例如:

(38)这个问题主要。

C. 合法不合理的句子,是不合格句,例如:

(39)我喝了两碗饭。

D. 不合法不合理的句子,是不合格句,例如:

(40)所有的死都石头了。

需要说明的是,在有的孤立句里,充当句子某个成分的组合体合法不合理,或合理不合法,或既不合法也不合理,但整个句子却是合法合理的合格句,是完全可以接受的。比如某些"是"字句,例如:

(41)"又星"、"喝饭"、"所有的死都石头了"等都是错误的

组合体。

其他如麦考莱提到的某些内包结构的句子(例如:"我梦见牙刷怀孕了")和某些否定结构的句子(例如:"石头不会得糖尿病")也属此类(徐烈炯1990)。

4.6　评判语境句合格不合格的主要标准

就语境句而言,由于它是动态的,是有一定表达目的而在现实生活中实际使用着的,所以,考察它合语法或不合语法时,除了看句法、语义外,还要看语用。是否合用是评判它在语法上合格或不合格的主要标准。语境句的情形,可概括为如下八类:

A. 合法合理合用的句子,是完全合语法的,是合格句。例如:

（42）我躺在父亲的怀里，心里安静多了。（巴金）

B. 不合法不合理不合用的句子，是完全不合语法的句子，是不合格句。神经错乱者说出的由一些杂乱词语堆砌成的不合法不合理的谁也听不懂的所谓句子便是。

C. 合法合理但不合用的句子，是不合格句。吕叔湘曾举过一例：

（43）今年游行，女同志一律不准穿裤子。（游行筹备组开会时，一位女同志宣布的）

D. 合法不合理不合用的句子，是不合格句，例如：

（44）今天到会的人十分茂盛……没有到的请举手。（传说是韩复榘说的）

E. 合理不合法不合用的句子，是不合格句，例如：

（45）我愿望我们间有更多的交往，以便增进友谊。（期刊）

F. 合法不合理但合用的句子，是合格句，例如：

（46）鞋子听了老工人的话，觉得奇怪起来。（童话）

G. 合理不合法但合用的句子，是合格句，例如：

（47）或者因为高等动物了的缘故吧，黄牛水牛都欺生，敢于欺侮我。（鲁迅）

H. 不合理不合法但合用的句子，是合格句，例如：

（48）香稻啄余鹦鹉粒，碧梧栖老凤凰枝。（杜甫）

在现实的话语里，A 类句占绝大多数；B 类句很难找到；C、D、E 类句较少，语法病句主要是指这几类；F、G 类与 A 类比较则少得多；H 类句也较少，只在文艺作品中偶尔出现。F、G、H 这几类句子离开了语境是不能成立的。

主要参考文献：

常敬宇(1990)《语义在词语搭配中的作用》,《汉语学习》第 6 期。

范　晓(1985)《词语组合的选择性》,《汉语学习》第 3 期

范　晓(1986)《谈谈词语的搭配》,《中国语文天地》第 1 期。

范　晓(1991)《动词的"价"分类》,《语法研究和探索》(5),语文出版社。

郭绍虞(1979)《汉语语法新探》上册第 192 页,商务印书馆。

胡裕树、范晓(1985)《试论语法研究的三个平面》,《新疆师范大学学报》第
　　2 期。

吕叔湘、朱德熙(1952)《语法修辞讲话》第 4 页,开明书店。

吕叔湘(1958)《语言和语言学》,《语文学习》第 2 号。

吕叔湘(1985)《疑问·否定·肯定》,《中国语文》第 4 期。

宋玉柱(1991)《关于词语搭配的正确性和真实性》,《汉语学习》第 2 期。

汤廷池(1979)《国语语法研究论集》,台湾学生书局。

文　炼(1982)《词语之间的搭配关系》,《中国语文》第 1 期。

邢公畹(1978)《词语搭配问题是不是语法问题》,《安徽师范大学学报》第
　　6 期。

徐烈炯(1990)《语义学》第 149—155 页,语文出版社。

N.乔姆斯基(1979)《句法结构》(邢公畹译)第 8—9 页,中国社会科学出
　　版社。

第十四章　汉语的句型[*]

句子在表层（显层）有句法平面，表现为由一定的句法成分组成的句法结构。句法结构由两个或两个以上的句法成分组成。短语和句子都有句法结构，短语的句法结构类型叫做"语型"，句子的句法结构叫做"句型"。在句法平面对句子进行语法研究，最重要的任务或目标就是要在对句子定型（确定或划定句型）的基础上构建语言的句型系统。现代汉语的句型系统，一般先可分为单句和复句，然后再根据一定的标准对单句和复句在进行分类。关于汉语的句型，不少论著有过讨论，不少语法教材对汉语的句型也有所说明，但是究竟什么是句型，汉语的句型系统是怎样的，学界有一些不同的看法。这里拟提出一些自己的见解。

1. 句型的性质

1.1　句型是句子的句法结构型式

按照句子的句法结构格式（或格局）进行分类，分出来的句子类型称为句型，所以句型是句子的句法结构型式。

---

* 有关汉语句型的某些观点，在《句型、句模和句类》（载于《语法研究和探索》(7)，商务印书馆，1995 年出版）一文中也有所论述。

有的论著提到"语义句型"、"语气句型"、"语用句型"、"主题句型"等等。(李宗宓1990,林杏光1980,李临定1986)我们认为,从广义的句子类型上说,当然也可以这样区分。但本章从三个平面的理论出发来研究句子的类型,主张把句子类型(或"类别")分为三个子系统:(一)根据句子句法平面的句法结构型式分出的句子类型称作"句型",(二)根据句子语义平面的语义结构模式分出的句子类型称作"句模",(三)根据句子语用平面表达类型分出的句子类型称作"句类"。所以对句型的含义需要作出必要的限定,要认清句型是句子在句法平面上根据句法结构分出来的类别,任何依据句子的语义结构或语用特征分出来的类别都不应看作句型,不应纳入句型范畴。从不同的角度来分析句子的类别,有利于看清句子的全方位的构成机制。

句子的句法结构是由句法成分按照一定的结构方式构成的,所以在研究句型时,一定要抓住句法结构并分析其构成方式。这就要求在定型时做到:

第一,要分析该句型是由什么句法成分组成的?

第二,要分析该句型的结构方式(即句法成分之间的句法关系)是怎样的?

1.2　句型和句模有一定的对应关系

句型和句模虽然属于不同平面,但有密切联系。句模要通过一定的句型才能外现,而句型则表示着一定的句模,所以在一个句子里,句型和句模总是结合在一起的:句模是句型所表现的内在的语义结构,而句型是句模的外在表现形式,它们是深层(隐层)和表层(显层)的关系。特别是基本句型和基干句模的关系更是紧密:基干句模中的语义成分动核和动元要通过某个句法成分才能显

现,而构成基本句型的句法成分也一定表示着基干句模的动核和动元。例如:

(1)张三批评了李四。

这句中的"批评"是动核(或句核),"张三"和"李四"是施事动元和受事动元,它们分别出现在句子的谓语动词、主语、宾语的句法位置上;也就是说,这个"施动受"句模是通过"主动宾"句型表示的。可见,在确定基本句型时,要注意句法结构成分和语义结构成分之间的某种对应关系,那些表示动核和动元的句法成分,是决定基本句型的强制性的句法成分,而那些不表示动核和动元的句法成分,则是基本句型外围的句法成分。例如:

(2)北京的张三昨天在会议上尖锐地批评了上海的李四。

这句里表示动核和动元的是主语"张三"、述语"批评"、宾语"李四",所以这几个句法成分决定了这个具体句属于"主述宾"(或"主动宾")型;而句中的状语"昨天"、"在会议上"、"尖锐地"和定语"北京"、"上海"都不是这句的基本句型的句法成分。

动核和动元可落实在基本句型的某个句法成分上,但有些基本句型里动核或动元可能空缺。如果这种空缺不是话语中的承上或蒙下的句法省略,而是语义隐含,①那么,基本句型也会不一样。比较:

(3)一斤苹果卖两块钱。

(4)一斤苹果值两块钱。

(5)一斤苹果要两块钱。

---

① 关于省略和隐含的区别,可参看吕叔湘(1979)《汉语语法分析问题》第 67—68 页,商务印书馆。

(6)一斤苹果两块钱。

(3)、(4)、(5)都有动核,是"主动宾"主谓句。但(6)隐含着一个动核,在表层就成了名词性词语作谓语的主谓句,即名词谓语句。

1.3 句型是具体句句法结构的抽象

人们平常所看到的、听到的句子,是个别的、各具个性的、多得不可胜数的;而句型则是从成千上万个具体句子里抽象概括出来的,所以它是一般的、有限的。有限的抽象的句型可以概括无限的具体的句子;无限的具体的句子也可归入有限的抽象的句型。把句子上升为句型,关键是要抽象概括,即采用从具体到抽象的思维方法抽取句子中主要的本质的东西,舍去句子中一些次要的非本质的东西;然后根据一定的标准,把共同的概括为同型,把不同的划分为异型。

一个具体的句子包含着很多因素。在定型时,必须抽象句型的本质,排除一些跟句法结构无关的因素。这些因素主要有:1)句子所反映的具体思想内容;2)句子显示的语音或文字;3)表示句子语气的成分(语调和语气词等);4)句法结构外增添的语用成分(如插语以及某些表示语用意义的助词或副词等)。例如:

(7)小李来上海吗?

(8)你快走吧!

(9)我去的。

(10)她真聪明!

上面四个句子,它们思想内容不同,语音也异,语气也不完全一样,句法结构外增添的语用成分也不同,显然是四个不同的句子。但是这四句如果舍去思想内容、语音、语用等非句型因素,也还是能抽取共同的东西:它们都是名词性词语作主语,都是广义动词(也称"谓词")作谓语,可抽象概括为"主谓句"句型。可见,不同思想内容、不同语音形式、不同的语气、不同的语用成分不影响句子的定型,只要是决定句型的句法成分及其构成的方式相同,它们就可以归纳为相同的句型。

2. 定型原则

在确定句型时,还需要掌握几条基本原则:直接成分定型的原则、层级定型的原则、一个层级一个标准的原则、区分常式句和变式句的原则。

2.1　直接成分定型的原则

句法结构是有层次性的,直接成分是定型的句法成分;因此定型时要对句子的句法结构进行层次分析,要根据句法结构的直接成分来确定句型。比如"主谓句",其直接成分就是主语和谓语,出现在具体主谓句中的其他句法成分都是主谓句的非句型成分;又如在动词谓语句里,其直接成分就是主语、谓语动词及谓语动词所联系的必有的句法成分,出现在具体动词谓语句里的其他句法成分都是非句型成分。

句子有长有短,有简单有复杂,而句型却是比较简洁概括的。同型的句子所包含的词数和长度不一定相同,句法结构的层次也可能不同。试比较下面的句子:

(11)妹妹正在唱歌。

(12)我的妹妹刚才唱了一首很好听的歌。

(13)我的妹妹在同学聚会时唱了一首很好听的歌。

(14)我的朋友的妹妹昨天在同学聚会时唱了一首很好听

的歌。

(15)我的朋友的妹妹昨天在同学聚会时兴高采烈地唱了一首很好听的歌。

这几个句子都是述宾短语(或动宾短语)作谓语组成的主谓句,可以概括为"主述宾"(或"主动宾")句型。这个句型是由充当谓语的动词或动词性短语的直接组成成分决定的。出现在句子中的定语、状语都不是"主述宾"句的直接成分,所以不能看作句型成分。提倡直接成分定型,就是要承认短语可以作句型内部的句法成分。

分清直接成分和非直接成分非常重要。如果不承认短语可以作句法成分和不分层次地把每个实词所作的句法成分都看作句型成分,便会模糊真正句型成分,就会导致多一个实词(或句法成分)就多一个句型的后果,汉语里的句型就会多得不计其数,就会无限地扩大基本句型的数量。如《汉语知识》把动词谓语句的句型分为十五种"基本结构",即基本句型。其实在我们看来其中有的不是基本句型,略举几例剖析:

(16)我讲完了故事。

(17)连长发下一道命令。

(18)中国的孩子们过着幸福的生活。

(16)该书看作"主‖谓—补—宾"型,(17)该书看作"主‖谓—定—宾"型,(18)该书看作"定—主‖谓—定—宾"型。(人民教育出版社编 1959)如果根据充当谓语的动词短语的直接成分的结构方式定型,以上三句都是述宾短语作谓语的主谓句,也可表述为"主—述—宾"句型。说它们都是主谓句,那是由直接成分主语和谓语决定的;说它们是"主述宾"句,那是因为作谓语的是个"述宾短语",其直接成分是述语和宾语。可见,上面句子里的定语、补语都不是主谓句或"主述宾"句的句型成分。如果像《汉语知识》那样，有一个结构成分就得划出一个句型，又何止十五种"基本结构"？《汉语知识》忽视了句法结构的层次性和直接成分定型的原则，混淆了直接成分和非直接成分，以致使基本句型有扩大化的倾向。有的语法书也讲基本句型，但却有缩小化的倾向。如有的语法书把动词谓语句的基本句型只分作两类：一类是"主谓句"，一类是"主谓宾句"（张静 1980）。这样简单是简单了，但却不能反映汉语动词谓语句的丰富多样性。实际上，汉语动词谓语句中的谓语，有的只是一个动词充当，但更多的往往是由动词性短语充当的；而动词性短语又不只是一个述宾短语（或动宾短语）。现代汉语中能充当谓语的动词性短语有述宾短语、状心短语、述补短语、并列短语、顺递短语、重叠短语等[①]，相应地也就有各种不同的动词谓语句句型。

2.2　层级定型的原则

如果建立汉语句型系统不注意句型的层级性，不贯彻层级定型的原则，还有可能把不同层级的句型混在一起，看不到它们之间上下位的内在联系。有些语法论著着眼于句法成分的配置来确立句型，但由于不考虑句型系统的层级性，所以掌握的标准也就不完全一样：有的依据六大成分（主、谓、宾、定、状、补）在句中的配置情形来确定句型（人民教育出版社 1959）；有的认为只有主语、谓语、宾语才是句型成分，便只依据这三种成分的配置来确立句型（张静 1980）；有的认为定语和状语与确定句型无关，要依据主语、谓语、宾语、补语四个成分的配置来确立句型（胡裕树 1981）；有的只依

[①]　汉语动词短语的句法类型可参看范晓（1980）《关于结构和短语问题》，《中国语文》第 3 期；范晓（1991）《汉语的短语》，商务印书馆。

据主语和谓语多寡以及配置来确立句型(陈建民 1986)。由于各家对定型的句法成分标准有歧见,因此各家所建立的句型系统也必然不一样。其实,各家所说的种种句法成分如果放在不同的层级里,都可能是句型成分,但离开了一定的层级,也可能不是句型成分。例如:

(19)我知道他是大学生。

(20)小王的父亲跌伤了。

(21)他已经把房间打扫好了。

上面三句第一层级主语、谓语这两个句法成分是直接成分,它们就是构成主谓句的句型成分。在主谓句这一层级里如果有定语、状语、宾语、补语,它们都不是决定句型的成分,而只是"句型成分的成分",即"语型"(短语的句法结构类型)成分,如(19)中的主语"他"和宾语"大学生"、(20)中的定语"小王"和补语"伤"、(21)中的状语"把房间"等便是。如果对上面三句第二层级定型,则主语、述语、宾语、补语、状语都是句型成分,可抽象出(19)是"主述宾"句,(20)是"主述补"句,(21)是"主状心"句。至于定语,在句型的很多层级里都不能作句型成分,但是在定心结构的非主谓句里,如果对非主谓句作下位区分(如分为"述宾型"、"定心型"等),那么它也可以是句型成分,例如:

(22)多么美丽的河山啊!

这句的是定语(多么美丽)和中心语(河山)是句子的直接组成成分,也就是这个非主谓句下位分类的句型成分,构成定心结构非主谓句。

2.3 一个层级一个标准的原则

句型的分类标准不能采用多标准而只能用单一标准,因为从逻辑上说多标准等于无标准。但有的语法论著明确提出用多标准来确定句型，①显然不妥。有的虽没提多标准，但在他们所分的句型里体现了多标准，如有的提出汉语有十三种句型，即"及物动词句"、"不及物动词句"、"助动词句"、"双宾动词句"、"动词作宾语句"、"小句作宾语句"、"宾语前置句"、"存在句"、"被动句"、"把字句"、"得字句"、"连动句"、"兼语句"。（《现代汉语八百词用法》编写组 1978）这种分类不是用单一个标准，而是采用了多标准。仔细琢磨，是用五个标准：一是根据动词的性质，如分成及物动词句、不及物动词句、助动词句等；二是根据宾语或补语的特点，如分出双宾语句、动词作宾语句、小句作宾语句、宾语前置句等；三是根据动词谓语的意义（实际上是句子的语用意义），如分出存在句、被动句等；四是根据某些特征字，如分出"把"字句、"得"字句等；五是根据充当谓语的动词性短语的内部结构，分出连动句、兼语句等。这样划分出来的句型只是表面的罗列，缺乏系统性和严密性。从逻辑上看，是违反划分（分类）只能按照一个标准的要求的。

由于句型系统是个层级系统，在不同的层级应该各有其不同的标准，即每一个层级有一个标准（单一标准）。也就是说，在不同层级都得根据该层级句法结构的一定的直接成分及其配置形式作为区分句型的标准，但什么句法成分可作为句型成分在不同层级不完全一样，如在"主谓句"和"非主谓句"这个层级，其区分标准根据的是有没有主语和谓语两个句法成分，而不是根据定语、状语、宾语、补语分出来的。一般认为主语和谓语是句型成分，其实并不

① 林杏光明确提出采用六个标准。见林杏光（1980）《汉语五百句》，陕西人民出版社。另外可参看李临定（1986）《现代汉语句型》，商务印书馆。

是任何句子里出现的主语和谓语都是句型成分,如果主谓结构出现在非主谓句里或者主谓句的主语、宾语、补语、定语里,主语、谓语就是非句型成分。例如:

　　(23)禁止机动车通行!

　　(24)我知道她很聪明。

　　(25)英英羞得脸都涨红了。

　　(26)孩子用功是好事。

(23)中句法结构的直接组成成分是述语(禁止)和宾语(机动车通行),所以是个"述宾"型的非主谓句,其中宾语"机动车通行"是个主谓结构;在这个非主谓句里,作宾语的主谓短语中的直接成分主语和谓语就不是句型成分。(24)是个"主述宾"主谓句,宾语位置上出现的"她很聪明"是个主谓结构,其直接成分主语和谓语也不是句型成分。(25)是个"主述补"主谓句,补语部分出现的"脸涨红"是个主谓结构,其直接成分主语和谓语也不是句型成分。(26)是个"主述宾"主谓句,主语位置上出现的"他用功"是个主谓结构,其直接成分主语和谓语也不是句型成分。

　　可见,根据句法成分及其配置来定型是正确的,但不应笼统地说有哪几个句法成分来确定句型,也不能说是六个或是三个或是四个句法成分来确定句型,更不是某些重要的句型成分在任何一个层级或任何位置上都是句型成分;而是要按照不同的层级来选择直接成分作为句型成分,在此基础上来确定和命名不同层级的句型。

2.4　区分常式句和变式句的原则

　　抽象出的句型是有限的、静态的、相对固定的,但话语中出现的具体的句子是无限的、动态的、千变万化的,所以就有常式句型和变式句型的区别。

2.4.1　常式句

常式句也称"正式句",是指话语中经常使用的句型。常式句有两个显著特点:第一,该句型具有常规的语序;第一,该句型的有关句法成分具有完整性,即决定句型的成分是完整的、不残缺的。

就汉语的动词谓语句来说,常式句有两种:核心句和衍生句。

核心句内部成分的语序是按照静态短语语型构成的,所以它的语序规则跟静态短语的语序规则完全一致。比如,汉语中述宾短语作谓语构成的主谓句里,按照"主语＋述语＋宾语"这样的次序排列的"主述宾"式句型,是核心句,例如:

> (27)张三批评了李四。/我看过这个电影了。/他看了一本好书。/我吃过饭了。

衍生句是由核心句衍生出来的在动态言语中经常使用的句式。它与静态短语抽象出的语序相比,语序有所变动,即语序发生移位;但这种移位属于非倒装移位。由主语、述语、宾语构成的动词谓语句里,宾语因语用需要而前移的常见句的句型则是衍生句。比较以下的句子:

> (28)我看过这个电影了。　("主语＋述语＋宾语")
>
> (29)我这个电影看过了。　("主语＋宾语＋述语")
>
> (30)这个电影我看过了。　("宾语＋主语＋述语")

上面这几个句子里的句型成分相同,都是主语、述语、宾语;但是这些句型成分的排列次序不同,然而它们在现代汉语的话语里都是常见的,所以都是常式句,其中(28)的"主语＋宾语＋述语"式属于核心句,(29)、(30)的"主语＋宾语＋述语"式和"宾语＋主语＋述语"式属于衍生句。核心句和它的衍生句可以看作不同的句型。

2.4.2 变式句

变式句是指不常见的、比较特殊的、突破常式句的句子。变式句和常式句应看作相同的句型。变式句有两种:

1)倒装变式句

倒装变式句是一种"非常规语序"形成的变式句,这种变式语序也有人称之为倒装语序、超常语序、凸现语序。常式句有着正常的语序,比如主谓句,其语序就是主语在前,谓语在后,如"你吃饭了吗"、"你快进来"这两个句子就是符合主谓句的正常语序,所以属于常式句。但是由于语用表达的需要,话语里有时会出现语序倒装的情形,例如:

(31)吃饭了吗,你?

(32)快进来,你!

上面两句都是主谓句,但违反了主谓句"主在谓前"的正常语序,变成"主在谓后"的倒装句,即变式句。

2)省略变式句

省略变式句指省略了某个句型成分的、即句型成分不完整的变式句。常式句的句型成分是完整的,比如"主述宾"句,一定有主语、述语、宾语三个句型成分,缺一不可。如"我正在读书"、"他去北京了"、"小张吃了两个苹果"等就是成分完整的常式句。但是由于语用表达的需要,在对话或上下文语境中,有时省略某个句型成分。省略句型成分的省略句都属于变式句。例如:

(33)他有三个孩子,[ ]都上大学了。

(34)甲:你看过这本书吗?

乙:[我]看过[书]了。(对话省略主语和宾语的变式句)

(33)是承上文省略句型成分主语"他的三个孩子"的变式句,(34)是在对话中承前省略句型成分主语和宾语的变式句。

3. 汉语的句型系统

句型是一个层级系统。虽然各层级的定型标准不一样,但在同一层级都得按照单一的句法标准来定型。句型的层级系统是一层一层确定的,先确定上位句型,再确定下位句型,所以句型这种层级系统是上位统领下位的网络系统。句型系统可分得粗疏一些,也可分得很细密,细分到怎样的程度,也得根据应用目的而定。

现代汉语句型系统大体上可以这样一步步区分下去:

3.1　单句和复句

根据有没有两个或两个以上分句的标准,可分为单句和复句两大类。例如:

(35)小英生病了。

(36)今天的天气很好。

(37)小英生病了,所以今天没来学校上课。

(38)我们虽然取得了不少成绩,但是还有许多事需要做,所以还要不断努力。

(35)、(36)句子中分不出分句,是单句;(37)、(38)由两个或两个以上分句组成,就是复句。对单句和复句可以分别进行再分类。

3.2　单句的下位分类

根据句子里直接成分有无主语和谓语为标准,可以再分为主谓句和非主谓句。句子中句法结构的直接成分具有主语和谓语的

是主谓句,例如:

　　(39)她睡了。/我今天买了几本新书。/我们打败了

敌人。

直接成分分不出主语和谓语的是非主谓句,例如:

　　(40)下雨啦! /好香的鲜花啊!

3.2.1　单句里主谓句的下位分类

　　单句里主谓句的下位一般根据充当谓语的词语性质或作谓语的短语的句法结构的直接成分来分类。这是因为谓语是对主语进行表述的,一般是句子的新信息,而且作谓语的词语相对主语而言也比较复杂;所以根据谓语的情况对主谓句进行下位分类是合理的,也是有价值的。相反,如果根据主语的情况进行分类,虽然也可以分出类来,如根据作主语的词语的句法性质分为名词主语句、动词主语句、形容词主语句或分为"定心主语句"、"述宾主语句"、"述补主语句"句等,但这样分出来的句型没有谓语的下位区分重要。

　　根据作谓语的词语的句法性质,可分为动词谓语句(简称"动谓句")、形容词谓语句(简称"形谓句")、名词谓语句(简称"名谓句")、主谓谓语句。例如:

　　(41)她走了。/我吃过饭了。

　　(42)陆汝康很勇敢。/麦苗绿油油的。

　　(43)今天星期三。/鲁迅绍兴人。

　　(44)他身体很棒。/中国人口多。

(41)是由动词性词语作谓语的动谓句,(42)是由形容词性词语作谓语的形谓句,(43)是由名词性词语作谓语的名谓句,(44)是由主谓短语作谓语的主谓谓语句。动谓句、形谓句、名谓句、主

谓谓语句等句型还可进行下位分类。下面一节着重说说单句中的动谓句。

3.2.2　单句中动谓句的基本句型

动谓句是句型系统中数量最多也最为复杂的句型,很有必要进行再分类。动谓句基本句型的定型成分是:主语、谓语动词以及作谓语的动词性短语的直接成分,这些句法成分一般和该句子的语义平面的动核及其动元对应,句子中不是表示动核和动元的句法成分都是"非句型成分"。如果根据主语、谓语动词以及作谓语的动词性短语的直接成分来分类,现代汉语动谓句的基本句型可概括为六种(用代号 S 表示主语,V 表示述语或谓语动词,O 表示宾语,Z 表示状语,B 表示补语,L 表示并列语,T 表示顺递语,D 表示重叠语),它们是:

1)SV("主动"型动谓句)。例如:

(45)她笑了。/可爱的小鸟死了。/老张上午来过了。/奴隶们已经解放了。

这是由"主语＋谓语动词"构成的动谓句。在这种句型里,主语表示动元,动词表示动核。如果作主语的是定心短语或动词前出现非介词短语所作的状语①、动词后出现补语,则定语、状语、补语都不是 SV 这种句型的句型成分,如上面句子里的定语"可爱的"和状语"上午"、"已经"便是。

2)SVO("主述宾",即"主动宾"型动谓句)。例如:

(46)张三在会上批评了李四。/他的孩子买了一个气

---

①　介引"动元"的介词短语作状语可以作句型成分,但其他不表动元的状语不能看作句型成分。

球。/他晚上吃了三碗饭。

这是一种由述宾短语充当谓语的动谓句。在这种句型里,主语、述语、宾语为定型的句法成分,它们分别表示这种动谓句句模中的主事、动核、客事。句子里出现的定语和状语都不是确定这种 SVO 句型的成分,如定语"他"、"一个"和状语"在会上"、"晚上"便是。

述宾短语充当谓语的动谓句 SVO 中还有这样一种句子,例如:

(47)我们打败了敌人。/他已经说清楚了这个问题。/那狼狗咬死了许多绵羊。

这种句子里虽然谓语动词后带有补语,但也还是 SVO 句型。这是因为"动词+补语"构成的动补短语作这种句子的述语,所以补语在这种句子里不是决定句型的直接成分。如果把这种句子分析为 SVBO 型,那是"主述宾"动谓句的下位分类。

述宾短语作谓语的动谓句可以根据不同的标准进行下位分类。

(甲)如果按照带宾语的数量分,"主述宾"动谓句可以分为单宾句和双宾句两类:

第一类,单宾句。指动词后带一个宾语的"主述宾"动谓句,记作 SVO 句型。例如:

(48)他看过《三国演义》了。/他是北京大学的学生。

第二类,双宾句。指动词后带两个宾语的"主述宾"动谓句,为有别于单宾句,可记作"SVO_1O_2"。例如:

(49)他送给我一本书。/老师教给我许多知识。

(乙)如果按照宾语的位置来区分,"主述宾"动谓句可以分为

后置宾语句、前置宾语句两类:

第一类,后置宾语句。指宾语在动词之后的"主述宾"动谓句,是"主述宾"动谓句的典型或基本格式,属于"核心句",可记作"SVO"型。例如:

(50)他看过这个电影了。/我们研究过这个问题了。

第二类,前置宾语句。指由核心句"SVO"衍生出的述宾谓语句。例如:

(51)他这个电影看过了。/我们这个问题研究过了。("主宾述")

(52)这个电影他看过了。/这个问题我们研究过了。("宾主述")

前置宾语句有两种:一种是宾语置于主语之后、动词之前的"主宾述"动谓句,如(51),可记作"SOV"。① 这种前置宾语一般为有定的事物,也带有主题性(可看作句子的次主题)。另一种是宾踞句首(在主语之前)的"宾主述"动谓句,如(52),可记作"OSV"。这种前置宾语是语用上主题化的需要,在语用上分析为全句的主题,一般表示有定的事物,是句子述题所表述的对象。

(丙)如果根据充当宾语的词语的句法性质分类,"主述宾"动谓句还可分为名词宾语句、动词宾语句、形容词宾语句、主谓宾语句(也称"小句宾语句")等。例如:

(53)张三批评李四了。/他吃了两个包子。(名词宾语句)

(54)他渴望学习绘画。/我喜欢踢足球。(动词宾语句)

---

① "他什么事都知道"、"我一句话都没说"之类表示或强调周遍性的宾语前置也属于"主宾述"动谓句。

(55)他爱清洁。/我觉得很冷。（形容词宾语句）。

(56)他知道我是老师。/我发现她衰老了。（主谓宾语句）

3)SVB（"主述补"，即"主动补"型动谓句）。例如：

(57)他已吃饱了。/她妹妹才走进来。/我今天来晚
了。/她笑得眼泪都流出来了。

这是一种由述补短语充当谓语的动谓句。在这种句型里，主语、述语、补语为定型的句法成分，句子里出现的定语和状语都不是SVB的句型成分，如上面句子里的定语"她"和状语"已"、"才"、"今天"便是。汉语里有这样一种句子：

(58)我去了一趟。/小王哭过一次。/我看了他一眼。

(59)他害怕死（煞）了。/孩子饿极了。/她气得很。

这种句子动词后的句法成分一般语法书都分析为补语。但是由于这种补语不是动核或动元，它在句法上起着类似状语的作用，语义上起着状元的作用，有些语法书称它"后附状语"也不无道理，所以这种补语不是"主述补"句的句型成分，严格地说这类句子是SV句，而不是SVB句。①

述补短语作谓语的动谓句可以根据作谓语的述补短语中述语动词与补语的关系或某些特征进行下位分类。主要可分为"动结式"动谓句、"动趋式"动谓句、"能否式"动谓句、"动得式"动谓句、"兼格式"动谓句等五种。

第一种，动结式"主述补"动谓句。指"动结式"短语作谓语的"主述补"句，可记作"SVB结"。此类补语表示补充说明动作的结果，作补语的多是不及物动词和形容词。例如：

---

① 即使把它看作"主述补"句，也得另作解释。

（60）我们打胜了。/我的手表摔坏了。

第二种，动趋式"主述补"动谓句。指"动趋式"短语作谓语的"主述补"句，可记作"SVB趋"。此类补语表示补充说明动作的趋向，作补语的是一些表趋向的动词。例如：

（61）他走进来了。/信寄出去了。

第三种，能否式"主述补"动谓句。指"能否式"短语作谓语的"主述补"句，可记作"SV 得/不 B"。此类补语表示补充说明动作的结果、趋向能否实现，通常在动词和补语之间插进"得"表可能，在动词和补语之间插进"不"表不可能。例如：

（62）这件事做得成。/那个人走不过来。

第四种，动得式"主述补"动谓句。指"动得式"短语作谓语的"主述补"句，可记作"SV 得 B"。此类补语表示补充说明动作的情状，动词和补语之间插有结构助词"得"，形容词性词语、动词性词语乃至主谓短语都可以作"动得"后的补语。例如：

（63）她的脸涨得通红。/老王跑得直喘气。/她笑得腰都直不起来了。

第五种，兼格式"主述补"动谓句。指"兼格短语"（一般书上称为"兼语短语"）作谓语的"主述补"动谓句，①可记作"S（VO）B"。此类补语补充说明"VO"所表示的动作事件的目的、原因等。例如：

（64）我请他吃饭。/公司经理派他去广州办事。

4）SZV（"主状心"即"主状动"型动谓句）。例如：

---

① 这种句子里作谓语的动词性短语是由两个动词中嵌一个名词构成，该名词兼作前一动词的客事和后一动词的主事，一般语法书称为"兼语短语"，我们认为它在语义上是"兼格短语"，在句法上是"述补短语"。参看本书第九章"主客兼格句"。

　　(65)居委会干部为人民服务。/张三把李四批评了。/李

四被张三狠狠地批评了。

这是一种由状心短语充当谓语的动谓句。在这种句型里,主语、状语(由某些能表示动元的特定介宾短语充当)、谓语动词充当的中心语为定型的句法成分,它们分别表示这种动谓句句模中的主事、客事(或与事)、动核。句中的定语或不表动元的状语都不是SZV这种句型的成分,如上面句子里的定语"居委会"和状语"狠狠地"便是。状心短语充当谓语的动谓句里还有这样一种句子,例如:

　　(66)我们已经把敌人打败了。/敌人已经被我们打败了。

这种句子虽然谓语动词后带有补语,但由于"动词+补语"构成的动补短语在句子里作述语,相当于一个谓语动词,所以补语在这种句子里不是决定句型的直接成分,这种句子也还是SZV句型。如果把这种句子分析为SZVB型,那就是"主状心"动谓句的下位分类。

　　5)SVL("主并列"动谓句)。例如:

　　(67)路上的行人有说有笑。/那人边走边说。/他从小就爱打球、爱游泳、爱跳舞。

这是一种由动词性的并列短语充当谓语的动谓句。并列短语句法结构的直接成分是两个或两个以上的并列语,它们之间具有并列关系。在这种句型里,主语、并列语为定型的句法成分,而主语或并列语内部的定语、状语、宾语、补语都不是SVL的句型成分,如上面句子里的定语"路上的"、状语"边"、"从小"以及宾语"球"、"游泳"、"跳舞"便是。

　　6)SVT("主顺递"型动谓句)。例如:

(68)她的母亲笑了笑说。/我迅速开门走出去叫人。/他立刻走下车绕到车后推车。

这是一种顺递短语（也称"连动短语"）作谓语的动谓句，顺递短语句法结构的直接成分是两个或两个以上的顺递语。它们之间具有时间先后的顺递关系。在这种句型里，主语、顺递语为定型的句法成分，而主语或顺递语里出现的定语、状语等不是 SVT 句的句型成分，如上面句子里的定语"她的"和状语"迅速"、"立刻"等便是。

7)SVD（"主重叠"即"主动叠"型动谓句）。例如：

(69)聪明的白鸽不停地飞啊飞啊，终于飞到了宝坪村。/你去去去，快去！

这是一种重叠短语作谓语的动谓句，[①]重叠短语句法结构的直接成分是两个或两个以上的重叠语，它们之间具有重叠关系。在这种句型里，主语、重叠语为定型的句法成分，而句子里出现在主语和重叠语里的定语、状语不是 SVD 句的句型成分，如上面句子里的定语"聪明的"和状语"不停地"便是。

3.2.3　单句里非主谓句的下位分类

非主谓句根据构成句子的词语性质，主要可分为动词性非主谓句、名词性非主谓句、形容词性非主谓句以及特殊词类构成的非主谓句四类：例如：

(70)禁止吸烟！/下雨了。/立正！/救命啊！（动词性非主谓句）

---

① 关于重叠短语可参看范晓(1980)《关于结构和短语问题》,《中国语文》第 3 期；范晓(1984)《试论重叠短语》,《杭州大学学报》第 12 卷。

(71)多漂亮的孩子！／好香的干菜！／火！／老张！（名词性非主谓句）

(73)肃静！／真倒霉！快！／慢点儿！（形容词性非主谓句）

(74)轰隆隆！／叮当叮当！喂！／嗯！／唉！（特殊词类构成的非主谓句）

如果需要,对上面的各类主谓句也还可以进行下位分类。动词性非主谓句可分为"单动句"（如"救命啊"）、"述宾句"（如"禁止吸烟!"）、"述补句"（如"立正!"）等;名词性非主谓句可分为"单名句"（如"火!"）、"定心句"（如"多漂亮的孩子!"）;特殊的非主谓句（可简称"特殊句型"）。[①] 这种特殊句型下分:拟声词非主谓句（如"轰隆隆!"）、感叹词非主谓句（如"喂!"）、称呼语非主谓句（如"小王!"）。特殊句型之所以"特殊",是因为它不是动核结构构成的,而其他主谓句和非主谓句在深层都是由动核结构构成的。[②]

3.3　复句的下位分类

根据复句内部的分句间句法关系的标准,可再分为联合复句、偏正复句和补充复句三类。[③] 例如:

(75)小伙在弹琴,姑娘在歌唱。

---

①　拟声词和感叹词经常单独成句（构成特殊的非主谓句）,称呼语构成的呼应句也属特殊句型。

②　非主谓句虽然表面上有的不出现动核,有的不出现动元,但是实际上它们隐含着动核或动元,如"加油干哪!"、"立正!"、"肃静!"等隐含着动核所联系的主事,"火!"、"蛇!"等隐含着动核。

③　其中补充复句是笔者首创,参看范晓(1987)《试论补充复句》,《语文论集》,外语教学与研究出版社。

　　(76)因为天气不好,所以他没来上班。

　　(77)他性格暴躁:常常发火,骂人、摔东西。

分句间具有联合关系的是联合复句,如(75);分句间具有偏正关系的是偏正复句,如(76);分句间具有补充关系的是补充复句,如(77)。联合复句、偏正复句、补充复句根据句中分句间的句法关系,还可继续下分。

3.3.1　联合复句的下位分类

　　联合复句由两个或两个以上的分句组成,各分句联合在一起分不出主次。根据联合复句内部的分句间句法关系,可再分为四类:并列复句、连贯复句、递进复句、选择复句。

　　第一类,并列复句。指分句间的关系为并列关系的复句,例如:

　　(78)你走你的阳关道,我走我的独木桥。/东边有一片树林,南边是一条大河,西边有一块牧场,北边是一座高山。

　　第二类,连贯复句。指分句间的关系为连贯关系或顺递关系的复句,例如:

　　(79)小戈很快地吃完饭,给父母打了一声招呼,背上书包上学去了。/他一直往前走,在十字路口向左转弯,就见到那家店铺了。/有翼的床头靠着个谷仓,仓前边有几口缸,缸上面有几口箱,箱上面有几只筐。

　　第三类,递进复句。指分句间的关系为递进关系的复句,例如:

　　(80)这件衣服不但质量好,而且价格也不贵。/齐桓公不但不办管仲的罪,还立刻任命他为相让他管理国政。

　　第四类,选择复句。指分句间的关系为选择关系的复句,

例如：

(81)不是你走，就是我走。/或者你到我这里来，或者我到你那里去，或者另找一个地方见面。

3.3.2 偏正复句的下位分类

偏正复句由两个有主从关系的分句组成，所以也称"主从复句"。根据偏正复句内部的分句间句法关系，可再分为四类：因果复句、转折复句、条件复句、让步复句。

第一类，因果复句。指分句间的关系为因果关系的复句，例如：

(82)因为天气不好，所以我今天不能到你家去。/因为我眼睛受伤了，所以现在没法看书写字。

第二类，转折复句。指分句间的关系为转折关系的复句，例如：

(83)虽然天气不好，但是他还是赶来了。/尽管他对这个问题表达的方式不尽相同，但是表达的内容实质却是相同的。

第三类，条件复句。指分句间的关系为条件关系的复句，例如：

(84)如果明天下雨，我就不去你家访问了。/要是让宇宙中所有的天体都围绕着水面转动，水面也会出现凹陷。

第四类，让步复句。指分句间的关系为让步关系的复句，例如：

(85)即使明天再忙，我也会去你家访问的。/即使连续下暴雨，这里也不会造成山洪暴发。

3.3.3　补充复句的下位分类

补充复句由两个有主次关系的分句组成。这种复句里后分句补充说明前分句。主句和从句之间书面上常用冒号隔开(有的作者也有用逗号的)。根据补充复句内部的分句间补充说明的情形,可再分为四类:注释复句、总分复句、记叙复句、表相复句。

第一类,注释复句。指后分句和前分句之间具有注释关系的复句,后分句对前分句的某个部分(多为宾语或主语)作注释性的补充。例如:

(86)老师给他提了一个意见:上课不要迟到,听课要专心。/爱因斯坦提出了一个的新假设:即在所有相互作匀速直线运动的坐标系中,光在真空中的传播速度都完全相同。/一个可怕的念头突然在脑中闪过:去死。

第二类,总分复句。指后分句和前分句之间具有总分关系的复句,后分句对前分句的某个部分(宾语或主语)作总分性的补充,或"先总说后分说",或"先分说后总说",或"先总说,次分说,再总说"。例如:

(87)我有两个弟弟:一个在北京上学,一个在上海工作。/左边站着一个胖子,右边站着一个瘦子,这两个人是他的干将。/这两人是弟兄俩,哥哥叫伯夷,弟弟叫叔齐,他们是孤竹国(在今河北卢龙)国王的两个儿子。

第三类,记叙复句。指后分句和前分句之间具有记叙关系的复句,后分句对前分句中宾语所代表的事物进行记叙性或描写性的补充说明。例如:

(88)跌倒的是一个女人,花白头发,衣服都很破烂。/院子里种着一棵樟树,一年四季树叶都是碧绿碧绿的。/前面横卧着一座山岭,黑苍苍的,像水墨画一样。

第四类,表相复句。指后分句和前分句之间具有表相关系的复句,后分句对前分句的谓语或谓语中的形容词或动词进行补充说明,着重补充说明所表性状或动作行为的境相。① 形式特点是后面的分句通常是“得”字句(述语与补语间有个结构助词“得”),②或“像”字句(“像”是个比喻词)。例如:

（89）她羞得满脸通红,红得像那熟透了的苹果。/海水碧蓝碧蓝的,蓝得使人心醉。/她的头发乱蓬蓬的,像冬天的枯草一样。/她的嗓音很清脆,/就像谷里的泉水似的。

有些表相复句从句之前可以有或可以加上词语“表现在”、“形就形在……”(“形”指形容词)这样的格式。③ 例如:

（90）这株桂树真怪:表现在别的树开花,年年开一色的花,唯独它,如果今年开的是红花,明年就开白花,后年呢,开的又是黄花。/鲁镇酒店的格局是和别处不同的:都是当街一个曲尺形的大柜台,柜台里面预备着热水,可以随时温酒。/这部戏很好,好就好在每一个角色都有“戏”,让每一个演员都能在演出中发挥自己的艺术才能。

---

① “境相”这个术语,可参看陈望道(1948)《试论助词》,《国文月刊》第 65 期。

② 从句通常用“得”字句,“得”字有的也写作“到”,如“未庄在黑暗里显得寂静,寂静到像羲皇时代一样太平”(鲁迅)。有的虽不是“得”字句,但能变换成“得”字句,如“他非常激动,拿着酒杯的手都发抖了”可以说成“他非常激动,激动得拿着酒杯的手都发抖了”。又如“她的头发乱蓬蓬的,像冬天的枯草一样”可说成“她的头发乱蓬蓬的,乱得像冬天的枯草一样。”

③ 如“好就好在……”、“怪就怪在……”、“灵就灵在……”、“美就美在……”等,可概括成“形就形在……”。

3.4 汉语句型系统表

3.4.1 单句系统

汉语单句的下位区分		词语的性质	句　例
主谓句	动词谓语句	动词性词语作谓语	他休息了。/张三批评了李四。
	形容词谓语句	形容词性词语作谓语	陆汝康很勇敢。/麦苗绿油油的。
	名词谓语句	名词性词语作谓语	他北京人。/一斤苹果两块钱。
	主谓谓语句	主谓短语作谓语	他身体挺棒。/中国人口众多。
非主谓句	动词性非主谓句	动词性词语构成	出太阳了。/禁止吸烟！/立正！
	名词性非主谓句	名词性词语构成	火！/多么可爱的山河！
	形容词性非主谓句	形容词性词语构成	肃静！/真倒霉！
	特殊的非主谓句	拟声词或感叹词或称呼语构成	轰隆隆！/喂！/嗯！/小王！

3.4.2 单句中的基本动谓句系统

下位区分	主语＋作谓语的词语	记号	句　例
单动动谓句	主语＋谓语（单个动词）	SV	她笑了。/那只小鸟飞走了。
动宾短语动谓句	主语＋谓语（动宾短语）	SVO	张三批评了李四。/他买了把刀。
动补短语动谓句	主语＋谓语（动补短语）	SVB	他已经吃饱了。/她今天来得晚了
状动短语动谓句	主语＋谓语（状动短语）	SZV	他把她批评了。/她被他批评了
并列短语动谓句	主语＋谓语（并列短语）	SVL	他们有说有笑,/两人边走边说。

续表

下位区分	主语+作谓语的词语	记号	句　例
顺递短语动谓句	主语+谓语（顺递短语）	SVT	她笑了笑说，/我开门出去叫人。
重叠短语动谓句	主语+谓语（重叠短语）	SVD	白鸽飞啊飞啊……。/你去去去！

3.4.3　复句系统

汉语复句的下位区分		句　例
联合复句	并列复句	他跳舞，我唱歌。/东边是树林，南边是大河，北边是高山。
	连贯复句	小戈吃完饭，给父母打了一声招呼，背上书包上学去了。
	递进复句	这件衣服不但面料好，做工也讲究，而且价格很便宜。
	选择复句	或者你来我家，或者我去你家，或者找另一地方我们见面。
偏正复句	因果复句	因为今天下大雨，所以我不能去你家访问。
	转折复句	虽然今天不下大雨，但是我还是不能去你家访问。
	条件复句	如果明天不下大雨，我会去你家访问的。
	让步复句	即使明天下大雨，我也会去你家访问的。
补充复句	注释复句	老师给他提了一个意见：上课不要迟到，听课要专心。
	总分复句	我有两个弟弟：一个在北京上学，一个在上海工作。
	记叙复句	院子里种着一棵樟树，一年四季树叶都是碧绿碧绿的。
	表相复句	他便张开没牙的嘴格格地笑，笑得像一朵正开的花。

主要参考文献：

陈建民（1986）《现代汉语句型论》，语文出版社。

范　晓（1980）《关于结构和短语问题》，《中国语文》第 3 期。

范　晓（1983）《试论动词谓语句的定型问题》，《语文论丛》(2)，上海教育出版社。

范　晓（1987）《试论补充复句》，《语文论集》，外语教学与研究出版社。

范　晓（1989）《施事宾语句》，《世界汉语教学》第 1 期。

范　晓（1991）《动词的"价"分类》，《语法研究和探索》(5)，语文出版社。

范　晓（1995）《句型、句模和句类》，《语法研究和探索》(7)，商务印书馆。

范　晓（2003）《说语义成分》，《汉语学习》第 1 期。

范　晓、张豫峰等（2003）《语法理论纲要》，上海译文出版社。

高名凯（1960）《语法理论》，商务印书馆。

胡裕树主编（1979）《现代汉语》（修订本），上海教育出版社。

胡裕树主编（1981）《现代汉语》（增订本），上海教育出版社。

黄伯荣（1963）《句子的分析与辨认》，上海教育出版社。

李临定（1986）《现代汉语句型》，商务印书馆。

李宗宓（1990）《汉语的语义句型》，《第二届国际汉语教学讨论会论文选》，北京语言学院出版社。

林杏光（1980）《汉语五百句》，陕西人民出版社。

吕叔湘（1979）《汉语语法分析问题》，商务印书馆。

史有为（1987）《句型的要素、变体和价值》，《句型和动词》，语文出版社。

邢福义（1983）《论现代汉语句型系统》，《语法研究和探索》(1)，北京大学出版社。

张　静主编（1980）《新编现代汉语》，上海教育出版社。

人民教育出版社编（1959）《汉语知识》，人民教育出版社。

《现代汉语八百词用法》编写组（1978）《区分句型的一个尝试》，《中国语文》第 3 期。

第十五章　汉语的句模[*]

句子客观地存在着三个平面，因此主观上不仅可能而且应该从三个不同的平面（或角度）给句子进行语法分类。根据句子句法平面的特征分出来的类别，可称为句型；根据句子语义平面的特征分出来的类别，可称为句模；根据句子语用平面的特点分出来的类别，可称为句类[①]。以往人们在论及句子的类别时，没有严格地区分句子的三个不同的平面。各家分类的标准不尽相同，类别的名称也多种多样。有的语法论著虽然分别了句子的结构的类别和语气的类别，但都称作句型（黄伯荣 1963）；有的还把句子语义结构的类别也称作句型（吴宗济 1990）。不用相应的术语来区别不同平面的句子类型，这就把不同性质的句子类别混在一起了。区分句模、句型和句类，可以巩固已经取得的认识成果，有助于语法研究的精密化、科学化、实用化。

句子在深层（隐层）有语义平面，表现为一定的语义结构。语义结构由两个或两个以上的语义成分组成。短语和句子都有语义结构，短语的语义结构类型叫做"语模"，句子的语义结构叫

---

[*]　有关汉语句模的某些观点，在《句型、句模和句类》（载于《语法研究和探索》(7)，商务印书馆，1995 年出版）一文中也有所论述。

[①]　"句模"、"句型"、"句类"这三个术语，高名凯在《语法理论》(1960)一书中曾使用过，但含义与本文有别。

做"句模"。在语义平面对句子进行语法研究,最重要任务或目标就是要定模(确定或划定句模)。在句子的语义平面研究句模,是笔者第一个提出来的。(范晓 1995)现代汉语的句模系统究竟是怎样的? 这是需要深入探讨的一个课题。本章在阐释句模理论的基础上,对现代汉语的基本句模进行了初步考察和分析。

1. 句模的性质及其特点

1.1　句模是句子的语义结构模式

句子的语义平面有一定的语义成分组成的语义结构,句模就是句子的语义结构模式,也就是说,它是在语义平面分出来的结构类别。任何意义都需要一定的形式才能显示,语义平面的语义成分和语义结构,是通过句法结构显示出来的。动词是句子的语义结构的核心,它是动核结构中的动核(或句核)[①]。由动核和动核所联系的语义成分组成的动核结构是句子语义结构的基底,一般的句子在语义平面都是由动核结构构成的,[②]因此,句子的句模跟句子隐层所潜藏着的动核结构有密切的关系。

　　[①]　本章的动词指广义动词,也称"谓词",包括传统所说的动词和形容词。关于动核结构、动核的含义可以参看范晓(1991)《动词的"价"分类》,《语法研究和探索》(5)。

　　[②]　有些"独词句"表面上只有一个词,实际上在深层(隐层)隐含了动核或动元(如"火!"隐含动核,"立正!"隐含动元)。但是有些"独词句"是例外,这主要是指由感叹词或称呼词构成的呼应句(独词句),如"老黄!""喂!""嗯!"等,这种句子难说是由动核结构构成的。这是一些特殊的情形。

1.2 句模是具体句语义结构的抽象

句模像句型一样,也是从成千上万个具体句子里抽象概括出来的,所以它是一般的,有限的。有限的抽象的句模可以概括无限的具体的句子;无限的具体的句子也可归入有限的抽象的句模。把句子上升为句模,要采用从具体到抽象的思维方法抽取句子中主要的本质的东西,舍去句子中一些次要的非本质的东西;然后根据一定的标准,把共同的概括为同模,把不同的划分为异模。

一个具体的句子包含着很多因素。在确定句模时,必须排除一些跟句模成分无关的因素。这些因素主要有:1)整个句子所反映的具体思想内容;2)句子显示的语音或文字;3)表示句子语气的成分(语调和语气词等);4)句法结构外增添的语用成分(如插语以及某些表示语用意义的助词或副词等)。例如:

(1)他已经走了。

(2)他走了吗?

(3)咱们走吧!

(4)她也许走了!

上面四个句子,它们的思想内容不同;语音也不一样;所带的语用成分和所表的语气也有差异:(1)中有语用成分"已经"、"了",全句表陈述语气;(2)中有语用成分"了"、"吗",全句表疑问语气;(3)中有语用成分"吧",全句表祈使语气;(4)中有语用成分"也许",全句表测度口气。显然这是四个不同的具体句。但是这四句如果舍去内容、语音、语用等非句模因素,也还是能抽取共同的东西:它们在语义上都是由"施事+动核"构成的句子。可见,除去不同思想内容、不同语音形式、不同的语气或其他语用成分,它们就可以归纳为相同的句模。

1.3　句模系统具有层级性

像句型一样,句模系统也是一个层级系统,所以不同的层级应该各有其不同的标准,即每一个层级有一个标准(也是单一标准)。也就是说,在不同层级都得根据该层级语义结构的一定的直接语义成分及其配置形式作为区分句模的标准,但什么语义成分可作为句模成分在不同层级不完全一样,如上面(1)至(4)几个具体的句子,如果根据动核所联系的主体动元是"主事"来定模,则形成"主事+动核"这个层级;如果根据主事的下位分类的性质(施事、经事、系事、起事)来定模,则它们都是"施事+动核"句模。如果是"他很聪明"、"他真聪明"、"他聪明吗"这样的句子,虽然上位也是"主事+动核"句模,但下位则是"系事+动核"句模。

1.4　基干句模和扩展句模

句模有基干句模和扩展句模之区别。

动核结构有两种:一种是基干的动核结构,由动核及其联系着的动元(动词所联系着的强制性的语义成分)构成。例如:

(5)他喝酒了。

这个句子在语义平面就体现着一个基干的动核结构,其中"喝"为动核,"他"、"酒"为动元。另一种是扩展的动核结构,由动核带上动元再加上状元(动词所联系的非强制性的语义成分)构成。例如:

(6)他晚上在朋友家喝酒了。

这个句子,在语义平面就体现着一个扩展的动核结构,其中"喝"为动核,"他"、"酒"为动元,"晚上"、"朋友家"为状元①。

上述两种动核结构形成两种句模:基干句模和扩展句模。基干的动核结构形成基干句模,扩展的动核结构形成扩展句模。

1.5　简单句模和复杂句模

就单句而言,还可根据句中动核结构的数量分为简单句和复杂句,即简单句模和复杂句模两大类:②

1)简单句模。由一个动核结构组成的单句是简单句模,例如:

（7)他喝酒了。（此句由"他喝酒"一个动核结构组成)

（8)他在洗衣服。（此句由"他洗衣服"一个动核结构组成)

（9)她今天生病了。（此句由"他生病"一个动核结构组成)

2)复杂句模。由两个或两个以上的动核结构组成的单句为复杂句模③,例如:

（10)他喝酒喝醉了。（此句由"他喝酒"和"他醉"两个动核结构组成)

（11)他把衣服洗干净了。（此句由"他洗衣服"和"衣服干净"两个动核结构组成)

（12)她由于着凉了,今天生病了。（此句由"她着凉"和"她生病"两个动核结构组成)

简单句可以是基干句模（"他喝酒了"之类),可以是扩展句模

---

①　"动元"又称"行动元"是动词的强制性成分或支配成分,或说是动核结构的内围成分;"状元"又称"状态元",是动词的限定说明成分,或说动核结构的外围成分。参看范晓(1991)《动词的"价"分类》,《语法研究和探索》(5);还可参看范晓(2003)《说语义成分》,《汉语学习》第 1 期。

②　这里说的简单句和复杂句不等于单句和复句,这是因为:单句可以是简单句模,也可以是复杂句模;复句也可以是复杂句模,也可以是简单句模。

③　处于句子主语、宾语、定语、状语位置上的动核结构不计入内,如"我知道他在休息","他休息"虽是动核结构,但处在宾语位置上,所以这句仍算作简单句。

（"他晚上在朋友家喝酒了"之类）；复杂句也可以是基干句模（"他喝酒喝醉了"之类），也可以是扩展句模（"他昨天在朋友家喝酒喝醉了"之类）。简单句在句法上用单句句型表示，如（7）、（8）、（9）；复杂句在句法上可以由单句句型表示，如（10）和（11），也可以由复句句型表示，如（12）。这里着重讨论简单句和复杂句的基干句模。

2. 简单句的基干句模

简单句的基干句模在句法上是通过单句句型表示的。单句句型分主谓句和非主谓句，下面就分别考察现代汉语这两种单句所表示的简单句基干句模。

2.1 主谓式单句句型所表示的简单句基干句模

由于动核结构中的动核处在句子的核心的、主导的地位，所以基干句模的类别跟表示动核的动词的语义配价有密切的关系。从语义平面给动词分类，最重要的是动词的配价分类（"价"分类），一般把现代汉语的动词分为一价动词、二价动词和三价动词三大类。动词所表示的动核所联系的作为动元的语义角色主要是主事、客事、与事，不同配价的动词所体现的动核和它所联系的语义角色构成的基干动核结构可配置成简单句基干句模的一级分类。

以主谓式单句句型表示的基干句模来说，最基本的一级分类有如下四种模式：

1）"主事＋动核"模。这是一价动词构成的句模，例如：

（13）他休息了。/房子倒塌了。/他很勇敢。

2）"主事＋动核＋客事"模。这是二价动词构成的句模，例如：

（14）张三批评了李四。/老赵经在公园里遇到了小李。/

小王是重庆人。

3)"主事＋与事＋动核"模。这也是二价动词构成的句模，例如：

(15)我们为人民服务。/她向我道歉。/我们要对读者负责。

4)"主事＋动核＋与事＋客事"模。这是三价动词构成的句模，例如：

(16)我给他一件礼物。/苏老师教我英语。/他借了我许多书。

以上四种句模是根据动词所表示的动核和其所联系的动元所表现的"主事"、"客事"、"与事"来确立的，在句法上都通过主谓句表示出来的。

以非主谓式单句句型表示的基干句模来说，最基本的一级分类有如下四种模式：

1)"[主事]＋动核"模。这是一价动词构成的隐含主事的句模，例如：

(17)立正！/肃静！

2)"[主事]＋动核＋客事"模。这是二价动词构成的隐含主事的句模，例如：

(18)出太阳了。/禁止吸烟！

3)"主事＋[动核]"或"[主事]＋[动核]＋客事"模。这是一价动词构成的隐含动核的句模，例如：

(19)火！/蛇！

4)特殊句模。这是由特殊的独词句句型构成的句模，这种句模不是动核结构构成的。例如：

　　(20)老王！/喂！/嗯！/唉！

　　上述1)、2)、3)几种句模实际上和主谓式单句句型表示的句模是一样的,只不过在非主谓句里隐含着动核或动元。而4)则是一种特殊的句模。

　　2.2　简单句基干句模一级分类的再分类

　　根据动词的语义特征,动词还可分为动作动词、经验动词、性状动词和关系动词四类,相应地动词体现的动核也可以分为四类,即动作核(动作动词所体现),经验核(经验动词所体现),性状核(性状动词所体现)、关系核(关系动词所体现)。

　　不同的动核所联系着的作主事角色的动元也有区别:动作动词表示的动核联系着的是施事动元,性状动词表示的动核联系着的是系事动元,经验动词联系着的动核是经事动元,关系动词表示的动核联系着的是起事动元[①]。

　　根据动核结构中动核的不同性质和动核所联系的主事的不同性质,对简单句模的四种句模还可进行下位分类。四种基干句模的下位分类主要有以下八种:

　　1)"施事＋动作核"模。这是一价动作动词构成的句模,例如:

　　　　(21)鸟飞了。/他睡了吗?/你快走啊!

　　2)"系事＋性状核"模。这是一价性状动词构成的句模,例如:

　　　　(22)他瘫痪了。/那件衣服坏了。/他的身体好吗?

　　3)"施事＋动作核＋客事"模。这是二价动作动词构成的句模,例如:

---

　　① 这四类动词的分别和它们和不同主事的联系可参看范晓(1991)《试论语义结构中的主事》,《中国语言文学的现代思考》,复旦大学出版社;也可参看范晓、张豫峰等(2003)《语法理论纲要》第四篇第一章,上海译文出版社。

(23)黄狗咬人了。/他挖了一个洞。/小王端正了态度。/她进入房间了。

4)"系事＋与事＋性状核"模。这是二价性状动词构成的句模,例如:

(24)他对大家非常客气。/你对这地方很熟悉吗?

5)"经事＋经验核＋客事"模。这是二价经验动词构成的句模,例如:

(25)他知道这件事吗?/我经受了战争的考验。/他懂得外语吗?

6)"起事＋关系核＋客事"模。这是二价关系动词构成的句模,[①]例如:

(26)巴黎是法国的首都。/鲸鱼属于哺乳类动物吗?/今天阴天。

7)"施事＋与事＋动作核"模。这是二价动作动词构成的句模,例如:

(27)他们为旅客们服务吗?/他向我鞠躬。/他们正在对菩萨磕头。

8)"施事＋动作核＋与事＋客事"模。这是三价动作动词构成的句模,例如:

(28)我给了他一件礼物。/他跟我商量一件事。/他租了我一间房子。

这里我们只给出了一个根据主事差别分出的二级简单句基干

---

① "今天阴天"、"一斤苹果五元钱"等的名词谓语句(由名词谓语组成的主谓句),中间隐含着一个谓语动词。这种句子可以看作隐含着动核的"起事＋关系核＋客事"模。

句模系统。如果对动核所联系的客事、与事再进行下位分类（客事可以再分为受事、成事、位事、止事、使事等，与事可以分为当事、共事等），则简单句基干句模的下位分类将更细密，①可以描写出一个纵横交错的基干句模的网络系统。下位区分的粗细，要看应用的目的而随宜取舍。

3. 复杂句的基干句模

3.1 复杂句句模的确定

复杂句是由两个以上的动核结构组成的，也可以说是由两个或两个以上的简单句模组成的。复杂句内部的动核结构的类别及语义分析参照简单句模。复杂句内的两个或两个以上的动核结构之间有种种语义关联配合关系，确定复杂句模，重点要分析复杂句内部各动核结构间的语义关联配合关系，从而抽象概括出复杂句的语义结构模式。

复杂句在句法上的表示形式有两种情形：一种是由单句句型表示，另一种由复句形式表示。下面我们分出的由单句句型和复句句型表示的各种的复杂句模内的动核结构的类型都只是举例性的，没能全部描写出来，实际情况要复杂得多。②

3.2 单句形式的复杂句模

单句形式的复杂句模是通过动核结构的关联配合法构成单句

---

① 如根据客事的不同，"施事＋动作核＋客事"模还可分为"施事＋动作核＋受事"、"施事＋动作核＋成事"、"施事＋动作核＋位事"、"施事＋动作核＋使事"等。

② 如果把复杂句二级或三级分类中的全部动核结构组成的句模描写出来，工程相当浩大。由于篇幅有限，只列举了一些，但已经可以看出复杂句句模系统的大概面貌。

形式表示的。汉语单句复杂句模有的是由两个动核结构构成的，有的是由三个或三个以上的动核结构构成的，所以情况非常复杂。

3.2.1　单句中两个动核结构组成的复杂句

先分析两个动核结构组成的复杂句。根据两个动核结构间语义上的关联配合关系，汉语单句复杂句的基干句模主要有四种。若将复杂句中的前一动核结构记作 A，后一动核结构记作 B，从动核结构 A、B 间的关系来说，则四种复杂句的基干句模如下：

1)联合模。例如：

(29)他机智而勇敢。(A"系事＋性状核"，B"系事＋性状核")

(30)我们学习并贯彻了会议的精神。(A"施事＋动作核＋受事"，B"施事＋动作核＋受事")

例(29)A 为"系事＋性状核"(他机智)，B 为"系事＋性状核"(他勇敢)；A 和 B 并列地联合在一起，A、B 中的系事动元相同。例(30)A 为"施事＋动作核＋受事"(我们学习会议的精神)，B 也是"施事＋动作核＋受事"(我们贯彻了会议的精神)；A 和 B 并列地联合在一起，A、B 中的施事动元相同。

2)递合模。例如：

(31)我推门进去。(A"施事＋动作核＋受事"，B"施事＋动作核")

例(31)A 为"施事＋动作核＋受事"(我推门)，B 为"施事＋动作核"(我进去)；A 和 B 中的动作行为顺次发生，衔接递合，A、B 中的施事动元相同。

3)接合模。例如：

(32)我请他进来。(A"施事＋动作核＋受事"，B"施事＋

动作核")

例(32)A 为"施事＋动作核＋受事"(我请他)，B 为"施事＋动作核"(他进来)；A 中的客事动元(受事)和 B 中主事动元(施事)"兼格"而接合在一起。

4)带合模。例如：

(33)我们打败了敌人。(A"施事＋动作核＋受事"，B"系事＋性状核")

(34)我们打胜了的人。(A"施事＋动作核＋受事"，B"系事＋性状核")

例(33)A 为"施事＋动作核＋受事"(我们打敌人)，B 为"系事＋性状核"(敌人败)；B 为 A 所带出或使成，A、B 中的两个动核提带复合(简称"带合")；A、B 中施事"我们"和系事(敌人)不同指。例(34)A 为"施事＋动作核＋受事"(我们打敌人)，B 为"系事＋性状核"(我们胜)；B 为 A 所带出或使成，A、B 中的两个动核提带复合；A、B 中施事"我们"和系事(我们)同指。

3.2.2   单句中三个动核结构组成的复杂句

拿三个以上动核结构组成的复杂句来说，各动核结构间语义配合关系的模式可归纳为三种。这里以三个动核结构的复杂句为例，把三个动核结构分别记作 A、B、C，则三种复杂句模如下：

1)联合模。例如：

(35)她整天的扫地洗菜淘米。(A"施事＋动作核＋受事"，B"施事＋动作核＋受事"，C"施事＋动作核＋受事")

(36)天山的蘑菇又大又肥又厚。(A"系事＋性状核"，B"系事＋性状核"，C"系事＋性状核")

例(35)A 为"她扫地"，B 为"她洗菜"，C 为"她淘米"。A、B、C 并

列地联合在一起,A、B、C 中的主事动元施事相同。例(36)A 为
"天山的蘑菇大",B 为"天山的蘑菇肥",C 为"天山的蘑菇厚"。
A、B、C 并列地联合在一起,A、B、C 中的主事动元系事相同。

2)递合模。例如:

> (37)他开门出去打电话。(A"施事＋动作核＋受事",B
> "施事＋动作核",C"施事＋动作核＋受事")

例(37)A 为"施事＋动作核＋受事"(他开门),B 为"施事＋动作
核"(他出去),C 为"施事＋动作核＋受事"(他打电话)。A、B、C
顺次发生衔接递合,A、B、C 中的主事动元施事相同。

3)混合模。例如:

> (38)你倒杯茶给他喝。(A"施事＋动作核＋受事",B"施
> 事＋动作核＋与事＋受事",C"施事＋动作核＋受事")

例(38)A 为"施事＋动作核＋受事"(你倒茶),B 为"施事＋动作核
＋与事＋受事"(你给他茶),C 为"施事＋动作核＋受事"(他喝
茶)。其中 A 和 B 为递合模,B 和 C 为接合模。此句为"递合—接
合"混合模。在这种句模里,B 中的与事和 C 中的施事为同一的名
物(他),属于施事和与事"兼格"。又如:

> (39)我们派最好的选手打败了对方。(A"施事＋动作核
> ＋受事",B"施事＋动作核＋受事",C"系事＋性状核")

例(39)A 为"施事＋动作核＋受事"(我们派最好的选手),B 为"施
事＋动作核＋受事"(最好的选手打对方),C 为"系事＋性状核"
(对方败),这句是"接合—带合"混合模。混合模实际上是不同复
杂句模的混合式。在这种句模里,B 中的施事和 A 中的受事为同
一的名物(选手),属于受事和施事"兼格",C 中的系事和 B 中的受
事为同一的名物(对方),属于系事和受事"兼格"。

3.3　复句形式的复杂句模

这种复杂句模是通过关联配合法构成复句形式表示的。从动核结构 A、B 间的关系来说，有三大类型：联合句模、主从句模、补充句模。

下面描写复句形式的复杂句模（句模中各个动核结构的格式只是举例性的）。

1）联合模

指 A、B 之间为联合关系的复句形式的复杂句模，可分为四个小类：

第一类，并列模。由两个或两个以上的动核结构组成。A、B、C 之间是平列的、相对峙的关系，例如：

　　（40）她一边跳着舞，一边唱着歌，一边看着我。（A"施事＋动作核＋受事"，B"施事＋动作核＋受事"＋"施事＋动作核＋受事"）

　　（41）他既谦虚，又很谨慎。（A"系事＋性状核"，B"系事＋性状核"）

例（40）A 为"施事＋动作核＋受事"（她跳舞），B 为"施事＋动作核＋受事"（她唱歌），C 为"施事＋动作核＋受事"（她看我）；A、B、C 这三个动核结构通过关联词"一边……一边 ……一边 ……"配合而成，B 和 C 中的施事承前省略。（41）A 为"系事＋性状核"（他谦虚）、B 为"系事＋性状核"（他谨慎），A、B 这两个动核结构通过关联词"既……也……"配合而成，B 中的系事承前省略。此类句模与并列式复句对应。

第二类，连贯模。有两个或两个以上的动核结构组成。A、B、C 之间有连续、顺递的关系，表示连续的动作或相关情况，例如：

(42)他抬起头,接着看了看妻子,然后慢慢地说了这件事。(A"施事+动作核+受事",B"施事+动作核+受事",C"施事+动作核+受事")

此句 A 为"施事+动作核+受事"(他抬头),B 为"施事+动作核+受事"(他看妻子),C 为"施事+动作核+受事"(他说这件事);A、B、C 这三个动核结构通过关联词"接着"和"然后"配合而成连贯关系,B 和 C 中主事承前省略。此类句模与连贯复句对应。

第三类,递进模。B 比 A 在意义上更进一层,例如:

(43)鲁迅不但是伟大的文学家,而且是伟大的思想家和革命家。(A"起事+关系核+止事",B"起事+关系核+止事")

此句 A 为"起事+关系核+止事"(鲁迅是伟大的文学家),B 为"起事+关系核+止事"(鲁迅是伟大的思想家和革命家),A、B 这两动核结构通过关联词"不但……而且……"配合而成递进关系,B 中起事承前省略。此类句模与递进复句对应。

第四类,选择模。A、B 分别叙述两种情况,让人从中进行取舍,例如:

(44)随便的,或者你洗衣服,或者我洗衣服。(A"施事+动作核+受事",B"施事+动作核+受事")

此句由 A 为"施事+动作核+受事"(你洗衣服),B 为"施事+动作核+受事"(我洗衣服);A、B 这两个基本动核通过关联词"或者……或者……"配合而成选择关系。此类句模与选择复句对应。

2)主从模

指 A、B 之间为主从关系的复句形式的复杂句,B 是句中的主要部分,表示主要的事件,A 是伴随的、次要的部分,说明主事件发生的原因、条件等等。可分为四个小类：

第一类，因果模。A 和 B 之间存在原因和结果的关系，表原因的 A 是"从"，表结果的 B 是"主"，一般是表原因的在前，表结果的在后，例如：

> (45)因为紫外线强烈，所以他戴了墨镜。（A"系事＋性状核"，B"施事＋动作核＋受事"）

此句 A 为"系事＋性状核"（紫外线强烈），B 为"施事＋动作核＋受事"（他戴墨镜）；A、B 这两个动核结构通过关联词语"因为……所以……"配合而成因果关系。此类句模与因果复句对应。

第二类，转折模。A 和 B 的意思相反或相对，一般是 A 在前，表转折的主要部分 B 在后，例如：

> (46)虽然肚子很饱，但是我还是吃下了这个苹果。（A"系事＋性状核"，B"施事＋动作核＋受事"）

此句 A 为"系事＋性状核"（肚子饱），B 为"施事＋动作核＋受事"（我吃苹果）；A、B 这两个动核结构通过关联词"虽然……但是……"配合而成转折关系。此类句模与转折复句对应。

第三类，条件模。A 为条件，B 为在这种条件下产生的结果。例如：

> (47)只要你努力了，你就会取得成绩。（A"系事＋性状核"，B"施事＋动作核＋受事"）

此句 A 为"系事＋性状核"（你努力），B 为"施事＋动作核＋受事"（你取得成绩）；A、B 这两个动核结构通过关联词"只要……就……"配合而成。此类句模与条件复句对应。

第四类，让步模。A 先退一步把真实的或虚假的条件当成一种事实，B 则说在这种条件下产生的结果，例如：

(48)即使我们取得了成绩,也还是要虚心。(A"施事＋
　动作核＋受事",B"系事＋性状核")

此句 A 为"施事＋动作核＋受事"(我们取得成绩),B 为"系事＋
性状核"(我们虚心学习);A、B 这两个动核结构通过关联词"即
使……也……"配合而成让步关系,B 中施事承前省。此类句模与
让步复句对应。

3)补充模

动核结构 A 和 B 之间为补充关系,B 对 A 事件或 A 事件的某
个部分加以补充说明。根据 B 对 A 的补充情形可分为四个小类:

第一类,注释模。B 对 A 的补充说明是带有注释性的,A 和 B
之间通常用冒号或"即、就是(说)、意思是说、换句话说、例如"等关
联词语连接,例如:

(49)他的头发有个特点,就是很硬。(A"起事＋关系核
　＋止事",B"系事＋性状核")

此句 A 为"起事＋关系核＋止事"(他的头发有特点),B 为"系
事＋性状核"(他的头发硬);A、B 这两个动核结构通过关联词
"就是"连接构成注释关系的句模,B 中主事动元承前省。此句
里 A、B 两个动核结构中的主事动元都是"他",但 A 中为起事,B
中为系事,"他"为起事和系事"兼格"。此类句模和注释性补充
复句对应。

第二类,总分模。或是先总后分,即 A 先总说(说明一件事情
或一种情况),B 再进行分说(分别说出该事件或情况的几个方
面);或是先分后总,即 A 先分说(先说出几种情况或一件事情的
几个方面),B 再进行总说。作为总说部分的 A 或者 B 必然包含
两个或两个以上有并列关系的动核结构。B 都是补充说明 A。

例如：

(50)我有两个妹妹，一个叫英英，一个叫芬芬。（A"起事＋关系核＋止事"，B"起事＋关系核＋止事"＋"起事＋关系核＋止事"）

(51)一种是教条主义，一种是主观主义，两种都是主观主义。（A"起事＋关系核＋止事"＋"起事＋关系核＋止事"，B"起事＋关系核＋止事"）

例(50)前句是先总后分，A为"起事＋关系核＋止事"（我有两个妹妹），B为"起事＋关系核＋止事"（一个妹妹叫英英，一个妹妹叫芬芬）构成并列结构体。例(51)是先分后总，A为"一种是教条主义，一种是主观主义"（构成并列结构体），B为"两种主义是主观主义"。此类句模和总分性补充复句对应。

第三类，记叙模。A为主要部分，B对A或A中某个部分进行记叙性的补充说明，以说明A中人物或事物所表的情状。例如：

(52)他娶了一个苏州姑娘，娇小玲珑弱不禁风。（A"施事＋动作核＋受事"，B"系事＋性状核"）

此句A为"施事＋动作核＋受事"（他娶苏州姑娘）；B为"系事＋性状核"（苏州姑娘娇小玲珑弱不禁风）；B中的系事动元（"苏州姑娘"，跟A中的受事动元"兼格"）承前句的宾语省略，后一个动核结构对前一个动核结构中的客事进行描记。此类句模和记叙性补充复句对应。

第四类，境相模。A为主要部分，B对A或A的某个部分进行补充说明，着重表示谓语所述说的情状或行为所显露出来的境相，例如：

(53)她兴奋地笑着，笑得像一朵正开的花。（A"施事＋

动作核",B"施事＋动作核＋受事")

（54）这株桂树真怪,怪就怪在年年开三色的花。(A"系事＋性状核",B"施事＋动作核＋受事")

（53)A 为"施事＋动作核"(她笑),B 为"起事＋动作核＋止事"(笑像花);B 补充说明 A 的境相。(54)A 为"系事＋性状核"(这株桂树怪),B 为"施事＋动作核＋受事"(这株桂树年年开三色的花);B 补充说明 A 所述说的情状或行为所显露出来的境相。此类句模和表相性补充复句相对应。

4. 汉语句模系统表

4.1 汉语简单句基干句模系统

简单句模的句法形式	简单句基干句模的一级分类	简单句基干句模的二级分类	句　例
主谓式单句表示的基干句模	"主事＋动核"模	"施事＋动作核"模	他休息了。
		"系事＋性状核"模	陆汝康很勇敢。
	"主事＋动核＋客事"模	"施事＋动作核＋受事"模	张三批评了李四。
		"施事＋动作核＋成事"模	他挖了一个洞。
		"施事＋动作核＋使事"模	小王端正了态度。
		"施事＋动作核＋位事"模	她进入房间了。
		"经事＋经验核＋客事"模	他知道很多事情。
		"起事＋关系核＋客事"模	巴黎是法国的首都。
	"主事＋与事＋动核"模	"施事＋与事＋动作核"模	他们为旅客服务。
		"系事＋与事＋性状核"模	大家对他很客气。
	"主事＋动核＋与事＋客事"模	"施事＋动核＋当事＋受事"模	我给了他一件礼物。
		"施事＋动核＋共事＋受事"模	他跟我商量一件事。

续表

简单句模的句法形式	简单句基干句模的一级分类	简单句基干句模的二级分类	句　　　例
非主谓式单句表示的基干句模	"［主事］＋动核"模	"［施事］＋动核"模	立正！
		"［系事］＋动核"模	肃静！
	"［主事］＋动核＋客事"模	"［主事］＋动核＋受事"模	下雨了！
	"主事＋［动核］"或"［主事］＋［动核］＋客事"模	"施事＋［动核］"或"［施事］＋［动核］＋受事"模	火！／蛇！
	特殊句模	拟声词、感叹词或称呼语构成	老王！轰隆隆！／喂！

4.2　汉语单句表示的复杂基干句模系统

单句复杂句的一级分类	单句复杂句基干句模的二级分类（"主事"以"施事"和"系事"为例，"客事"以"受事"为例）	句　　　例
联合模	（系事＋性状核）＋（系事＋性状核）＋（系事＋性状核）	天山的蘑菇又大又肥又厚。
	（施事＋动作核＋受事）＋（施事＋动作核＋受事）＋（施事＋动作核＋受事）	她整天的扫地洗菜淘米。
递合模	（施事＋动作核＋受事）＋（施事＋动作核）＋（施事＋动作核＋受事）	他开门出去打电话。
接合模	（施事＋动作核＋受事）＋（施事＋动作核）	我请他进来。
混合模	（施事＋动作核＋受事）＋（施事＋动作核＋与事＋受事）＋（施事＋动作核＋受事）	我倒了杯茶给他喝。
带合模	（施事＋动作核＋受事）＋（系事＋性状核）	甲队打败了乙队。
	（施事＋动作核＋受事）＋（系事＋性状核）	他吃饱饭了。

4.3 汉语复句表示的复杂基干句模系统

一级分类	二级分类	三级分类	句 例
联合模	并列模	"施事＋动作核＋受事"＋"施事＋动作核＋受事"＋"施事＋动作核＋受事"	他一边跳舞,一边唱歌,一边看着我。
		"系事＋性状核"＋"系事＋性状核"	他既谦虚,又谨慎。
	连贯模	"施事＋动作核＋受事"＋"施事＋动作核＋受事"＋"施事＋动作核＋受事"	他抬起头,看了看妻子,说了这件事。
	递进模	"起事＋关系核＋止事"＋"起事＋关系核＋止事"	鲁迅不但是伟大的文学家,而且是伟大的思想家。
	选择模	"施事＋动作核＋受事"＋"施事＋动作核＋受事"	或者你洗衣服,或者我洗衣服。
主从模	因果模	"系事＋性状核"＋"施事＋动作核＋受事"	因为紫外线强烈,所以他戴了墨镜。
	转折模	"系事＋性状核"＋"施事＋动作核＋受事"	虽然肚子很饱,但是我还是吃下了这个苹果。
	条件模	"系事＋性状核"＋"施事＋动作核＋受事"	只要你努力了,你就会取得成绩。
	让步模	"施事＋动作核＋受事"＋"系事＋性状核"	即使我们取得了成绩,也还是要虚心。

续表

一级分类	二级分类	三级分类	句　例
补充模	注释模	"起事＋关系核＋止事"＋"系事＋性状核"	他的头发有个特点，就是很硬。
	总分模	"起事＋关系核＋止事"＋"起事＋关系核＋止事"＋"起事＋关系核＋止事"	我有两个妹妹，一个叫英英，一个叫芬芬。
		"起事＋关系核＋止事"＋"起事＋关系核＋止事"＋"起事＋关系核＋止事"	一是教条主义，一是主观主义，两种都是主观主义。
	记叙模	"施事＋动作核＋受事"＋"系事＋性状核"	他娶了一个苏州姑娘，娇小玲珑弱不禁风。
	境相模	"施事＋动作核"＋"施事＋动作核＋受事"	她兴奋地笑着，笑得像一朵正开的花。

主要参考文献：

陈建民(1986)《现代汉语句型论》，语文出版社。

范　晓(1991)《动词的"价"分类》，《语法研究和探索》(5)，语文出版社。

范　晓(1991)《试论语义结构中的主事》，《中国语言文学的现代思考》，复旦大学出版社。

范　晓(1995)《句型、句模和句类》，《语法研究和探索》(7)，商务印书馆。

范　晓、朱晓亚(1999)《论句模研究的方法》，《徐州师范大学学报》第 4 期。

范　晓(2003)《说语义成分》，《汉语学习》第 1 期。

范　晓、张豫峰等(2003)《语法理论纲要》，上海译文出版社。

高名凯(1960)《语法理论》，商务印书馆。

李临定(1986)《现代汉语句型》，商务印书馆。

李宗宓(1990)《汉语的语义句型》，《第二届国际汉语教学讨论会论文选》，北京语言学院出版社。

朱晓亚(2001)《现代汉语句模研究》，北京大学出版社。

第十六章　汉语的句类[*]

从三个平面的角度区分句子的类型,要区别句型、句模和句类。前面两章讨论了句型和句模,本章专门讨论句类。

1. 句类的性质

句子作为结构体,内部有句法结构和语义结构,外部有表达功能。句子外部的表达功能,是指句子在表达思想进行言语交际时的用途或作用,也就是语用功能。对句子表达功能的分类就是句类,所以句类是句子的表达功能的类别。

句类、句型、句模是不同的语法概念或语法范畴。

就句类和句型比较,前者属语用平面,后者属句法平面。有些句子可能句类相同,句型也相同。例如:

(1)张三在看电影。

(2)李四在踢足球。

这两个句子的句类都属于陈述句,句型都属于 SVO 型动谓句。然而必须看到:不同的句类也可能属于相同的句型,例如:

---

[*]　有关汉语句类的某些观点,在《句型、句模和句类》(载于《语法研究和探索》(7),商务印书馆,1995 年出版)一文中也有所论述。

　　　　(3)张三休息了。

　　　　(4)李四睡觉了吗?

这两个句子句类不同:(3)是陈述句,(4)是疑问句;但这两句的句型相同,都是主谓句中的 SV 型。反之,不同的句型也可能属于相同的句类,例如:

　　　　(5)张三在休息吗?

　　　　(6)李四在看电影吗?

这两个句子句型不同:(5)是主谓句中的 SV 句型,(6)是主谓句中的 SVO 句型;但这两句的句类相同,都是疑问句。

　　　就句类和句模比较,前者属语用平面,后者属语义平面。有些句子可能句类相同,句模也相同。例如:

　　　　(7)张三在看电影吗?

　　　　(8)李四在踢足球吗?

这两个句子的句类都属于疑问句,句模都属于"施事＋动作核＋客事"(施动受)模。然而必须看到:不同句类的句子也可以有相同的句模,例如:

　　　　(9)他在干什么?

　　　　(10)他在看电影。

这两句句类不同:(9)是疑问句,(10)是陈述句;但句模相同,都是"施事＋动作核＋客事"(施动受)模。而不同句模的句子也可能是相同的句类,例如:

　　　　(11)他睡了。

　　　　(12)他在看书。

这两句句模不同:(11)是"施事＋动作核"(施动)模,(12)是"施事＋动作核＋客事"(施动受)模;但句类相同,都是陈述句。

2. 句类的多样性

句类既然是句子的表达功能的类别,则句类跟说话者的主观态度或表达的意图密切相关;因此,跟表达有关的句子的语用目的、语用结构、语用应变等都可以作为区分句类的根据,从而分出多样性的句类。

2.1 根据句子的语用目的来区分句类

人们说出一个句子,总有一定的语用目的(表达用途),比如向别人陈述一件事,或询问别人一个问题,或向别人提出某种要求,或抒发自己的某种感情等。由于句子的语气反映了句子的语用目的;所以根据语用目的给句子进行分类,也就是一般所说的句子的语气分类。这种分类是句子语用平面最重要的分类,这是因为:一方面,这种分类反映了句子语用平面最基本的用途;另一方面,这样的语用分类涵盖面大,任何句子都可以归属于这种句类中的某个类别。在汉语里,句子的语用目的或语气是通过语调或语气词表现出来的。根据句子的语用目的或语气区分句类,汉语的句子大体上可分为以下五类:陈述句、疑问句、祈使句、感叹句、呼应句。

第一类,陈述句。指表示陈述一件事情的句子,用陈述语气表示。例如:

(13)小明考上大学了。

(14)他是北京人。

(15)今天的天气很好。

第二类,疑问句。指表示询问的句子,用疑问语气表示。例如:

(16)你看过这本书吗?

(17)他是不是北京人?

(18)明天的天气怎么样?

第三类,祈使句。指表示请求、命令、劝告、催促的句子,用祈使语气表示。例如:

(19)这件事交给我办吧!

(20)你快点儿跑啊!

(21)救命啊!

第四类,感叹句。指表示喜悦、赞赏、愤怒、厌恶、悲伤、惊讶等抒发感情的句子,用感叹语气表示。例如:

(22)青春是多么美好啊!

(23)干这工作太没劲了!

(24)外面好冷啊!

第五类,呼应句。指表示招呼或应答的句子,用呼应语气表示。例如:

(25)喂!喂!(你是谁啊?)

(26)老王!(天雨路滑,你走路小心点儿。)

(27)嗯!(我知道了。)

从处理信息的角度看,处理信息的意图有两种:一种是信息储存,即要求听话者把说话者所传达出的信息储存于自己的大脑中;另一种是信息反馈,即要求听话者对说话者所传达出的信息有所反应。相应地句子也可以分为两类:信息储存句和信息反馈句。(张文斌、胡裕树 1989)

陈述句和感叹句一般不要求听话者对说话者所传达出的信息有所反应,因此属于信息储存句,如(13)、(14)、(15)和(22)、(23)、

（24）。疑问句和祈使句倾向于要求听话者对说话者所传达出的信息有所反应，因此属于信息反馈句，如（16）、（17）、（18）和（19）、（20）、（21）。至于呼应句，有两种情形：其中招呼句要求听话者对说话者所传达出的信息有所反应，因此属于信息反馈句，如（25）和（26）；应答句不要求听话者对说话者所传达出的信息有所反应，因此属于信息储存句，如（27）。

2.2　根据句子的信息结构来区分句类

从说话者向听话者传输信息的角度上看，信息储存句中的陈述句和感叹句都是说话者给听话者传达某种新的信息的。现代汉语的句子在传达新信息时，大部分句子是由主题和述题两部分组成的。主题是句子述说的对象，代表旧信息或已知信息；述题是对主题进行述说的部分，代表新信息或未知信息。"主题＋述题"结构，可以说是一种表达信息的语用结构。根据有没有这种语用信息结构给句子进行分类，汉语的句子可以分为两类：

第一类，主题句。指"主题＋述题"构成的句子，也可称"主述句"。例如：

（28）处理这种事，我没有经验。

（29）右边的墙上挂着一幅山水画。

（30）祖国的河山多么壮丽啊！

（28）中"处理这种事情"是主题，"我没有经验"是述题；（29）中"右边的墙上"是主题，"挂着一幅山水画"是述题，（30）中"祖国的河山"是主题，"多么壮丽"是述题。

第二类，无主题句。指只有述题或分不出主题述题的句子，例如：

（31）下雨了。

(32)好香的人参!

现在一般语法教科书上所说的汉语的主谓句,如果从语用平面分析,大多数都可分析为主题句①;所说的"非主谓句",大多数为无主题句。但实际情况并不那么简单。主语和主题是两个不同的语法概念。前者属句法平面,后者属语用平面。主谓句的主语和主题句的主题往往是重合的,例如:

(33)这个学生非常聪明。

(34)他是大学生。

(35)我喜欢吃苹果。

这几个句子中的"这个学生"、"他"、"我"在句法平面可分析为主语,在语用平面可分析为主题。但主谓句中的主语有时跟主题不一定重合,例如:

(36)这本书我没看过。

(37)婚姻的事她自己作主。

(38)树丛里,几只鸟儿在唱歌。

这几个句子中的"这本书"、"婚姻的事"、"树丛里"是主题,"我"、"她"、"几只鸟儿"是主语。也有些句子只有主题而没有主语,例如:

(39)屋里正在开着会呢。

(40)在那遥远的地方,有位好姑娘。

这两个句子中的"屋里"和"在那遥远的地方"是主题,不是主语。它们在句法平面没有主语,可分析为非主谓句;但在语用平面属于

---

① 赵元任明确地把主语和主题等同起来,把谓语和述题等同起来。参看吕叔湘(1979)《汉语口语语法》第45页,商务印书馆。

主题句。

2.3　根据句子的语用应变情况区分句类

在动态言语中,人们往往使用正常的或常用句型或句式,但有时要按表达的需要而随机应变,也可能使用不常用的比较特殊的句式。根据句子的语用应变情况分出来的句子类别,也是句子的语用分类。这种语用分类总的来说可分为两类:常式句(也称"正式句")和变式句。

如果从句法成分位置的变异上分析,常式句可称为"正位句",变式句可称为"倒装句";如果从句法成分的完整度分析,常式句可称为"完整句",变式句可称为"省略句"。

关于正位句和倒装句。同样的句型,如果语序不同,就有不同的语用价值。这样分出来的句类是:正位句和移位句。比较:

(41)他轻轻地走过来。/你干什么?/祖国的山河多美啊!

(42)他走过来了,轻轻地。/干什么,你?/多美啊,祖国的山河!

(41)中的结构成分按照正常的语序排列,为"正位句"。正位句都是先说旧信息再说新信息的,是平直地表达陈述、疑问或感叹的句子。(42)中的结构成分按照反常的语序排列,是"倒装句"。移位句是急于说出新信息或要特别强调新信息的句子。

关于完整句和省略句。同样的句型,如果结构成分的完整程度不同,或说结构成分隐现不同,也有不同的语用价值。这样分出来的句类是:完整句和省略句。比较:

(43)甲问:你吃什么?

(44)乙答:吃米饭。

(43)中的"你吃什么"在句法上是"主＋动＋宾",在语义上是"施＋动＋受",结构成分是完整的,所以是"完整句"(也称"完全句")。(44)中的"吃米饭"在句法上是"动＋宾",在语义上是"动＋受",这是因为对话里语用表达上经济简洁的需要而承上省略了主语、施事,所以是"省略句"。

3．句类的下位分类

3.1 陈述句的下位分类

可以根据不同的标准给陈述句进行分类,或者根据"述态",或者根据"时态"。

首先,根据说话者的"述态"(陈述状态)来分类。陈述句一般是陈述事件或命题的,根据说话者对事件或命题的"述态",陈述句可以分为"客观态陈述句"和"主观态陈述句"两类。

第一类,客观态陈述句。指说话者对事件(或命题)的陈述是带有客观性的,即对事件作客观的陈述的。例如:

(45)他去北京。/他去了。/他很聪明。/他是学生。

第二类,主观态陈述句。指说话者对事件(或命题)的陈述是带有主观性的,即对事件作主观的陈述,带有主观的强调或评议(包括测度、意愿等)。例如:

(46)他是去北京。/他是走了。/他是很骄傲。/他肯定是学生。

(47)他连北京都没去过。/他肯定走了。/他确实很骄傲。/他果然是学生。

(48)他应该去北京。/他可以走了。/他值得骄傲。/他可能是学生。

(49)他大概去北京了。/他也许走了。/他一定很骄傲。/他想必是学生。

(50)他想去北京。/他要走了。/他竟然很骄傲。/看样子他是学生。

其次,看根据说话时的"时态"(事件所处的时间状态)来分类。陈述句有两类:一类是陈述事件过程的,可称之为"事件过程句",如"他已经走了"、"他明天去北京"、"他吃了一只苹果"之类;另一类不是陈述事件过程的,为"非事件过程句",如"他很勇敢"、"他是英国人"之类。事件过程句总是跟一定的时间联系着的。如果根据说话时事件所处的时间状态(可简称为"时态")为根据,所陈述的事件在时间上可以分为已然态和未然态两类,相应地现代汉语的"事件过程句"可以分为"已然态陈述句"和"未然态陈述句"两类。

第一类,已然态陈述句(简称"已然句")。指动作行为或事件已经发生了的事件过程句。已然句有两种情形:

一种是动作行为或事件发生后已经成为"过去",可以称作"过去时句"。其表现形式有:有的是谓语里的状语由时间副词"已经、早已、刚"等充当,有的是谓语里的状语由时间名词"昨天、前天、从前"等充当,有的是作谓语的中心词(谓词)后带有动态助词"了、过"等,[①]有的是由关联词语"因为、虽然"等表示。例如:

(51)他刚吃好饭。/他前年去过北京。/他已经走了。/他身体累坏了。

---

① "了、过"主要表示"体",但有时也能兼表示"时",即表示"过去完成"。

　　　　(52)他因病请假。／虽然天气不好,他还是来了。

　　另一种是动作行为或事件发生后还在"持续"或"正在进行",可称作"现在时句"。其表现形式有:有的是谓语里的状语由时间副词"正、正在"等充当,有的是作谓语的中心词(谓词)后带有动态助词"着"等。例如:

　　　　(53)他正在吃饭。／演员们正演出呢。

　　　　(54)一匹骏马在草地上飞奔着。／他还忙着呢。

　　第二类,未然态陈述句(简称"未然句")。指动作行为或事件还未发生的句子。未然句也有两种情形:

　　一种是动作行为或事件将要发生的句子,可以称作"将来时句"。其表现形式有:有的是谓语里的状语由时间副词"将、将要"等充当;有的是谓语里的状语由时间名词"明天、后天、将来"等充当。比较:

　　　　(55)他还没吃饭。／他明天去北京。／我将去帮他的忙。

　　另一种是假设在某种条件下动作行为或事件会发生的句子,那是"假设句"或"虚拟句"。其表现形式是由推测性词语和某些关联词语("如果、即使")等表示。例如:

　　　　(56)他明天也许会来。／如果天气不好,我就不去。／即使天气好,我也不去。

　　如果根据说话时事件在时间上是已然的还是未然的角度分类,可以分为两类:已然句和未然句。上面第一类的"过去句"和第二类的"现在句"属于已然句,第三类的将来句属于未然句。

3.2　疑问句的下位分类

　　根据疑问句表达疑问的情形,疑问句一般下分为四类:是非疑问句、特指疑问句、正反疑问句、选择疑问句。

第一类,是非问疑问句,简称"是非问句"。指疑问点是"是"(肯定)或"非"(否定)的疑问句。从句法结构和语义结构上看,与陈述句相同(比较:"他来了。"和"他来吗?"),其典型的语音形式是用上升型疑问语调,还常用"吗、么"之类的句末语气词表示。例如:

(57)他去北京? /他在睡觉? / 你去北京吗? /这件事你

知道么?

是非问句的回答特点是:对整个事件作肯定或否定的回答。如"你去北京吗?"的肯定回答是"我去北京(的)",否定回答是"我不去北京"。

第二类,特指问疑问句,简称"特指问句"。指用疑问代词特提某个疑问点的疑问句。其典型形式是用特定的疑问代词("谁、什么、哪里、怎么样、怎么、几"等)表示疑问点,疑问代词在谓语中心词之前一般用下降型语调,在谓语中心词之后一般用上升型语调,重音一般是落在负载疑问信息的疑问代词上。例如:

(58)谁是你的朋友? /你去哪里? /明天天气怎么样? /

他在这里干什么?

特指问句的回答特点是:对特指的疑问点作相应的回答。如"谁是你的朋友?"的回答是"某某是我的朋友","你去哪里?"的回答是"我去某处"。

第三类,正反问疑问句。简称"正反问句"。指用对谓词的肯定和否定相叠形式("V 不 V"、"V 没 V"形式)构成的疑问句。由于正反问句是谓词的肯定项和否定项的反复,所以也称"反复问句"。这种问句的形式特点是:"V 不 V"或"V 没 V"要重读。

例如：

（59）你去不去北京？／他是不是学生？／她身体好不
好？／那声音你听见没听见？

正反问句的回答特点是：选择 V 或不 V 作出相应的肯定或否定的
回答。如"你去不去北京"的回答是"去"或"不去"。着眼于回答时
在 V 或不 V 中作出"选择"，有的语法书认为是"选择问句"；着眼
于作出肯定或否定的回答，有的语法书看作"是非问句"。但考虑
到其疑问的表达形式既不同于选择问，也不同于是非问，所以这里
还是独立出来，把它看作与选择问句、是非问句、特指疑问句等并
列的一类。

第四类，选择问疑问句。简称"选择问句"。指提出两个或两
个以上可供选择的疑问点的疑问句。其典型形式是用"是……还
是……还是……"格式。例如：

（60）他是老师还是学生？／你是去北京还是去天津还是
去大连？

对选择问句进行回答的特点是：针对可供选择的疑问点，要求选择
其中一个作答，"你是去北京还是去天津还是去大连"这个选择问
句的可能回答有三："去天津"，"去北京"，"去大连"。

值得注意的是：有一种特殊表达用途的疑问句，即疑问句式的
非疑问用法。顾名思义，疑问句应该有"疑问"；但是有些具有疑问
句形式的句子在表达上并不是表示疑问，是一种所谓"无疑而问"
的句子，即用疑问句式来表达非疑问的用法。这种疑问句主要有
两种用途：一种是用疑问形式表示肯定或否定，另一种用疑问形式
表示祈使。前者称为"反问句"，后者称为"祈问句"。

第一种，反问句。反问句表面形式是"问"，但不要求对方作出

回答,实质上是一种用反问形式来陈述自己意见或看法的句子,或者是对事件或命题的肯定,或者是对事件或命题的否定:否定格式的反问句表示肯定,肯定格式的反问句表示否定。例如:

(61)他不是去北京了吗? /这种工作谁不会做?

(62)他是兔子? 他钻到地洞里了? /都知道的事还唠叨干吗?

反问句带有强烈的感情色彩,是在特定语境里的语用或修辞表达法,有的语法书称之"激问句"或"反诘句"。

第二种,祈问句。这种句子从整个结构上看是疑问句,但是从表达角度上看则是表祈使,所以是一种表达祈使功能的疑问形式的句子,简称"祈问句"。这种句子前半部分是祈使形式,后半部分是"好吗、好不好、可以吗、行吗、行不行、可以不可以"等疑问形式。例如:

(63)帮帮我的忙可以吗? / 吃了饭走可以吗?

(64)你早点来,好不好? /你明天走行不行?

祈问句表达的祈使比较委婉,带有商量的口气。

总之,根据表达的用途,是非问句、特指问句、正反问句、选择问句是"有疑而问"的疑问句,是要求对方作出回答的,可以称之为"表达询问的疑问句",也可称作"询问句";而反问句、祈问句是"无疑而问"的疑问句,它们表面上似乎都是"疑问"形式,但从表达用途上是不相同的,所以是"不表询问的疑问句"。

3.3 祈使句的下位分类

祈使句可以根据某种口气来进行下位分类。

比如,可以根据口气的肯定或否定分类,祈使句可分为肯定祈使句和否定祈使句两类。句中谓语中心词前有"别、不用、不要、不

准、不许"等否定词语的是具有否定口气的祈使句,句中没有这类
否定词语的为具有肯定口气的祈使句。比较:

(65)别走!/不用说了!/不要开门!/不许拿走!

(66)走吧!/你说一说吧!/把门打开吧!/给我拿走!

上面(65)组是具有否定口气的祈使句,(66)组为具有肯定口气的
祈使句。

还比如可以根据口气的强弱、尊卑分类。根据主观口气的
强弱程度,祈使句可分为命令祈使句、委婉祈使句、谦卑祈使句
三类。

第一类,命令祈使句。带有命令或禁止的强势口气,是一种表
示直率的、不客气的祈使句。这种祈使句在形式上强调点有明显
的强调重音,说话语势急促,不用语气词"吧"和敬辞"请"等。
例如:

(67)向前走!/加油!加油!/快进去!/给我滚!

(68)别说了!/不要胡来!/不准讲话!

第二类,委婉祈使句。带有委婉的、商量的口气,是一种客气
的、口气强弱为中性的祈使句。这种祈使句在形式上常用语气词
"吧、啊"等,有时也用动词重叠形式,有时也有用助动词"该、应"或
用否定词语"不要、不用"等。例如:

(69)咱们一起走吧!/你早点来啊!/不要这样嘛!/你
尝尝看!

(70)时间不早了,该起床了!/零钱不用找了!/我知道
了,不要再说了。

第三类,谦卑祈使句。带有请求或乞求的口气,是一种表示恭
敬、谦卑的、弱势口气的祈使句。这种祈使句在形式上常用敬辞

"请、麻烦、劳驾"等,有时也带有语气词"吧"。例如:

(71)请再说一遍!/麻烦您来一下!/劳驾,把那本书递给我!

(72)帮帮我的忙啊!/饶恕我吧!/先生,求您行行好吧!

3.4 感叹句的下位分类

感叹句是表达感情的。根据所表达的感情,感叹句大体上可分为赞叹句、惊诧句、悲哀句、愤慨句、同情句等五类。

第一类,赞叹句。指表达喜悦或称赞感情的感叹句。例如:

(73)祖国的河山多美啊!/好香的桂花!/他身体真棒!

第二类,惊诧句。指表达惊奇、诧异感情的感叹句。例如:

(74)哎呀!真险!/发生这样的事,多可怕啊!/咦!怎么回事?

第三类,悲哀句。指表达悲痛、哀伤感情的感叹句。例如:

(75)妈呀!痛死我了!/天哪!我没法活了。

第四类,愤慨句。指表达愤怒、鄙夷感情的感叹句。例如:

(76)气死我了!/哼!好大的架子!/太不像话!/呸!

第五类,同情句。指表达同情感情的感叹句。例如:

(77)多可怜的孩子!

3.5 呼应句的下位分类

呼应句是指打招呼和对招呼作出反应的句子。所以可以分为两类:招呼句(简称"呼句")和回应句(简称"应句")。

第一类,招呼句。指为引起对方注意的"打招呼"的句子。例如:

(78)老王!老王!(小心路滑!)/喂!喂!(小莉在吗?)/

你好！①

呼句还要跟感叹句和祈使句区别开来。比较：

(79)嗨！你找谁？

(80)唉！我真倒霉！

(81)救命啊！救命啊！

(79)中的"嗨！"是呼句，(80)中的"唉！"为感叹句，(81)的"救命啊！救命啊！"是祈使句。

第二类，回应句。指对招呼句作出回应的句子。例如：

(82)嗯！（知道了。）/哦！（她不在。）/（同学们好！）老师好！

要把回应句跟对疑问句进行回答的"答句"区别开来，"应句"是针对招呼句的，"答句"是针对疑问句的。比较：

(83)呼句：老王！

应句：咳！

(84)问句：你是北京人吗？

答句：是！

(83)的"咳！"是回应"呼句"的"应句"，(84)是回答"问句"的"答句"。②

---

① 呼句一般用称呼词或感叹词构成独词句，但有时也用主谓句或其他短语构成的句子，如"您好！"、"我回来啦！"、"晚上好！"等，这些似乎已经成为呼句中的习用形式。

② 有的句子表面上是呼句形式，但在一定的语境里表示祈使意义，如：

周　冲：你这个人真有点儿不懂人情。

鲁大海：对了，我不懂人情，我不懂你们这种虚伪，这种假慈悲……

鲁四凤：哥哥！

这是《雷雨》里的一段对话，鲁四凤说出的呼句"哥哥！"在当时语境里表示祈使（劝阻他不要再说下去）。

3.6 主题句的下位分类

主题句还可进行下位分类。如果根据述题对主题述说的情况进行分类，"主题＋述题"句可下分为四类：

第一类，叙述句，也称叙事句。指述题叙述主题所反映的事物的动作行为的过程或发展变化的句子。例如：

(85)大家都笑了。/他正在写文章。/这孩子一天天成长了。

第二类，描记句，也称描写句。指述题描写或记述主题所反映的事物性质或事物呈现状态的句子。例如：

(86)小英很聪明。/大门紧紧地关着。/墙上挂着一幅色彩鲜艳的油画。

第三类，解释句，也称诠释句。指述题解释述题中的事物和主题事物之间某种关系的句子。例如：

(87)他是大学生。/小明像他爸爸。/我有一支金笔。

第四种，评议句。指述题对主题所反映的事物或句子所反映的事件作主观评议的句子。例如：

(88)他可能是湖南人。/你可以来这里。/这件事应该认真讨论一下。

以上四类可以归纳为两类：一类是"客观表述句"，叙述句、描记句、解释句便是；另一类是"主观表述句"，评议句便是。

主题句也可以根据句子中主题的数量进行下位分类。如有学者把单句主题句分为单主题句、多主题句和特殊主题句三类(曹逢甫 1990)。

对主题句中的叙述句、描记句、解释句、评议句也可以进行再分类。

第一，叙述句分为主动句、把动句、被动句、使动句等。例如：

(89)父亲已经睡了。/张三批评了李四。/我送给朋友一本新书。

(90)张三把李四批评了。/我把那本新书送给了朋友。

(91)李四被张三批评了。/那本新书被我送给了朋友。

(92)虚心使人进步。/他端正了学习态度。/这件事激动得他热泪盈眶。

(89)为表示主动态的主动句；(90)的"把"字句为表达处置态的把动句，表"处置"态的把动句实质上是一种强势主动句；(91)的"被"字句，为表达被动态的被动句；(92)的句子为表达致使态的致使句（也称"使役句"、"使动句"）。

第二，描记句分为性质句、状态句、存在句等。例如：

(93)桃花红，柳叶绿。/小王个子不高。/这个女子眼睛大眉毛细。

(94)田里的麦苗绿油油的。/大门紧紧地关着呢。/那个人还醉着呢。

(95)阳台上乱七八糟地堆放着许多东西。/门口静静地坐着一个老人。

(93)为描记事物性质的"性质句"，(94)为描记事物状态的"状态句"，(95)为描记某处存在某物并描写事物存在状态（以何种方式存在）的"存在句"。

第三，解释句分为判断句、比较句、领有句等。例如：

(96)他是广东人。/鲸鱼属于哺乳类动物。/他不是老师。

(97)她像她妈妈。/上海的生活水平高于南京。

　　　　(98)他有两个妹妹。/我有许多好书。

(96)为对事物的关系进行判断的"判断句",(97)为对事物的关系进行比较的"比较句",(98)为说明事物领有关系的"领有句"。

　　第四,评议句可以分为"测度性评议句"和"意愿性评议句"两类。例如:

　　　　(99)他可能明天回来。/ 他会做这个工作。/他们能够完成这个任务。

　　　　(100)他应该在明天回来。/你可以做这个工作。/我明天要去美国。

(99)为"测度性评议句",(100)为"意愿性评议句"。

主要参考文献:

曹逢甫(1990)《从主题—评论的观点谈中文的句型》,《第二届世界语文教学研讨会论文集》,台北世界华语文教育学会。

陈建民(1986)《现代汉语句型论》,语文出版社。

范　晓(1991)《动词的"价"分类》,《语法研究和探索》(5),语文出版社。

范　晓(1991)《试论语义结构中的主事》,《中国语言文学的现代思考》,复旦大学出版社。

范　晓(1995)《句型、句模和句类》,《语法研究和探索》(7),商务印书馆。

范　晓(2003)《说语义成分》,《汉语学习》第 1 期。

范　晓、张豫峰等(2003)《语法理论纲要》,上海译文出版社。

高名凯(1960)《语法理论》,商务印书馆。

胡裕树主编(1981)《现代汉语》(增订本),上海教育出版社。

李临定(1986)《现代汉语句型》,商务印书馆。

李宗宓(1990)《汉语的语义句型》,《第二届国际汉语教学讨论会论文选》,北京语言学院出版社。

林杏光(1980)《汉语五百句》,陕西人民出版社。

第十七章　汉语的句位和句系[*]

　　"三维语法"认为,任何句子都是句法、语义和语用的统一体,从句法平面可抽象出句型,从语义平面可抽象出句模,从语用平面可抽象出句类;句型、句模和句类三者综合组成的抽象句就是句位(也称"句样"),"句位"是不含有思想内容的由"(句型＋句模)＋句类"三者综合组成的抽象的句子①。一种语言共时平面的句位的构成、数量、层级以及句位集合所组成的体系就是句系,它是该语言的句型子系统、句模子系统、句类子系统互相结合、纵横交错形成的网络系统。研究句系的学科,可以称作"句系学"。②

　　关于句位和句系问题,是语法研究中非常重要但难度却是很大的重大课题。目前的语法研究中对此问题并未引起应有的重视。本章着重论述句位和句系的理论,扼要地说明如何来构建现代汉语的句系并粗疏地勾勒了现代汉语单句的句系。

---

　　* 本文曾以《论句系和句系学》为名在 1999 年 12 月"中国语言学会第十届学术年会暨国际语文研讨会"上宣读过,并以《略说句系学》为名发表于《汉语学习》1999 年第 6 期,后转载于人大资料中心《语言文字学》2000 年 4 期。收入本书时作了较大的修改和补充。

　　① 抽象句可称作"句位"或"句样",参看范晓(1995)《句型、句模和句类》,《语法研究和探索》(7),商务印书馆。

　　② 每种语言都有自己的句系,研究句系的句系学是一门有发展前途的学科,值得重视。

1. 句位

句位有三个基本特征:抽象性特征、综合性特征、区别性特征。

1.1　句位的抽象性特征

句位是句例的抽象。人们平常所看到的、听到的话语中的具体的句子,可以称作"句例",它具有一定的思想内容,是个别的、各具个性的、多得不可胜数的;而语言研究者从成千上万个具体的句子(句例)里通过理性思维抽象概括出来的抽象的句子,可以称作"句位",它抽去了具体句所表示的思想内容和跟句型、句模、句类无关的非本质的东西,是语言中一般的、类聚的、有限的、句子的抽象样本。要而言之,句例和句位都是句子,差别在于:句例是指具体句,句位是指抽象句,抽象句是从具体句中抽象出来的。比如有下面一些具体的句子:

(1)小张已经看过这本书了。

(2)小李以前吃过这种点心。

(3)老王曾经说过这个故事。

(4)老赵嘛,刚吃过饭。

这些句子都是具体句(句例),表面上看不一样:句子内部的词语表达的概念和词语的数量不一样,整个句子表达的思想内容不一样,虚词的有无及运用也不完全一样。但是从句子的三个平面(句法、语义、语用)进行抽象,抓住各个平面本质的决定句型、句模、句类的成分或因素,舍去各个平面跟句型、句模、句类无关的非本质的成分或因素,上面这些句子从理性角度分析却是一样的:在句法上都是"主动宾"(主语+动词+宾语)句(是动宾短语作谓语的主谓句),在语义上都是"施动受"(施事＋动核＋受事)句;而从语用上分析,这些句例都是具有陈述用途的"陈述"句。由于这些句例在句法、语义、语用上抽象出的共同性,就可概括归纳为同一的句位。可图示如下:

(5)

句　位	
句法:"主动宾"句型	语用:"陈述"句类
语义:"施动受"句模	

　　一种语言的无限的句例可抽象出有限的句位,而有限的句位可以概括无限的句例。也就是说,任何一个句例都可以纳入某个句位;而任何一个句位都包含着许多能纳入在该句位的句例。句位和句例的关系,犹如音位与音素的关系,是一种常体和变体的关系。句位是用来概括反映一组具体句在句法结构、语义结构、语用功能上具有共性的抽象句,同属一个句位的出现在各种言语环境里的不同的具体句就是该句位的"句位变体",例如:

　　(6)他看过这本书?

　　(7)他看过这本书吗?

　　(8)他看过这本书,是吗?

　　(9)他看过吗,这本书?

　　(10)他看没看过这本书?

这里(6)至(10)的句例尽管在形式上(虚词、停顿等)不完全一样,但是可以抽象出它们的共性:在句法上都是"主动宾"句,在语义上都是"施动受"句;而从语用上分析,这些句例都是表达"疑问"用途的疑问句,可以概括为同一句位,图示如下:

（11）

句　　位	
句法："主动宾"句型	语用："疑问"句类
语义："施动受"句模	

上面(6)至(10)的具体句可以看作为(11)这个句位的变体。

　　从语法角度研究句子，就是要把句例上升为抽象句——句位。如果收集了大量的各种各样的句子而不进行抽象，不升华为句位，那只是罗列，算不上研究。感性的句例转化为理性的句位，关键是要抽象概括，即抽取句例中主要的本质的东西，舍去句例中一些次要的非本质的东西；根据一定的区别性特征，把共同的概括为同一句位，把不同的划分为不同句位；然后构建出一种语言的句位系统——句系。

　　言语交际中动态的句例是具体的、感性的。句位潜藏在人们的头脑里，如果不研究，就说不出来，只有语言研究者从大量感性的句例中抽象概括，才能通过一定的表述显之于外。如果从哲学的高度来说，句位也是具体的，但这是两种不同的"具体"：句例是"现实中的具体"，句位是一种"精神上的具体"①。语言研究者研究句子，就是要从"现实中"的具体句(句例)出发，经过思维的抽象概括，升华为"精神上"的具体句(句位)。

　1.2　句位的综合性特征

　　句位的综合性特征，体现在句位是句法、语义、语用抽象综合，是句型、句模、句类的结合体或综合体。这是由句子本身就是句

----

　　①　关于"现实中的具体"和"精神上的具体"的关系，可以参看《"具体—抽象—具体"的科学方法》，《江汉论坛》1980 年 2 期。

法、语义、语用三者的结合体或综合体所决定的。"三维语法"认为：句子有"三个平面"，即句法平面、语义平面、语用平面。在句法平面，可根据具体句（句例）的句法结构特征抽象出句型；在语义平面，可根据具体句（句例）的语义结构特征抽象出句模；在语用平面，可根据具体句（句例）的语用表达特征抽象出句类。任何句子都可分析出句型、句模和句类。生成句子（编码），就是要从句模出发，寻找句模生成句型的规则或句型表现句模的机制以及句型、句模和句类之间的种种配合关系。理解句子（解码），就是要从句型出发，寻找句型所表示的句模以及句类所表示的语用功能意义。

任何句例都有句法、语义和语用，都可从这三个方面进行分析和归类；任何句例都可上升为抽象的句位；所以句例（具体句）和句位（抽象句）都是句型、句模和句类的结合体或综合体。一种语言的无限的句例可抽象出有限的句型、有限的句模、有限的句类和有限的句位，而有限的句型、句模、句类和句位也可以概括无限的句例。也就是说，任何一个句例都可以归纳入某个句型、某个句模、某个句类以及某个句位；而任何一个句型、句模、句类和句位都包含着许多句例。

句型、句模、句类跟句位有共同之处，这表现在它们都是具体句例中抽象出来的，都具有抽象性的特征。但是它们有本质的差别：句位是句子；句型、句模、句类不是句子，只是句子的一个侧面的抽象类型。如果把句子的某个侧面看成句子，那就无异于盲人摸大象，摸到大象的某个部分就说那个部分就是大象一样。

句型不等于句子。例如：

（12）老王看过这个电影了。

这个句子从句法平面可以抽象出"主动宾"句型。有的语法论著认为句型是抽象的句子，这是不妥的。我们认为句型只是句子的一种句法结构型式（即"句法格局"），只是表示句子的一个侧面（表层），所以还不能说是句子，如（12）的"主动宾"句型只能说明"老王看过这个电影了"这个句子的结构体内部几个词语间的句法结构关系，而不能说明该句子的语义结构关系，更不能反映该句子的语用功能。如果把句型跟句子等同起来，那就否定了句子这个实体或语法单位还有语义平面的句模和语用平面的句类。

句模也不等于句子。句模只是句子的一种语义结构模式，也只是表示句子的一个侧面，所以也还不能说是句子，如（12）的"施动受"只能说明"老王看过这个电影了"这个句子的结构体内部几个词语间的语义结构关系，而不能说明该句子的句法结构关系，更不能反映该句子的语用功能。如果把句模跟句子等同起来，那就否定了句子这个实体或语法单位还有句法平面的句型和语用平面的句类。

句类也不等于句子。句类是句子的一种语用表达类别，也只是表示句子的一个侧面（功能），所以也还不能说是句子，如（12）的"陈述"只能说明"老王看过这个电影了"这句子的表达用途（语用功能），而不能说明该句子的句法结构关系，也不能说明该句子的语义结构关系。如果把句类跟句子等同起来，那就否定了句子这个实体或语法单位还有句法平面的句型和语义平面的句模。

即使是"句型＋句模"的结合体，也还不等于句子。如"老王看过这个电影了"可以抽象出"主动宾"句型和"施动受"句模。句型是显现句模的形式,句模是句型所表示的语义结构。句型和句模是表层(显层)和深层(隐层)的关系。"句型＋句模"两者结合起来构成的结合体可以称作"句干"。"老王看过这个电影了"这个句子舍弃表示"陈述"的语用功能后,剩下句干"老王看电影",其句干可以图示如下:

(13)

句干	句法:"主动宾"句型
	语义:"施动受"句模

　　作为"句型＋句模"的结合体的句干,是句法、语义的抽象综合。虽然它具有了综合性的特征,但是也只是综合了句子的句法结构、语义结构两个侧面,还不能反映句子的语用功能那个侧面,所以也还不能说是句子。如果把作为"句型＋句模"的结合体的句干和句子等同起来,那就否定了句子这个实体或语法单位还有语用功能类别。

　　只有"句型＋句模"组合成的句干再加上语用功能形成的句类[①],才可称作句子。如果说"句型＋句模"结合体是"句干",那么也可以说句类是黏合在句子句干上的"句能"(句子的语用表达功能)归纳出来的类。仍以"老王看过这个电影了"这个例子来说,既可以从句子的"句法—语义"结构里抽象出句干"主动宾＋施动受",也还可以从句子的语用功能角度抽象出句能"陈述"。这"句型＋句模＋句类"的结合体,才是一个抽象句——句位。这个句位同(5),也可以作如下表述:

---

　　① 句类中语气类最为重要。如果考虑到下位分类,也还有其他的句类,如陈述句里的述态类和时态类等。

(14)

抽象句（句位）	
句干（句法型式＋语义模式）	句能（句子的语用功能）
句法：“主动宾”句型	语用：“陈述”句类
语义：“施动受”句模	

如果一系列句例的句型、句模、句类结合体相同，就可以类聚为同一句位。如(1)、(2)、(3)、(4)这些句例在表达的思想内容上以及某些形式上跟(12)的"老王看过这个电影了"不一样，但是通过抽象，可以发现它们有共性：在句法结构上都是"主动宾"句（型），在语义结构上都是"施动受"句（模），在语用功能上都是"陈述"句（类）。所以它们同属于(5)这个句位。反之，如果两个系列的句型、句模、句类结合体不同，就可以类聚为不同的句位，如(6)至(10)类聚的句位(11)就和(5)句位有差别。

总而言之，句子三个平面上的三种类别可相对独立地分开来分析研究，这有助于语法研究的科学化、精密化，因而是必要的。但具体地分析一个现实的句子属于何种句位或全面地认识一种语言的句位系统，还得把句型、句模、句类三者结合和综合起来，这是因为：三个平面中的任何一面都是片面的，都不能代表句子的全貌，无论是一个具体的句子还是一个抽象的句子，句型、句模、句类总是结合在一起的，不能设想一个句子只有句模而没有句型和句类，或只有句型而没有句模和句类，或只有句类而没有句型和句模。

1.3 句位的区别性特征

具有区别句位的特征就是句位的区别性特征，句位的区别性特征是区别不同句位的重要标准。判断一个句位具有什么样的区

别性特征,需要把它放到特定语言的断代句位系统中加以考察,比
如现代汉语的句位就是由现代汉语特定的句位系统决定的。

　　一般地说,句位的区别性特征主要表现在两个方面:一是不同
的句位之间在句法、语义、语用上都存在着区别性特征,使不同的
句位相互区别,形成对立。二是句位内部在句法、语义、语用的某
一平面或某一方面或某一层级存在着某种区别性特征,也会影响
到句位的异同。

　　有些句位的区别,是由于具体句(句例)在句型、句模、句类三
方面都存在着区别性特征决定的。例如:

　　　　(15)那只鸟飞了。

　　　　(16)那只鸟吃虫子了吗?

这两个句例无论在句法、语义和语用上都存在着区别:在句法平
面,(15)是"主+动"句型(单个动词作谓语的主谓句),(16)是"主
动宾"句型(动宾短语作谓语的主谓句);在语义平面,(15)是"施
动"(施事+动核)句模,(16)是"施动受"(施事+动核+受事)句模;
在语用平面,(15)是"陈述"句类,(16)是"疑问"句类。由于(15)和
(16)在三个平面都有区别性特征,所以它们分别属于不同的句位。
(16)属于(11)这种句位。(15)属于(17)这种句位(图示如下):

　　　　(17)

抽象句(句位)	
句干(句法型式+语义模式)	句能(句子的语用功能)
句法:"主动"句型	语用:"陈述"句类
语义:"施动"句模	

　　有些句位的区别,是由于具体句在句法、语义、语用的某一平
面存在着区别性特征决定的。例如:

(18)客人来了。

(19)来客人了。

这两个意思近似的句子在语义上都是"施动"句模,在语用上都是"陈述"句类;但是由于在句法上有区别性特征,它们属于不同的句型:(18)为单动词作谓语(主+动)的主谓句型,(19)为动宾结构的非主谓句型。这两个句例在句型上的对立,就表明它们分属于不同的句位:(18)属于(17)这种句位,(19)属于(20)这种句位(图示如下):

(20)

抽象句(句位)	
句干(句法型式+语义模式)	句能(句子的语用功能)
句法:"动宾"句型(非主谓句)	语用:"陈述"句类
语义:"施动"句模	

又如下面的句例:

(21)黄狗咬花猫了吗?

(22)黄狗咬花猫了。

这两个句子在语义上都是"施动受"句,在句法上都是"主动宾"句(动宾短语作谓语的主谓句);但是由于在语用上有区别性特征:(21)为"疑问"句类,(22)属于"陈述"句类。这两个句例在句类上的对立,也表明它们分属于不同的句位:(21)属于(11)这种句位,(22)属于(14)这种句位。再如:

(23)他上午拜访了老师。

(24)他是老师。

这两个句子在句法上都是"主动宾"句型(动宾短语作谓语的主谓句);语用上都是属于"陈述"句类;但是在语义上却属于不同的句

模:(23)是"施动受"(施事＋动核＋受事)句模;(24)是"起动止"(起事＋动核＋止事)句模。这两个句例在句模上的对立,也表明它们分属于不同的句位:(23)属于(14)这种句位,(24)属于(25)这种句位(图示如下):

(25)

抽象句(句位)	
句干(句法型式＋语义模式)	句能(句子的语用功能)
句法:"主动宾"句型	语用:"陈述"句类
语义:"起动止"句模	

再如下面的句例:

(26)她睡了。

(27)你冷吗?

(28)我们走吧!

这三个具体句在句法上是相同的,都是"主＋动"句型(单个动词作谓语的主谓句);但是在语义和语用上都有区别性特征:在语义平面,(26)、(28)是"施动"(施事＋动核)句模,(27)是"系动"(系事＋动核)句模;在语用平面,(26)是"陈述"句类,(27)是"疑问"句类,(28)是"祈使"句类。这三个句例在句模和句类上的对立,也表明它们分属于不同的句位:(26)属于(17)这种句位,(27)、(28)的句位分别表示为(29)、(30),图示如下:

(29)

抽象句(句位)	
句干(句法型式＋语义模式)	句能(句子的语用功能)
句法:"主动"句型	语用:"疑问"句类
语义:"系动"句模	

(30)

抽象句（句位）	
句干（句法型式＋语义模式）	句能（句子的语用功能）
句法："主动"句型	语用："祈使"句类
语义："施动"句模	

再如下面的句例：

(31)他喝酒了。

(32)他喝醉了。

(33)他喝醉酒了。

这三个句子在语用上相同,都是"陈述"句;但是句法结构、语义结构不完全相同:在句法上,(31)为"主动宾"句,(32)为"主动补"(主语＋动词＋补语)句,(33)为"主动补宾"组成的"主述宾"句①;在语义上,(31)为"施动受"句模,(32)和(33)为"施动受＋系动"("他喝酒＋他醉",按:"他醉"为"系事＋动核")句模。可见这三个句例在句型和句模上有区别,也表明它们分属于不同的句位:(31)属于(14)这种句位,(32)、(33)的句位分别表示为(34)、(35),可图示如下:

(34)

抽象句（句位）	
句干（句法型式＋语义模式）	句能（句子的语用功能）
句法："主动补"句型	语用："陈述"句类
语义："施动受＋系动"句模	

①　例(31)的"他喝酒了"和(33)的"他喝醉酒了"可以都归纳在"主述宾句"(主语＋述语＋宾语)里,但例(31)的"他喝酒了"中的述语是由单个动词充当的,(33)的"他喝醉酒了"中的述语是由动补短语"喝醉"充当的,所以还是有一定的区别。

（35）

抽象句（句位）	
句干（句法型式＋语义模式）	句能（句子的语用功能）
句法："主动补宾"句型	语用："陈述"句类
语义："施动受＋系动"句模	

2. 句系

2.1　句系的性质

句系是"句位系统"（"抽象句子的系统"）的简称。严格地说，句系是指某种语言特定历史阶段的句位系统，即一种语言在特定历史阶段中的句位的"句法—语义"结构和语用功能的构成、句位的数量、句位的层级、句位的集合所组成的体系。由于句位是由句型、句模和句类综合而成的，所以某种语言的句系实质上是该语言的句型子系统、句模子系统、句类子系统互相结合、纵横交错形成的一个句位网络系统。任何句子都处在语言的句系之中。世界上各种语言都有自己的句系，汉语也不例外。

对于句子系统，人们可能会有不同的看法。以往一般认为，句型是抽象出来的句子格局，句型系统就是句子系统。这种句子观只看到了句子的一个侧面，带有片面性；因为句子还有其他的侧面，句型只是从句子的句法平面抽象出来的句子型式（格局）系统，它本身并不等于句子，句型系统当然也就不等于句子系统。同样，语义平面的句模系统也不等于句子系统，语用平面的句类系统也不等于句子系统。打个比方，句位好比音节，句系犹如音系。任何语言都有自己的语音系统，比如现代汉语的语音有声母、韵母和声调;声母、韵母、声调结合起来可构成一个音节;根据声母系统、韵母系统、声调系统、音节系统可构建现代汉语的音系①。同样,根据句型系统、句模系统、句类系统、句位系统当然也可以构建出现代汉语的句系。

2.2　如何构建现代汉语的句系

要构建现代汉语的句系,关键是要确定现代汉语中有哪些句位以及有多少句位。要比较准确地确定句位,需要注意如下几点:

2.2.1　要有"三维"观念

从语法角度分析句子,句子具有"三维性",即有句法、语义、语用三个平面。在句子的不同平面都可以相对独立地抽象出句子的类型,这就是要从具体句(句例)的句法平面抽象出句型、从句子的语义平面抽象出句模、从句子的语用平面抽象出句类;然后再将句型、句模、句类综合为句位。请看以下句例:

(36)他吃了一只苹果。

(37)他吃苹果了吗?

(38)我看过《红楼梦》了。

(39)你看过《红楼梦》吗?

(40)他是大学生。

(41)他是大学生吗?

(42)老王批评他了。

(43)你别走!

(44)那古塔倒塌了。

(45)青春多么美好啊!

---

①　比喻毕竟是比喻,并不完全一致,只能说有某些相似性。

现代汉语中的上述句例,可以从"三维"角度分出不同的句型、句模、句类。

A. 在句法平面,根据它们的句法结构格局,可作如下分析:

第(36)至(42)可分析为主谓句中的"主—动—宾"句型;

第(43)和(44)分析为"主—动"句型;

第(45)可分析为"主—形"句型。

B. 在语义平面根据它们的语义结构模式可作这样的分析:

第(36)、(37)、(38)、(39)、(42)为"施—动—受"(施事+动核+受事)句模;

第(40)和(41)为"起—动—止"(起事+动核+止事)句模;

第(43)为"施—动"(施事+动核)句模;

第(44)和(45)为"系—动"(系事+动核)句模。

C. 在语用平面根据它们的语用表达用途可作这样的分析:

第(36)、(38)、(40)、(42)、(44)为"陈述"句类;

第(37)、(39)、(41)为"疑问"句类;

第(43)为"祈使"句类;

第(45)为"感叹"句类。

上述这些句子里,句型是表现句模的句法形式,句模是句型所表现的语义结构;句型和句模相结合组成一个结构体,即句子的"句型—句模"结合体——句干;句类是黏合在句干上的句能归纳出来的类。

在分析上述句例的句型、句模和句类的基础上,必须确认具体句的抽象句位,如上面例(36)"他吃了一只苹果"的句型是"主—动—宾"句,句模是"施—动—受"句,句类是"陈述"句,这个句型、句模、句类三者结合和综合起来的抽象的句位同(5)。例(37)"他吃苹果了吗?"的句型也是"主—动—宾"句,句模也是"施—动—受"句,但句类却是"疑问"句,三者结合和综合起来的句位就和例(36)不同。这个句例的抽象的句位同(11)。

在调查研究了一种语言足够数量的有代表性的句例以后,通过理性的思维,抽象出一定数量的句型、句模和句类,句型可集合为句型系统,句模可集合为句模系统,句类可集合为句类系统。构建现代汉语的句系,单纯抽象出句型系统、句模系统、句类系统还是不够的,必须在分析的基础上再进行综合,确认现代汉语有哪些句位,并凭借句位的样本和数量、层级等集合构建现代汉语的句位系统,即把句型系统、句模系统、句类系统三者结合和综合起来集合为句位系统。

2.2.2 要有层级观念

句系既然是一个系统,必然具有上位下位的层级性。这种层级性在句型系统、句模系统、句类系统、句位系统中都存在着的。

现代汉语的句型系统就是一层一层分出来的:第一层级可分出单句和复句两大类;在第一层级的单句里,可分出第二层级主谓句和非主谓句两类;在第二层级里,以主谓句为例,可分出第三层级的四种句型:动谓句、形谓句、名谓句、主谓谓语句;在第三层级里,以动谓句为例,可分出第四级句型:SV(主—动)句、SVO(主—动—宾)句、SVB(主—动—补)句、SZV(主—状—动)句、SVL(主—并列)句、SVT(主—顺递)句、SVD(主—重叠)句等;如果需要,对第四级的各种句型还可以进行下位区分(范晓1983、1995)。

句模系统也是一层一层分出来的:第一层级可根据句中动核结构的数量分为简单句模和复杂句模两大类;在第二层级里,以简单句模为例,可分出第三层级的四种句模:"主事+动核"句、"主事

＋动核＋客事"句、"主事＋与事＋动核"句、"主事＋动核＋与事＋客事"句;在第三层级里,以"主事＋动核＋客事"句模为例,可分出第四级句模:"施事＋动核＋受事"句、"施事＋动核＋成事"句、"施事＋动核＋使事"局、"施事＋动核＋位事"句、"经事＋动核＋涉事"句、"起事＋动核＋止事"句等;如果需要,对第四级句模还可以进行下位区分(范晓、张豫峰 2003,朱晓亚 2001)。

句类系统也是一层一层分出来的:第一层级可根据句子的语用目的(表达用途)分为五类:陈述句、疑问句、祈使句、感叹句、呼应句;在第二层级里,以陈述句为例,如果根据句子的信息结构来区分句类,可分出第三层级的两种句类:主题句、非主题句,如果根据说话时的"时态"(事件所处的时间状态)来分类,可分出第三层级的两种句类:已然句、未然句;在第三层级里,以主题句为例,还可分出第四级句类:叙述句、描记句、解释句、评议句;如果需要,叙述句、描记句、解释句、评议句等还可以进行下位区分。

句模是句型所表现的语义结构,句型是句模的外现形式。这就要寻找句模与句型间的对应关系。一种句模常可通过多种句型表示,一种句型也可表示多种句模,必须放在同一层级上研究句模和句型的对应,并且要研究句模系统和句型系统之间的对应(范晓 1988),这就会形成许许多多不同的"句型—句模"结合体——句干。再加上相同的句干可以出现于不同的句类,而不同的句干也可以有相同的句类,所以句型、句模、句类互相交错形成的句位是极其复杂的。

句型系统、句模系统、句类系统分别有很多层级,不同层级构成的句位也是不一样的;所以,当句例抽象为句位时,就要根据一定的层级来定位。比如下面几个句例:

(46)张三批评过李四了。

(47)张三可能会包饺子。

(48)张三懂英语吗?

(49)张三是上海人?

(50)张三正笑着呢。

(51)张三聪明吗?

(52)张三很聪明。

上述句子在句法、语义、语用的不同平面,有着不同的层级。

以句型来说,如果根据第一层级分出的单句和复句来定位,则上述句子都属于单句。如果根据第二层级的主谓句的下位分类来定位,则上述句子里的(46)至(50)属于动谓句,(51)和(52)属于形谓句。如果根据第三层级动谓句的下位分类来定位,则上述句子里的(46)至(49)属于"主—动—宾"动谓句,(50)属于"主—动"动谓句,(51)和(52)属于"主—形"形谓句。

以句模来说,如果根据第一层级分出的简单句模和复杂句模来定位,则上述句子都属于简单句模;如果根据第二层级的简单句模来定位,则上述句子里的(46)至(49)属于"主事+动核+客事"句,(50)、(51)、(52)属于"主事—动核"句。如果根据第三层级"主事+动核+客事"句和"主事—动核"句的下位分类来定位,则(46)属于"施事+动核+受事"句,(47)属于"施事+动核+成事"句,(48)属于"经事+动核+涉事"句,(49)属于"起事+动核+止事"句,(50)属于"施事+动核"句,(51)和(52)属于"系事+动核"句。

以句类来说,如果根据第一层级的语用目的(表达用途)分类来定位,则(46)、(47)、(50)、(52)属于"陈述"句,(48)、(49)、(51)属于"疑问"句。如果根据第二层级的陈述句来定位,则上述陈述句都属于"主题句"("主题＋述题"构成的句子)；如果根据第三层级主题句的下位分类来定位,则上述句子里的(46)和(50)属于叙述句,(47)属于评议句,(52)属于描记句。

　　定位时根据的层级不一样,同一个句子所定的句位当然也会不一样。比如(46)"张三批评过李四了"这个句子,可能定出的句位有如下(53)或(54)：

　　(53)

抽象句(句位)	
句干(句法型式＋语义模式)	句能(句子的语用功能)
"主谓"句型 "主动客"句模	"陈述"句类(主题＋述题)

　　(54)

抽象句(句位)	
句干(句法型式＋语义模式)	句能(句子的语用功能)
"主动宾"句型 "施动受"句模	"陈述"句类(客观态、已然态)

　　句型、句模、句类都是层级系统,分析得越细密,表述也会更细密。正因为根据句型、句模、句类的不同层级所构成的句位是不一样的,所以究竟采用哪个层级来综合成句位或采取哪个层级确定的句位来构建句系,是粗一些好,还是细一些好,不同的目的可以不一样,所以,分到怎样的程度要根据不同的实用目的而定。

　　2.2.3　要正确对待常式和变式

　　句位有常式和变式之分。常式是指句位的正常格式；变式与常式相对,是指常规句位的变化格式。这种常式和变式在句模和句类上都有表现,比较：

（55）你去北京？

（56）去北京，你？

这两个句子的句型，前者"主—动—宾"是常式，后者"动—主—宾"是变式。

（57）十个人吃了一锅饭。

（58）一锅饭吃了十个人。

这两个句子的句模，前者"施—动—受"是常式，后者"受—动—施"是变式。

（59）他去美国了吗？

（60）他不是去美国了吗？

这两个句子的句类，前者疑问功能是常式，后者"无疑而问"，是疑问功能的变式。

　　具体句的格式非常丰富，在语用表达的动态的环境里变化多样，其中有的符合句位的常式，有的不符合句位的常式。研究一种语言的句位系统，就要善于在无限丰富的句例中排除变式而概括抽象出句位的常式系统。当然，也不能忽略句位的变式，因为任何变式的出现都有一定的语用原因和结构条件，研究句位时必须解释那些句位变式产生的原因和适应变式表达的结构条件。而且从语言历史演变的角度来看，往往有前代为变式的到后代却成了常式的情形，或者前代为常式的到后代却成了变式的情形①。所以在研究现代汉语语法中的句系时，还应注意某些句位的常式和变

---

　　①　比如古汉语的疑问句里，如果宾语是疑问代词，置于谓语动词的前面为常式，例如：吾谁欺？欺天乎！（《论语·子罕》）；现代汉语里有疑问代词的疑问句，疑问代词置于谓语动词之后为常式，例如"我欺负谁啦？"等。如果说成"我谁欺负啦？"或者不通，或者在特定语境里成为变式。

式在语言历史发展过程中的演变。

2.2.4 可用符号标示句型、句模、句类

为了便于描写现代汉语的句系,不妨用符号(符号有任意性,本章所用符号不统一,只是举例说明而已,设计一套严格的符号,有待进一步研究)来标示句型、句模、句类。

如果将句型记作 X,句模记作 M,句类记作 L,则句位可记作:

X(=句型)	L=句类
M(=句模)	

如果把陈述句记作 L_1,疑问句记作 L_2,祈使句记作 L_3,感叹句记作 L_4,呼应句记作 L_5,则由主谓句构成的同一个"句型—句模"结合体跟陈述句、疑问句、祈使句、感叹句这四种句类结合以后将会得到几种不同的句位。例如:

(61)他走了。

(62)他走了吗?

(63)你快走!

(64)(她叹了口气说:)他终于走了!

上述四句句例可以分别归入下面 A、B、C、D 这四种句位:

A   B   C   D

X	L_1		X	L_2		X	L_3		X	L_4
M			M			M			M	

反过来说,如果把不同的"句型"结构体记作 X_1、X_2、X_3、X_4……,把不同的句模记作 M_1、M_2、M_3、M_4……等,那么同一语气类(比如 L_1)跟不同的句型和句模可结合成种种句位,如有可能形成下面的这些句位:

各种句型、句模句类互相结合可以形成一个纵横交错的句位网络系统。现代汉语有多少句位,句位系统究竟怎样建立,是值得深入研究的一个课题。

从句例出发经过抽象概括归纳出的句位也可用其他符号来表述,以"小王写了一篇文章"、"小李买了一本书"、"他看了一场电影"等句例为例,从三个平面概括出的句型、句模、句类也可表述如下:

句型——可记作 SVO 或 N_1VN_2(S 表示主语,V 表示谓语动词,O 表示宾语,N 表示名词)。

句模——可记作 APB(A 表示施事,P 表示动核,B 表示受事)。

句类——可记作 L_1(L_1 表示陈述句)。

综合上述句子的句型、句模、句类,得到的句位可记作:

标示句型、句模、句类的符号是任意的,究竟用怎样的符号比较科学,需要在研究中不断探索才能定下来。

3. 现代汉语的句系

3.1 构建单句句系的尝试

这里不准备全面地描写现代汉语的句位系统——句系,这里仅就构建现代汉语的单句句系作一尝试。我们把现代汉语单句句型和它表示的基干句模以及句类（根据"表达用途"即语气分类）结合而成的句位系统用表格形式作一简明的表述。下面表述的这个现代汉语句系只是提出一个大体的构想，所以还是比较粗的。比如句类，在确定句位构建句系时，是以语用目的（表达用途）即语气分类定位的①；而且也不全面，只是汉语单句句型和句模、句类构成的句系，没有构建复句的句系，单句里也只选择有代表性的句子；所以还不能说这里已经把现代汉语的句系完全构建起来了。之所以提出这个粗线条的句系，旨在抛砖引玉。

3.2　现代汉语单句句系

本书描述现代汉语单句句型和句模、句类构成的句系，可以用图表形式简明表述。为了图表的简化、醒目，我们采用了一些符号。

句类的符号是：陈述句记作 L_1，疑问句记作 L_2，祈使句记作 L_3，感叹句记作 L_4，呼应句记作 L_5。

单句句型符号（用英文小写字母符号标示单句的各种句型）：

1）单个动词作谓语的主谓句（"她休息了"之类）记作 a

2）动宾短语作谓语的主谓句（"张三批评了李四"之类）记作 b

3）动补短语作谓语的主谓句（"他已经吃饱了"之类）记作 c

4）状心短语作谓语的主谓句（"张三把李四批评了"之类）记作 d

---

① 各种句子都有语用目的（表达用途）即语气分类，任何句子都可以归在其中的某一类，这对具体句定位比较方便，能用它来构建粗线条的句系。语用里"述态"、"时态"、"主动"、"被动"之类，只是对陈述句下位分类有用，而感叹句、祈使句、呼应句等与之没有多大关系。但如果用于机器的自动翻译，语用类分得细一点也许会更适合于应用。

5）并列短语作谓语的主谓句（"他们有说有笑"之类）记作 e

6）顺递短语作谓语的主谓句（"我开门出去叫人"之类）记作 f

7）重叠短语作谓语的主谓句（"白鸽飞啊飞啊"之类）记作 g

8）形容词性词语作谓语的主谓句（"陆汝康很勇敢"之类）记作 h

9）名词性词语作谓语的主谓句（"他北京人"之类）记作 i

10）主谓短语作谓语的主谓句（"他身体很棒"之类）记作 j

11）动词性非主谓句（"禁止吸烟！/立正！"之类）记作 k

12）形容词性非主谓句（"肃静！/真倒霉！"之类）记作 l

13）名词性非主谓句（"蛇！/火！"之类）记作 m

14）特殊的非主谓句（"喂！/轰隆！/小王！"之类）记作 n

单句句模符号（用阿拉伯字母符号标示各种单句基干句模）：

A．简单句基干句模

1）"施事＋动作核"模（"他休息了"之类）记作 1

2）"系事＋性状核"模（"陆汝康很勇敢"之类）记作 2

3）"施事＋动作核＋受事"模（"张三批评了李四"之类）记作 3

4）"施事＋动作核＋成事"模（"他挖了一个洞"之类）记作 4

5）"施事＋动作核＋使事"模（"小王端正了态度"之类）记作 5

6）"施事＋动作核＋位事"模（"她进入房间了"之类）记作 6

7）"起事＋关系核＋止事"模（"他是学生"之类）记作 7

8）"系事＋与事＋性状核"模（"大家对他很客气"之类）记作 8

9）"施事＋动核＋当事＋受事"模（"我给了他一件礼物"之类）记作 9

10）"施事＋动核＋共事＋受事"模（"他跟我商量一件事"之类）记作 10

11)特殊句模(非动核结构,"老王! /喂!"之类)记作 11

B. 复杂句基干句模及其符号

12)联合模("她整天的扫地洗菜淘米"之类)记作 12

13)递合模("他开门出去打电话"之类)记作 13

14)接合模("我请他进来"之类)记作 14

15)混合模("我倒了杯茶给他喝"之类)记作 15

16)带合模("甲队打败了乙队"之类)记作 16

另外,表中的"动句"指动词性词语作谓语的主谓句,"非动句"指非动词性词语作谓语的主谓句。句型、句模、句类能结合起来构成一个句位的记作十,不能构成句位的或能构成句位但只是极个别的,则空着(不记任何符号)

现代汉语单句句系表

句型			句　　模																句　　类				
			1	2	3	4	5	6	7	8	9	10	11	12	13	14	15	16	L_1	L_2	L_3	L_4	L_5
主谓句	动句	a	+											+					+	+	+	+	
		b	+		+	+	+	+			+	+									+	+	
		c									+	+		+	+	+	+	+	+				
		d			+	+	+	+		+	+	+							+	+	+	+	
		e												+					+	+	+	+	
		f												+					+	+	+	+	
		g												+					+	+	+	+	
	非动句	h		+						+									+	+	+	+	
		i			+														+	+	+		
		j		+															+	+	+		
非主谓句		k	+		+											+			+	+	+		
		l		+																	+	+	
		m	+		+																	+	+
		n						+															+

以单句句型 a 为例,可以和句模 1、12 组成句干,然后和句类 L_1、L_2、L_3、L_4、L_5 结合起来构成句位,这样,单句 a 可以构成"(a+1)+L_1"、"(a+1)+L_2"、"(a+1)+L_3"、"(a+1)+L_4"、"(a+12)+L_1"、"(a+12)+L_2"、"(a+12)+L_3"、"(a+12)+L_4"等 8 个句位。其他单句的句位可依此类推,如单句 b 和句模、句类结合可以构成 36 个句位,c 和句模、句类结合可以构成 32 个句位,d 和句模、句类结合可以构成 28 个句位,e 和句模、句类结合可以构成 3 个句位,f 和句模、句类结合可以构成 4 个句位,g 和句模、句类结合可以构成 4 个句位,h 和句模、句类结合可以构成 6 个句位,i 和句模、句类结合可以构成 3 个句位,j 和句模、句类结合可以构成 3 个句位,k 和句模、句类结合可以构成 9 个句位,l 和句模、句类结合可以构成 2 个句位,m 和句模、句类结合可以构成 4 个句位,n 和句模、句类结合可以构成 1 个句位。粗略统计共得到 143 个句位。

必须说明的是:如果考虑到句子不但有单句,还有复句,句型、句模、句类还可以分得更细密,而不同层级又可构成各种不同句位,那么这里说到的现代汉语句位这个数量可以说是最保守的,实际上,现代汉语单句句位的类型和数量远不止这一些。究竟现代汉语句位有多少,现代汉语的句系应该怎样描述? 这是一个值得深入探索的大课题。

4. 余言

4.1 建立句系学的重要性和迫切性

句系是客观存在着的,有必要也有可能对它进行研究。研究共时平面句系的学科,就是句系学(也可称之为句位学)。这正如研究语音系统的学科称之为音系学或音位学一样。

建立句系学是十分重要的。根据三维语法的理论,句子是最重要的语法单位,语法研究的最根本的任务就是要探索句子结构和功能的规律。"研究任何一种语言的语法,分析它的语法单位、语法结构或各种语法现象,其最终目的,就是建立该语言句子类型的系统"(胡裕树 1998)。这就是要建立该语言的句系。过去有的论著认为语法研究的终极目的是研究句型,现在看来,这种看法不够全面,因为句型只是句法平面抽象出来的句子类型,而没有顾及语义平面和语用平面抽象出来的句子类型(句模和句类)。只有研究句位,才能抽象出句子的本质;只有研究一种语言的句位,才能看到该语言句子的全貌;也只有研究一种语言的句位系统,才能建立该语言的句子类型系统。可以说,句系学或句位学是语法学中最重要、最核心的部分,把一种语言的句系研究清楚从而建立起该语言的句位系统,是当代语法学的最根本的任务。句系学不仅有着重要的理论意义,而且有着重要的实用价值。一旦将某种族语的句系建立起来,"不仅有利于不懂该族语的人们学习该族语,而且也能使懂得该族语的本族人更好地掌握和运用自己的母语,在现代高技术发展的信息社会里,还能促进机器翻译(自动翻译)和人工智能等方面的研究工作"①。

4.2　在当前,特别要重视句模和句类的研究

当前,人们十分重视机器处理自然语言、处理语言间的自动翻

---

① 就机器处理自然语言而言,词和短语的处理相对比较容易,最难的是句子的处理。不同语言的句系描述清楚了,有助于机器的自动翻译和人工智能的研究。参看范晓主编(1998)《汉语的句子类型》,书海出版社。

译,这就非常需要把汉语的句位和句系研究得更细一些。研究句位,首先要把句型、句模和句类研究清楚。从现代汉语来看,过去人们对句型研究得比较多,句模和句类的精细研究相对比较薄弱。

句模研究还刚刚开始,包括理论问题和实际描写都需要继续开展研究,句模领域还有不少待开垦的"处女地"。研究句模,首先在理论上要有一个正确的确定句模的原则。其中有以下几个原则是必须注意的:一是动核结构为基本骨架的原则,二是动核和动元为句模基本成分的原则,三是语序影响句模的原则,四是区分简单句模和复杂句模的原则(范晓、朱晓亚 1999)。在理论原则确定以后,就要根据语言事实,把现代汉语句模系统构建出来。①

句类方面,语气分类过去有较多的研究,但其他下位分类研究不多不深。研究句类,除了语气分类外,其他的有关句子的语用分类还很多,如根据述题的表述功能进行语用分类的问题,如根据说话者的"述态"(陈述状态)来进行语用分类的问题,如根据说话时的"时态"(事件所处的时间状态)来进行语用分类的问题,等等,都尚待进一步探索。

如果句模和句类不明,也就无法综合上升到句位,更不可能对现代汉语句系进行细密的描写;因此,要把现代汉语的句位系统完善地概括抽象出来,当前必须重视并加强句模和句类的研究。

我国语言学界至今还没有注意到句位或句系的问题,更没有意识到研究句系的重要性。而从现实来看,无论是教学上还是对自然语言的处理上,都需要知道现代汉语的句系;所以研究句系理

---

① 朱晓亚的博士论文《现代汉语句模研究》(2001)(北京大学出版社)构建了一个现代汉语的句模系统,对句模研究作出了贡献。但这也只能说是初步的,还是可以进一步研究并加以完善的。

论并构建起现代汉语的句系已成了当前一个迫切需要解决的问题。

主要参考文献：

陈建民(1986)《现代汉语句型论》,语文出版社。

范　晓(1991)《动词的"价"分类》,《语法研究和探索》(7),语文出版社。

范　晓(1991)《试论语义结构中的主事》,《中国语言文学的现代思考》,复旦大学出版社。

范　晓(1995)《句型、句模和句类》,《语法研究和探索》(7),商务印书馆。

范　晓(1996)《三个平面的语法观》,北京语言学院出版社。

范　晓主编(1998)《汉语的句子类型》,山西书海出版社。

范　晓(2003)《说语义成分》,《汉语学习》第 1 期。

范　晓、张豫峰等(2003)《语法理论纲要》,上海译文出版社。

李临定(1986)《现代汉语句型》,商务印书馆。

林杏光(1980)《汉语五百句》,陕西人民出版社。

史有为(1987)《句型的要素、变体和价值》,《句型和动词》,语文出版社。

邢福义(1983)《论现代汉语句型系统》,《语法研究和探索》(1),北京大学出版社。

朱晓亚(2001)《现代汉语句模研究》,北京大学出版社。

第十八章　汉语句子的生成

研究句子的生成，就是研究造句，即研究如何用词语互相搭配造出一个句子来。

研究句子的生成机制，是语法研究中的重大课题。这个问题不仅对语言教学有重要意义，而且对研究机器处理自然语言、对实现不同语言间的自动翻译（即"机器翻译"）也是至关重要的。

句子的生成有两种情形：

一种是静态生成，是生成"孤立句"。指的是拿来一个词，再增添一些词语并根据语法规则搭配起来使其成为一个可以理解的句子。这种句子的生成一般是脱离语境、不跟现实发生特定联系的。语言教学中扩词成句的造句练习或者拿出几个相关的词语联结成句子的练习就是这样的；语法书里自造与语境无关的孤立句也是这样的。

另一种是动态生成，是生成"语境句"[①]，指的是对客观存在的事件根据表达的需要生成某种适用于某一特定语境或特定篇章句子，这就涉及句式的选择以及有关语用或修辞的适应性问题。（范晓 1983）

这两种生成句子的基本原理是一样的，可是也有一定的区别：

---

　　① 关于"孤立句"、"语境句"，可以参看范晓（2005）《语境句和孤立句》，《语言文字学研究》，中国社会科学出版社。

动态生成是以静态生成为基础，它更多地涉及到语用和修辞，甚至还涉及语言之外的认知、思维等等。

本章结合汉语语法事实就生成句子的一些基本原理谈些看法。

1. 句子生成与动词的关系

句子的生成与语动词有密切的关系，生成一个句子时，关键是要抓住动词[①]。这是因为"动词是句子的中心、核心、重心，别的成分都同它挂钩，被它吸住"（吕叔湘 1987）。事实也的确如此，除了某些一定语境里隐含着动词的名词句以外，对于绝大部分句子来说，离开了动词就很难谈句子的生成。[②]

1.1　动词的配价与句子生成

既然生成句子的关键是动词，那么，只要抓住动词，再根据生成的基本方法就能生成句子。比如选择动词"买"和"送"，需要有选择地增添一些能与之组配的成分以及一定的语用成分，[③]并按

---

①　这里的动词指广义动词，也可以说谓词，包括通常所说的动词和形容词。

②　即使是名词句，从语义平面上看，是省略或隐含着动词，如"今天星期五"，实际上是说"今天是星期五"（省略了关系动词"是"），理由是：如果是否定句，就不能说"今天不星期五"；又如"好大的南瓜！"（名词性短语构成的感叹性的名词句），其中的"大"就是动词性的（形容词属于广义动词）；又如独词构成的名词句"火！"（看到某处大火时的惊叫句），实际上是隐含了一个动词，至于这个动词是什么，表达和理解往往因人而异，但可以意会得到的（如"起、着、失"等）。只是呼应句是例外。

③　所谓"增添一些能与之组配的成分"，是指语法上能与相关动词结合的，语义上能与相关动词搭配的。比如动词"喝"，能在句法上与之结合的副词有否定副词、时间副词等（如"不喝"、"已喝"等），程度副词则不能与之结合（如不能说"十分喝、非常喝"）；能在语义上搭配的：施事词语有一般是表示人或动物，受事词语一般是表示液体的词语（如能说"他喝酒、我喝茶"），但如果说成"电灯喝狗、钢笔喝猫"就不可以。参看范晓（1985）《谈谈词语组合的选择性》，《汉语学习》第 3 期。语用成分中最主要的是语气。

照汉语语法规则(包括句法、语义、语用规则)各可以生成如下的
句子：

　　(1)小王今天在书店买了本词典。

　　(2)昨天老李送我一件礼物。

这两个句子在句法上是动宾谓语句,语义上"施动受"句,语用上是
陈述句。例(1)中动词"买"在句子里是语义的中心或核心、重心,
句中其他成分都同它挂钩、被它吸住,其中"小王"是"买"这个动作
的"施事"(买者,即动作发出者),"词典"是"买"这个动作的"受事"
(所买的事物,即动作承受者),"今天"是发出"买"这个动作的时
间,"在书店"是发出"买"这个动作的处所。例(2)中动词"送"是句
子的中心、核心、重心,句中其他成分都同它挂钩、被它吸住,其中
"老李"是"送"这个动作的"施事"(送者,即动作发出者),"礼物"是
"送"这个动作的"受事"(所送的东西,即动作承受者),"昨天"是发
出"送"这个动作的时间。

　　句子的生成和理解,也就是编码和解码。从句子解码的角度
看,是从形式到意义,也就是从句法到语义;从句子编码的角度看,
则是从意义到形式,也就是从语义到句法。

　　动词之所以是句子的中心或核心,这是着眼于语义。动词的
语义与配价密切相关,这是因为配价就是指动词与其他成分在语
义上挂钩情形的,所以研究动词的配价问题就是要研究句子中作
为语义核心的动词是如何跟别的成分发生语义关系的,或者说别
的成分是如何和动词挂钩被动词吸住的。可见,研究句子的生成,
就不能不研究动词的语义配价。可以这样说:动词的配价对句子
的句法结构生成具有制约性。研究配价的根本目的,就是为了更
好地理解句子的生成机制。

1.2　动核结构与句子的生成

1.2.1　动词配价组成动核结构

动词配价组成的语义结构，就是动核结构。所以研究生成句子时谈动词的配价，核心问题是研究各种动词如何配价并如何组成动核结构（或称"谓核结构"）的。（范晓 1991，范晓、胡裕树 1992）

动核结构有两种：一种是"基干动核结构"，它由动核和动元（也称"行动元"）组成。动核和动元是动核结构的必有成分：动核是动核结构中作为核心的语义成分，由动词表示；动元是动核所支配的，或者说是动核所联系着的强制性语义成分，一般由名词性词语表示（汉语里也有非名词性词语表示的）。比如"小王看电影"，就是一个基干动核结构，其中"小王"和"电影"是"看"所联系着的两个动元。另一种是"扩展的动核结构"，它是在基干动核结构的底子上扩展形成的，由动核、动元和状元（状态元）①组成。即除了动核和动元外，还需在基干动核结构上添加状元。状元是动核结构的非必有成分（非强制性的、背景性的成分），是对动核起修饰或限制的成分。比如"小王昨天在大光明电影院看电影"，就是一个扩展的动核结构，其中"小王"和"电影"是动核"看"所联系着的两个动元，"昨天"、"大光明电影院"是动核"看"所联系的两个状元（时间和处所）。有些扩展的动核结构还可能包含着更多的状元。如"昨天晚上九点钟，在北京等许多地方，为了了解奇异的天文现象，很多天文爱好者兴高采烈地用望远镜观看了月全蚀"这个句子

---

① 关于"动元"和"状元"，可参看范晓（1991）《动词的"价"分类》，《语法研究和探索》(5)，语文出版社和范晓（2003）《说语义成分》，《汉语学习》第 1 期。

里,除了"时间"、"处所"状元外,还有"工具"、"目的"状元。

1.2.2 动核结构是生成句子的基底

由动词表示的动核所组成的动核结构是句子在隐层(语义平面)的或底层的结构。语法中的一个动核结构体现着一个事件或一个命题。任何句子都是通过一定的语法手段让动核结构示现为显层的句法结构并给以某种语用因素或语用成分生成的。

不同语言间相对应的动核结构所反映的语义内容有较大的共同性,比如"狗咬人"、"猫捉老鼠"在汉语跟日语里都是"动核+施事+受事"结构,这就使得不同语言间有对译的可能性;不同语言显层的句法结构在表示或示现相对应的动核结构时,会有较大的差异性,即句法平面各有其个性,比如汉语、日语在表现同样的"动核+施事+受事"结构时,汉语句法上的语序形式是"施事主语+动词+受事宾语"("主动宾"句法形式),如说成"狗咬人"、"猫捉老鼠",日语句法上的语序形式是"施事主语+受事宾语+动词"("主宾动"句法形式),如说成"狗人咬"、"猫老鼠捉"("主宾动"句法形式),这就使得不同语言间有翻译的必要性。

即便在某种特定的语言里,某个动核结构在生成句子时,也并不只是一种句法形式,相反,往往可能有多种句法形式表示,比如以动词和相关成分组成的"张三批评李四"、"我看电影"这两个基干动核结构,其中"批评、看"是动核,"张三、我"是施事动元,"李四、电影"是受事动元,在现代汉语里至少有三种句法格式显示(表示施事的主语记作 S,表示动核的动词记作 V,表示受事的宾语记作 O):

（3）SVO 式：张三批评李四了。/他看过这个电影了。

（4）S（把）OV 式：张三把李四批评了。/他这个电影已经看过了。

（5）O（被）SV 式：李四被张三批评了。/这个电影他已经看过了。

上述表示同样语义内容的三种句法格式作为孤立句都是"合法"、"合理"的，但它们却有着不同的语用价值，因此在动态生成时可以根据语用表达的需要选择其中一种作为"合用"的语境句，比如同义句式 SVO 式（张三批评李四了/他看过这个电影了），如果语用表达的用途不同，也可能会生成不同句类的句子，陈述句（张三批评了李四。/我看过这个电影了。）、疑问句（张三批评李四了吗？/他看过这个电影了吗？）等。

这里举例说的只是基干动核结构生成句子的情形。如果是扩展的动核结构，生成出的句子形式会更加多样。比如，如果"张三批评李四"、"我看电影"这两个基干的动核结构加上时间状元和处所状元，那就成了扩展的动核结构。这种扩展的动核结构在现代汉语里至少有以下几种句法格式显示（表示时间状元的状语记作 Z_1，表示处所状元的状语记作 Z_2）：

（6）Z_1Z_2SVO 式：昨天在会议上张三批评了李四。/去年在上海他看过这个电影。

（7）SZ_1Z_2VO 式：张三昨天在会议上批评了李四。/他去年在上海看过这个电影。

（8）Z_1Z_2S（把）OV 式：昨天在会议上张三把李四批评了。/去年在上海，他这个电影看过了。

（9）Z_1Z_2O（被）SV 式：昨天在会议上李四被张三批评

了。/去年在上海,这个电影他看过了。

(10)SZ_1Z_2(把)OV 式:张三昨天在会议上把李四批评了。/他去年在上海这个电影看过了。

(11)OZ_1Z_2(被)SV 式:李四昨天在会议上被张三批评了。/这个电影,去年在上海他看过了。

(12)SVO,Z_1Z_2 式:张三批评了李四,昨天在会议上。/他看过这个电影,去年在上海。

如果处所在时间之前,还可以增加一些句法格式。如果考虑到语气,还会生成不同句类的句子。这些表现同一动核结构的不同的句法格式或表达类型,各有特定的语用价值,各有特定的使用条件,因此,在生成动态的具体语境句时一定要根据表达的需要和语境的实际而选择适当的句法格式和语气来表现某个动核结构。

如果从生成句子的语义成分而言,一个句子可以由基干动核结构的基干本语义成分动核和动元构成(如"他上街了"、"他打扫房间"之类),也可以由扩展的动核结构中的动核、动元以及状元构成(如"他上午上街了"、"他在晚上打扫房间"之类)。

如果从生成句子的动核结构的数量而言,一个句子可以由一个动核结构(基干动核结构或扩展的动核结构)构成,例如"张三批评李四了"、"他早晨上街了";也可以由两个或两个以上的动核结构(两个以上的基干的动核结构或扩展的动核结构)构成,例如"他早晨上街买菜去了"(包括"他上街"、"他买菜"、"他去"三个动核结构)、"他把房间打扫得非常干净了"(包括"他打扫房间"、"房间非常干净"两个动核结构)。

2. 句子生成中的句型和句模

2.1 句子的生成和句型

动核结构生成句子,必然要生成某种表里相依的"句型—句模"结合体,可以称之为"句干"。例如:

(13)他在打球吗? /他的确在打球。

(14)他正在钓鱼。/他钓到了一条大鱼。

这两个句子的句型是"主动宾",句模是"施动受",这两个句子的句干就是"主动宾—施动受"的结合体。

人们说话作文,不断地生成出各种各样的句子,生成句子的过程,也就是不断地把动词和相关成分搭配组成动核结构并使之与大脑中潜藏着的句型匹配的过程,或者是把反映客观事件或某个命题的动核结构与句型结合起来的过程。比如若要用动词"喝"造成一个合语法的句子,人们就有可能抓住"喝"这个动核及其可以搭配的动元角色组成动核结构,并在此基础上根据自己头脑里的潜藏着的句型知识生成以下一些句子。例如:

(15)他喝了一杯茶。/我喝了一杯咖啡。("主动宾"主谓句)

(16)他把那杯茶喝光了。/我把一大杯咖啡喝光了。("把字句"式的主谓句)

(17)绿茶你喝吗? /绿茶我不喝,我想喝咖啡。(宾踞句首为主题的主谓句)

还有可能生成其他各种句干和各种其他句型的句子。

如果客观上有一个事实(一个或多个事件),当人们要用句子表达这个事实时,就必须在反映该事件的动核结构的基础上根据他们头脑里的潜藏着的句型知识系统选择某种符合表达要求的句型以生成句子。比如有这样一个事实:"武松打老虎,老虎死了"。这个事实在语义上是两个动核结构(武松打老虎+老虎死)。如果要把这客观事实生成为句子,那就得选择某种句型,例如:

　　(18)武松打死了老虎。("主动宾"主谓句)

　　(19)武松把老虎打死了。("把字句"式的主谓句)

　　(20)老虎被武松打死了。("被字句"式的主谓句)

　　(21)武松打老虎,[结果是]老虎死了。(两主谓分句组成的复句)

　　(22)武松打老虎,老虎被他打死了。("主动宾"+被字句组成的复句)

2.2　句子的生成和句模

传统语言学讲造句比较注重生成句子在句法平面的句型,而忽视句子在语义平面的句模。当然,生成句子的句型是十分重要的,但如果只停留在句型而不透过句型去挖掘隐层的句模或者不了解由一定的句模才能生成一定的句型,那么,这样的句型描写还只是纯形式的、表面的,不能也无法说明它跟动核结构的关系,因此也就很难解释句子的生成的全貌,也就很难用之于计算机处理自然语言。从计算机生成句子的角度来看,从研究自动翻译的实际需要来看,不仅要重视句型的生成,也要重视句型背后的句模的生成。所以要深入研究句模与句型之间的接口关系,必须对每种句型作出精确的语义解释,也必须对每种句模所表示的句型作出准确的形式描写。

2.2.1 动核结构生成句模

句模是句子的语义结构模式,它是由动核结构生成的,是动核结构生成句子时与句型结合在一起时的语义成分的配置的格式,所以当动核结构用某种句型作为表现形式时,就意味着它已经转化为句模。这表明:句模跟动核结构有内在的联系,又与句型表里相依。

动核结构和句模虽然有密切的联系,但是也有区别,这表现在:动核结构可以存在于句子里,也可以存在于未入句的短语里;而句模只存在于句子里。动核结构是无序的,句模是有序的。比如基干动核结构"我吃苹果"、"他喝牛奶"、"小王扔石头",若把动核"吃"、"喝"、"扔"记作 V,把施事动元"我"、"他"、"小王"记作 A,把受事动元"苹果"、"牛奶"、"石头"记作 B,则"我吃苹果"、"他喝牛奶"、"小王扔石头"之类的无序的基干动核结构可记作:VAB。无序的基干动核结构 VAB 一旦进入句型生成句子,就意味着生成了有序的句模,如"我吃苹果"、"他喝牛奶"之类动核结构生成的句模主要有:

1)AVB 句模。例如:

(23)我吃了只苹果。

(24)他喝了杯牛奶。

(25)小王扔了一块石头。

2)ABV 句模。例如:

(26)我把那只苹果吃了

(27)他把那杯牛奶喝了。

(28)小王把那块石头扔了。

3)BAV 句模。例如：

(29)那只苹果被我吃了。

(30)那杯牛奶被他喝了。

(31)那块石头被小王扔了。

一个动核结构或多个动核结构在句子里与句法结构结合都可以构成句模。只包含一个动核结构的句模称为简单句模(或称"简单句")。包含两个或两个以上动核结构的句模称为复杂句模(或称"复杂句")。简单句模和复杂句模是汉语句模的两大类型,它们跟句型中的单句和复句有某种联系,但并不完全对应:简单句模一定通过单句句型表示,如"他上街了"、"他正在打扫房间"之类。复杂句模有的通过复句句型表示,如"因为气象台预报将有强台风,所以小明今天没学"(包含两个动核结构:气象台预报有强台风+小明今天没上学);有的通过单句表示,如"她把房间打扫得非常干净"(包含两个动核结构:她打扫房间+房间非常干净);有的既可通过复句表示,也可通过单句表示。比较：

(32)小张是上海人,小李也是上海人。(复句)

(33)小张和小李是上海人。(单句)

(34)小张、小李都是上海人。(单句)

上面三句都有两个动核结构(小张是上海人+小李是上海人),但(32)为复句,(33)、(34)为单句。

2.2.2 简单句模与动词配价的关系

简单句模的形成跟动词的"价"分类有密切的关系,这是因为句模是由动核结构形成的,而动核结构又是动核及其配价成分构成的。根据动词构成基干动核结构时所联系的动元的数量,现代汉语动词在语义平面可分为三类:一价动词(联系着一个动元的动词,如"跑"、"睡"、"休息"等);二价动词(联系着两个动元的动词,如"吃"、"香"、"批评"等);三价动词(联系着三个动元的动词,如"给"、"送"、"租"等)。现代汉语的这三类动词至少可生成下面一些基本的简单句模。

第一种,一价动词句句模(主事+动核),由一价动词构成。例如:

(35)明慧明天走。/他已经休息了。

(36)老人在床上躺着呢。/孩子们正玩着呢。

第二种,二价动词句句模(主事+动核+客事),由二价动词构成。例如:

(37)他正在看电影呢。/我看过这本书。

(38)荣华正在踢足球。/林林正在看展览。

第三种,三价动词句句模(主事+动核+与事+客事),由三价动词构成。

(39)我送他一本书。/他寄给我一封信。

(40)他借我200块钱。/房东租给他一间房子。

根据动词的语义特征,动词又可分为动作动词、经验动词、性状动词和关系动词四大类,这四类动词所联系的动元性质不一样。能担当动元的语义角色的,主要有主事(包括施事、经事、系事、起事等)、客事(包括受事、成事、涉事、位事、止事等)、与事(包括当事、共事等)。(范晓 2003)根据动词所联系的动元的角色,不同价的动词联系的不同动元组成的不同动核结构可生成一些不同的简单句模的句子。

1)一价动词生成的句子主要有两类:

第一类,"施动"句,由一价动作动词所表示的动核及其所联系

的施事构成的句模(句法上是不及物动作动词为谓语中心组成的主谓句)。例如:

(41)父亲睡了。/犯人逃跑了。

(42)鸟飞了。/鸡在叫。

第二类"系动"句,由一价性状动词所表示的动核及其所联系的系事构成的句模(句法上是不及物性状动词为谓语中心组成的主谓句)。例如:

(43)他醉了。/那些木头都已经腐烂。

(44)今天的天气很好。/菜花黄灿灿,麦苗绿油油。

2)二价动词生成的句子主要有七类:

第一类,"施动受"句,由二价动作动词所表示的动核及其所联系的动元角色施事和受事构成的由"SVO"式显现的句模(句法上是及物动作动词为谓语中心组成的"主动宾"主谓句)。例如:

(45)他已经读过这部小说了。/我看过这个剧本了。

(46)老虎咬人了。/大黄狗追赶小花猫。

第二类,"施(把)受动"句,由二价动作动词所表示的动核及其所联系的动元角色施事和受事构成的由"S(把)OV"式显现的句模(句法上是及物动作动词为谓语中心组成的"把字句"或"主宾动"句)。例如:

(47)他这部小说已经读过了。

(48)大黄狗把小花猫咬了。

第三类,"受(被)施动"句,由二价动作动词所表示的动核及其所联系的动元角色施事和受事构成的由"O(被)SV"式显现的句模(句法上是及物动作动词为谓语中心组成的"被字句"或"宾主动"句)。例如:

(49)这部小说他已经读过了。

(50)小花猫被大黄狗咬了。

第四类,"经动涉"句,由二价经验动词所表示的动核及其所联系的动元角色经事和涉事构成的由"SVO"式显现的句模(句法上是及物经验动词为谓语中心组成的"主动宾"主谓句)。例如:

(51)他经历了许多困难。

(52)浙江沿海遭受到强台风的袭击。

第五类,"施与动"句,由二价动作动词所表示的动核及其所联系的动元角色施事和与事构成的由"SZV"式显现的句模(句法上是不及物动作动词为谓语中心组成的"主状动"主谓句)。例如:

(53)我们为人民服务。

(54)大家向英雄致敬。

第六类,"系与动"句,由二价性状动词所表示的动核及其所联系的动元角色系事和与事构成的由"SZV"式显现的句模(句法上是不及物性状动词为谓语中心组成的"主状动"主谓句)。例如:

(55)她对我很客气。

(56)我对这条路很陌生。

第七类,"起动止"句,由二价关系动词所表示的动核及其所联系的动元角色起事和止事构成的由"SVO"式显现的句模(句法上是及物关系动词为谓语中心组成的"主动宾"主谓句)。例如:

(57)他是大学生。

(58)小李像他父亲。

3)三价动词生成的句子主要有两类:

第一类,"施动与受"句,由三价动作动词所表示的动核及其所联系的动元角色施事、与事和受事构成的由"SVO_1O_2"式显现的句模(句法上是及物动作动词为谓语中心组成的"主动宾宾"主谓句)。例如：

(59)我给了她一件礼物。

(60)他欠我100块钱。

第二类，"施与动受"句，由三价动作动词所表示的动核及其所联系的动元角色施事、与事和受事构成的由"S(介词)$O_2$$VO_1$"式显现的句模(句法上是及物动作动词为谓语中心组成的"主状动宾"主谓句)。例如：

(61)我跟他商量一件事。

(62)他向他问一个问题。

由于动词语义性质的不同，动核也就丰富多样，这就必然涉及到动核的进一步分类，必然致使动核结构里动元、状元以及各种语义角色和动核间的语义关系显得很复杂，而由动核结构生成的句模也就更加细密。上面对动核结构生成简单句模的说明是很初步的、不全面的，因为只是涉及基干动核结构生成简单句模的基本情况。如果考虑到状元以及状元的语义角色，考虑到扩展动核结构，那么，简单句模的类型也就更多了。如"大黄狗咬了小花猫"，如果加上状元，由扩展的动核结构结合句法可以略为列举一些简单句模，例如：

(63)大黄狗昨天咬了小花猫。(施事＋时间＋动核＋受事)

(54)昨天大黄狗咬了小花猫。(时间＋施事＋动核＋受事)

(65)大黄狗昨天把小花猫咬了。(施事＋时间＋受事＋动核)

(66)小花猫昨天被大黄狗咬了。(受事＋时间＋施事＋
动核)

(67)大黄狗昨天在门口咬了小花猫。(施事＋时间＋处
所＋动核＋受事)

(68)昨天小花猫在门口被大黄狗咬了。(时间＋受事＋
处所＋施事＋动核)

在现代汉语的语言事实里,由不同动词、不同动元、不同状元构成
的扩展动核结构和一定的句法结构相结合所生成的句模还有很多
很多,这里不一一列举。由此可知,只有深入地研究动词的语义分
类,研究动元、状元及各种句法成分所担当的语义角色,研究动核
结构内部的种种错综复杂的语义关系以及句模和句型的对应关
系,才能更好地建立一个完善的动核结构生成现代汉语简单句模
的网络系统。

2.2.3　复杂句模与动核结构的关系

无论是简单句模还是复杂句模,都是由动核结构(包括基干动
核结构和扩展动核结构)生成的。所不同的是:简单句模由一个动
核结构组成,复杂句模由两个或两个以上的动核结构组成。以两
个或两个以上基干动核结构生成的复杂句模为例来略举几例作些
说明。例如:

(69)小黄在打篮球,小杨在踢足球,小丁在打乒乓球。

(70)因为小宝宝饿了,所以他哭了。

(71)大黄狗咬死了一只小花猫。

(72)我买了些书送给图书馆了。

(73)公司提拔他当科长。

(74)我倒了杯水给他喝。

例(69)的句模由"施事＋动核＋受事"(小黄打篮球)＋"施事＋动核＋受事"(小杨踢足球)＋"施事＋动核＋受事"(小丁打乒乓球)这三个动核结构联系在一起组成的;三动核结构在语义上不分主次,它们联合在一起组成联合式复杂句模。例(70)的句模由"系事＋动核"(小宝宝饿)＋"施事＋动核"(他哭)这两个动核结构联系在一起组成的;两个动核结构在语义上有关联,前一个动核结构所表的事件是后一个动核结构所表事件的发生原因,后一个动核结构所表事件是前一个动核结构所表事件的结果,它们搭配在一起组成因果式复杂句模。例(71)的句模由"施事＋动核＋受事"(大黄狗咬小花猫)＋"系事＋动核"(小花猫死)这两个动核结构联系在一起组成的;这两个动核结构在语义上也有关联,前一个动核结构所表的事件致使后一个动核结构所表事件的产生或成立,它们搭配在一起组成使成式复杂句模。例(72)的句模由"施事＋动核＋受事"(我买书)＋"施事＋动核＋与事＋受事"(我送给图书馆书)这两个动核结构联系在一起组成的;这两个动核结构在语义上也有关联,后一个动核结构所表的事件是前一个动核结构所表事件的顺递接续,它们搭配在一起组成顺递式复杂句模。例(73)的句模由"施事＋动核＋受事"(公司提拔他)＋"起事＋动核＋止事"(他当科长)这两个动核结构联系在一起组成的;这两个动核结构在语义上也有关联,前后两个动核结构在语义上通过名词"他"兼任受事和起事即通过"兼格"接合的,它们搭配在一起组成接合式复杂句模。例(74)的句模由"施事＋动核＋受事"(我倒水)＋"施事＋动核＋与事＋受事"(我给他水)＋"施事＋动核＋受事"(他喝水)三个动核结构联系在一起组成的;这三个动核结构在语义上也有关联;前面两个动核结构表示顺递(接续)关系,第三个动核结构通过名词"他"和"水"的相关成分"兼格"接合,它们混合组成的复杂句模。

这里对动核结构生成复杂句模也只是简单的举例说明,如果考虑到不同配价的动词构成的不同的动核结构,考虑到复杂句模内部组成成员既有基干动核结构也有扩展动核结构,考虑到组成复杂句模的动核结构之间多种多样的语义关联,复杂句模的实际情况要复杂得多。但不管怎样,无论是简单句模还是复杂句模,其生成的原理基本上是一样的。

3. 语用成分与句子的生成

任何一个句子,都具有句法的、语义的、语用的三个平面(或"三个方面"),因此由动词作动核组成的动核结构生成出一个可以表达思想的句子,不仅要生成句型和句模(即不仅要生成"句型—句模"结合体——句干),而且还要在句干上增添适当的语用成分(或完句成分)①。比如单说成"我吃饭"、"他看报"、"她穿衣服"等,或单说成"我吃了饭"、"他看了报"、"她穿了衣服"等,这都只是动核结构生成的主谓短语或句干,还不能说是完整的句子,听的人总觉得还没有说完。只有在句干上增添一定的语用成分或完句成分(包括语气词、某些副词、某些助词、助动词以及某些修饰性或限定性或补充性的词语等);口语里还有表示完句语气的语调,书面语里还有表示完句语气的标点符号,如句号﹝。﹞、问号﹝?﹞、感叹号

---

① 完句成分大多是语用成分,但不一定都是语用成分。有的语境句中只要有语气这种语用成分存在,去除某种完句成分也不一定影响它可以成为孤立句。如"他的确已经来了"说成"他来了"也能成立,只是意思上稍有差别。

[!];除此之外,还包括语境或篇章里的关联成分或关联分句,才能成为具有一定语用价值的句子。下面从动核结构与句法结构结合转化为句干而生成静态孤立句的角度来举例加以说明。

3.1　生成句子都必有一定的语气

任何句子都有一定的语气,或表陈述,或表疑问,或表祈使,或表感叹,或表呼应。所以语气是最重要的语用成分,也是最重要的完句成分,要生成一个句子必得在句干上增添某种语气。没有一定语气的"句子"都不是真正的句子,充其量只是句干,或句干加上了其中某个还不能完全成句的语用成分。可见,凡是真正的能够在交际中运用的句子,都一定具有某种语气。语气可以用语气词表达,也可以不用语气词表达;语气在口语里必有一定的语调形式表示;在书面语里则必有一定的标点符号形式(或句号[。],或问号[?],或感叹号[!])表示。例如(符号[→]在下面的句干和句子之间表示"生成"):

(75)句干:我吃饭→句子:我吃饭了。/我饭吃了。

(76)句干:他今天买鱼→句子:他今天买鱼吗? /他今天买鱼?

(77)句干:小汤打破饭碗→句子:小汤打破饭碗啦! /小汤饭碗打破啦!

(78)句干:你走→句子:你走吧! /你走啊! /你走!

例(75)在句干"我吃饭"上增添了表示陈述语气的语气词"了",才成为一个陈述句;例(76)在句干"他今天买鱼"上增添了表示疑问语气的语气词"吗"或虽无语气词"吗",但有表示疑问语气的标点符号[?],才成为一个疑问句;例(77)在句干"小汤打破饭碗"上增添了表示感叹语气的语气词"啦",才成为一个感叹句;例(78)在句干"你走"上添加了表示祈使语气的语气词"吧"或"啊",或虽无语气词"吧/啊",但有表示祈使语气的标点符号[!],才成为一个祈使句。上面例句中句干都增添上了一定的语气,就成为具有一定表达用途(句类)或语用价值的句子。

3.2　有些句子生成时需要增添某些副词

根据语用的需要,有些句干需要增添某些表示语用意义的副词并加上表示一定用途的语气才能成为句子。例如:

(79)句干:他看书→句子:他正在看书。

(80)句干:小江来→句子:小江没来。

(81)句干:他睡→句子:他不睡了。

(82)句干:她美丽→句子:她的确美丽。

例(79)在句干"他看书"上增添了表示"时态"的副词"正在",例(80)在句干"小江来"上增添了表示"述态"的否定副词"没",例(81)在句干"他睡"上增添了表示"述态"的否定副词"不",例(82)在句干"她美丽"上增添了表示"述态"的肯定副词"的确"。上面几句的句干增添上了某些具有一定语用意义的副词和陈述语气才成为一个可以理解的句子。

3.3　有些句子生成时需要增添某些助词

在表达某个事件发生动作的时间状态时,往往需要在句干上增添表示语用意义的动态助词(也称"时态助词")以适应表达现实事件中行为时间过程状态的需要,并加上一定的语气,才能成为句子。例如:

(83)句干:小芳穿新衣服→句子:小芳穿了新衣服了。/小芳穿着一件新衣服。

(84)句干:他干这件事→句子:他干过这件事吗?

(85)句干:他喝人参汤→句子:他喝上人参汤了。

(86)句干:天色渐渐渐黑→句子:天色渐渐黑起来了。

例(83)在句干"小芳穿新衣服"上增添了动态助词"了"或"着",例(84)在句干"他干这件事"上增添了动态助词"过",例(85)在句干"他喝人参汤"上增添了动态助词"上",例(86)在句干"天色渐渐黑"上增添了动态助词"起来"。上面例句中句干增添上表示动作时间状态的动态助词并加上一定的语气才成为一个可以理解的句子。

3.4 有些句子生成时需要增添助动词

在生成表达评议性的句子里,需要在句干上增添某种表示语用意义(述态)的助动词,并加上一定的语气,才能成为句子。例如:

(87)句干:他降职。→句子:他应该降职。

(88)句干:她演戏→句子:她能演戏吗?

(89)句干:你说话→句子:你可以说话。

(90)句干:我们完成任务→句子:我们必须完成任务!

例(87)在句干"他降职"上增添了助动词"应该",例(88)在句干"她演戏"上增添了助动词"能",例(89)在句干"你说话"上增添了助动词"可以",例(90)在句干"我们完成任务"上增添了助动词"必须"。上面例句中句干增添上助动词并加上一定的语气才生成为述题对主题表示评议性的评议句。

3.5 有些句子生成时需要增添修饰性或限定性或补充性的词语

有些动核结构当它和句型结合组成句干生成句子时,需要在句干上增添修饰性或限定性或补充性的词语,再并加上一定的语

气,才能成为句子。例如:

　　(91)句干:他完成任务。→句子:他胜利地完成了任务。

　　(92)句干:今天冷→句子:今天非常非常冷。/今天冷
得很。

　　(93)句干:老张坚持观点→句子:老张坚持自己的观
点吗?

　　(94)句干:她穿了衣服→句子:她穿了一件新的衣服。

例(91)在句干"他完成任务"上增添了修饰性的词语"胜利地",例
(92)在句干"今天冷"上增添了修饰性的词语"非常非常"或补充性
的词语"得很",例(93)在句干"老张坚持观点"上增添限制性的词
语"自己的",例(94)在句干"她穿了衣服"上增添了限制性词语"一
件"和修饰性词语"新的"。上面例句中句干增添了这些词语并加
上了一定的语气,便生成为具有一定用途的句子。

　　3.6　有些句子生成时句干需有关联成分或关联分句配合

　　有些动核结构当它和句型结合组成句干生成句子时,需要有
语境或篇章里的关联成分或关联分句相联结或配合,并加上一定
的语气,才能成为句子。例如:

　　(95)句干:哥哥唱歌。→句子:哥哥唱歌,妹妹跳舞。

　　(96)句干:他吃了饭→句子:他吃了饭走了。

　　(97)句干:小张写字→句子:小张写字写得很好啊!

　　(98)句干:他喝酒→句子:他喝酒,但不吸烟。

例(95)句干"哥哥唱歌"与另一句干"妹妹跳舞"互相关联搭配,就
成为一个并列对称的复句;例(96)句干"他吃了饭"加上关联成分
"走"再加上语气词"了",就成为一个顺递短语(也称"连动短语")
作谓语的动谓句(单句);例(97)"小张写字"加上关联词语"写得很

好",便生成一个复动 V 得句(单句);例(98)的句干"他喝酒"与关
联分句"但不吸烟"配合,就生成一个转折性的偏正复句。上面例
句中句干都是与一定的关联成分或关联成分配合并加上一定的语
气,才生成为具有一定用途的句子。

3.7　句子生成时加上多种语用成分(或完句成分)

在很多情况下,动核结构与句型结合组成句干生成句子时,往
往要加上多种语用成分(或完句成分)。一般说,语气成分是不可
或缺的,其他的一些语用成分或完句成分就要根据语义和语用表
达的需要随情应境而定。例如:

(99)句干:下雨。→句子:昨天晚上下了一场雨。

(100)句干:他吃饭→句子:他已经吃过饭了。

(111)句干:老金挂画→句子:老金在墙上挂了一幅什
么画?

(112)句干:她穿衣服→句子:她穿好了衣服,拎着一只手
提包,坐车出门去了。

例(99)句干"下雨"增添了相关联的表示背景成分的词语"昨天晚
上"和动态助词"了"以及修饰成分"一场",并加上陈述语气(由句
号表示),才生成为一个叙述性的单句;例(100)句干"他吃饭"增添
了表示时态的副词"已经"、助词"过"以及表示叙述性的语气词
"了",才生成一个叙述性的单句;例(111)句干"老金挂画"增添了
相关联的表示背景成分的词语"在墙上"、动态助词"了"、限制性词
语"一幅"以及表示疑问的疑问代词"什么"和表示疑问语气的标点
符号[?],才生成一个疑问性的单句;例(112)句干"她穿衣服"增添
了动态助词"好/了"和相关联的顺递的后续性分句"拎着一只手提
包"、"坐车出门去"以及表示陈述语气的语气词"了",才生成一

陈述性的连贯性的复句。

4. 生成句子的具体方法

4.1 从语义结构出发生成句子

4.1.1 抓住动核确定动元生成句子

从语义结构出发生成句子,是离开客观现实的一种静态生成,生成出的句子是脱离语境的孤立句。这种生成是语义制约句法,是语义映射到句法,即利用已有的静态语法知识从隐层(深层)的语义结构生成为显层(表层)的句法结构。生成过程是由动核结构映射为句法结构的过程:动核结构生成句子时,要抓住动核,确定动元,就能组成一个"句型—句模"结合体(句干),再加上某种语用成分并作出语用选择就可生成一定的"句法—语义"格式,如动词"批评"可生成"张三批评李四"这个动核结构("动核＋施事＋受事")在汉语里可根据现成的静态语法规则可生成"名$_施$＋动＋名$_受$"、"名$_施$＋把名$_受$＋动"、"名$_受$＋被名$_施$＋动"句式和"陈述句"、"疑问句"等表达类的句子。如果用名词生成句子,原理也是一样的,即抓住该名词所能挂钩的动词,然后再导出动核结构,比如"茶",可以作为受事动元和"喝"挂钩;一旦搭配成"喝茶",找出"喝"的施事动元,加上一定的语气,就可生成"小张喝了一杯茶"、"老李把那杯茶喝光了"、"你要喝茶吗"等等。

4.1.2 由单个动核结构生成句子

单个动核结构可组成一个简单句句模,这时句模的核心也是动核。所以,单个动核结构生成句子时,要从动核出发推导出动核结构,才能组成一个句模。老师在课堂上让学生采用扩词法来造句,实质上就是扩展成一个动核结构然后形成句子的。比如老师要学生用"吃"这个动词造句。学生首先想到的是"谁吃"、"吃什么",这就是把"吃"作为动核,把回答"谁吃"的施事和回答"吃什么"的受事作为动元。那么,只要加进和"吃"能搭配的施事(比如"我"、"他"、"小李"……)和受事(比如"饭"、"鱼"、"蛋糕"……),就组成了"吃+施事+受事"动核结构,使这动核结构上升为句模并与句型结合,就可能造成各种句子。而表示这一句模的单句在汉语里有动宾谓语句、"把"字句、"被"字句等,使句模通过句型表示,并形成"句型—句模"结合体——句干,加上一定的语用成分或完句成分,学生就可能造出以下各种句子:

(113)"SVO—AVB"句:我吃了一只苹果。/他吃过鱼吗? 小王可以吃蛋糕。

(114)"S(把)OV—ABV"句:他把那只苹果吃了。/他把那些鱼都吃了。/小王把那块蛋糕吃了。

(115)"O(被)SV—BAV"句:那只苹果被我吃了。/那些鱼被他吃了。/那块蛋糕被小王吃了。

简单句模是由一个(单个)动核结构生成的,因此确定了动核及其所联系的动元,也就可以造成简单句句模。一个动核结构在句子里可用不同的句型和句模表示,如上面的(113)、(114)、(115),不同的动核结构或句模有时也可以用相同的句型表示,例如"我吃苹果"(施事+动核+受事)、"他是学生"(起事+动核+止事)、"肖恩来自边疆"(施事+动核+位事):

(116)"SVO—施动受"句:我吃了一只苹果。

(117)"SVO—起动止"句:他也许是一个大学生。

(118)"SVO—施动位"句:肖恩确实来自边疆。

可见，了解动核是如何组成动核结构、了解一定的动核结构和句型结合的关系以及了解语用成分（或完句成分）在生成句子中的作用，对于生成某种"句型—句模"结合体（句干）和生成真正能表达思想并具有一定表达用途的句子是至关重要的。

4.1.3 由多个动核结构生成句子

如果有多个动核结构（两个或两个以上的动核结构），它们组成"句型—句模"结合体并加上一定的语用成分（或完句成分）生成句子的方法相对比较复杂。总的来说，多动核结构组成句干有两种基本方法：一种是关联配合法，一种是合并嵌入法，再增添一定的语用成分（或完句成分）就生成可以具有一定用途的表达思想的句子。

第一种，关联配合法加上语用成分。关联配合法是指两个或两个以上的动核结构各自独立成为简单句模，互相关联配合构成一定的复杂句模和复句句型。其方法是两个或两个以上的动核结构加上关联成分，使多个动核结构组成一个"句型—句模"结合体并加上一定的语用成分（或完句成分）生成一个句子。如有两个动核结构："小张是北京人"和"小李是北京人"，可说成：

(119)小王是北京人，小李也是北京人。

这是两个动核结构互相关联，其中的"也"是关联成分，加上表示陈述语气的句号[。]，配合生成了一个"SVO＋SVO"复句句型、"（起事＋动核＋止事）＋（起事＋动核＋止事）"复杂句句模、陈述语气（句类）的句子。又如：动核结构"天下大雨"和"他走"这两个动核结构，如果互相关联配合，可说成：

(120)虽然天下大雨，但是他还是走了。

这也是两动核结构互相关联，其中的"虽然、但是、还是"是关联成分,加上表示陈述语气的语气词"了",配合生成了一个"SVO＋SV"的复句句型、"(施事＋动核＋受事)＋(施事＋动核)"的复杂句句模、陈述语气(句类)的句子。

第二种,合并嵌入法加上语用成分。合并嵌入法是指两个或两个以上的动核结构合并起来,其中一个动核结构嵌入另一动核结构而构成一定的句模和句型。运用这种方法时要采取剔除(删除)、复合、接合、移位、加衬(附加虚词)等手段使多个动核结构组成一个"句型—句模"结合体并加上一定的语用成分(或完句成分)生成一个句子。如有两个动核结构"小张是北京人"和"小李是北京人",而且这两个动核结构之间是联合关系,如果运用合并嵌入法加上一定的语用成分(或完句成分),可以作如下表述:

(121)合并嵌入:a. 小张是北京人[小李是北京人]

b. "小李"移位,跟"小张"复合

→小张小李是北京人[是北京人]

c. 删除"是北京人"

→小李小张是北京人

d. 加衬"和"

→小李和小张是北京人

e. 增添语气(可用语气词"吗"或陈述语气[。])

→小李和小张是北京人吗?

或:→小李和小张是北京人。

通过运用合并嵌入法,再删除"是北京人",加上连词(关联成分)"和",就得出的"小张和小李是北京人",就把两个"起事＋动核＋止事"动核结构用合并嵌入法得到了"句型—句模"结合体,即构成了"起动止＋起动止"复杂句模和"主动宾＋主动宾"复句句型；再加上一定的语气，就可生成"小王和小李是北京人吗"或"小王和小李是北京人"这样的句子。又如"她哭"和"她的眼睛肿"这两个动核结构之间是使成（致使）关系。运用合并嵌入法加上一定的语用成分（或完句成分）可以作如下表述：

   （122）合并嵌入：a. 她哭［她的眼睛肿］

       b. "肿"移位，跟"哭"复合

        →她哭肿［她的眼睛］

       c. 删除"她的"

        →她哭肿眼睛

       d. 加衬"了"

        →她哭肿了眼睛

       e. 增添语气（可用语气词"吗"或语气词"了"）

        →她哭肿了眼睛吗？

      或：→她哭肿了眼睛了。

通过运用合并嵌入法，先让"肿"移位，再删除"她的"，加上连词（关联成分）"和"，就得出"她哭肿眼睛"；就把"施事＋动核"和"系事＋动核"这两个动核结构用合并嵌入法得到了"句型—句模"结合体，即构成了"施动＋系动"复杂句模和"主动宾"单句句型；再加上一定的语气，就可生成"她哭肿了眼睛吗"或"她哭肿了眼睛了"这样的句子。

4.1.4　生成过程中结构或成分的转化

值得注意的是，在生成句子的过程中，某些动核结构可通过移位或加衬的手段转化成名核结构（句法上主谓结构转化成定心结构),动核也就转化成定元(修饰或限定名物的语义成分),动元就转化成名核结构的名核(句法上动词变成定语,名词变成定语所修饰的中心语)。比如"马飞奔"、"天气好"、"狐狸狡猾"等可分别通过移位转换成"飞奔的马"(移位并加衬)、"好天气"(移位)、"狡猾的狐狸"(移位并加衬)等;反之,某些名核结构也可通过移位或加衬的手段转化成动核结构,定元也就转化成动核,动元也就转化成名核,比如"绿油油的麦苗"、"好天气"、"新衣服"等可分别通过移位转换成"麦苗绿油油的"(移位)、"天气好"(移位)、"衣服新"(移位)等;

这种情形对句模和句型有一定影响,会使复杂句模凝缩合并,有时可以使复句句型转变成单句句型或使单句句型扩展为复句句型。动核结构转化为名核结构的情况如:

(123)骏马在大道上飞奔着,一会儿就不见踪影了。

(124)大道上飞奔着的骏马一会儿就不见踪影了。

例(123)这个复句里有两个动核结构,其中动核结构"骏马飞奔着"如果转化为名核结构"飞奔着的骏马",就可以使复句句型转变成例(124)这样的单句句型:

名核结构转化为动核结构的情况如:

(125)绿油油的麦苗和黄灿灿的油菜花散布在广阔的田野里。

(126)麦苗绿油油的,油菜花黄灿灿的,散布在广阔的田野里。

例(125)这单句里作主语的是名核结构"绿油油的麦苗"和"黄灿灿的油菜花",如果转化为动核结构"麦苗绿油油的"和"油菜花黄灿灿的",就可以使单句句型转变成例(126)这样的复句句型。

4.2　从现实事件出发生成句子

从动态生成而言,往往先有一个客观事实,人们用语言来表达这个事实,就是要用句子来表述反映这个事实的思想。所以动态生成实际上是先有一个客观事实(事件);然后客观事实通过主观的"脑构思"(人的大脑的认知或思维),[①]映照到逻辑,事件就成为一个或多个命题;命题与语言的语义接口,便是动核结构;动核结构与句型接口,就形成"句法—语义"结合体(句干);最后再增添上一定的语用成分(或完句成分),就生成出一个完整的句子;如果事件比较复杂,可以生出许多句子而成为篇章(也称"语篇")。现实事件生成动态句子的总过程可以扼要地表述如下:

现实事件→脑构思→命题→动核结构→句法结构→句干+语用成分→句子

比如以著名的"黄犬奔马"这个事实为例。这个事实反映到语义上就有四个动核结构:

①黄狗在大路上睡觉,②马儿飞奔,③马儿踩黄狗,④黄狗死。

根据这个事实所反映出的四个动核结构,前人曾经造出了以下一些句子(陈望道 1932):

(127)复句:有犬卧通衢,逸马蹄而死之。(意即"有条狗睡在大路上,一匹飞奔着的马儿的马蹄踩着它而死了。")

(128)复句:马逸,有黄犬遇蹄而毙。(意即"马儿飞奔着,有条黄狗触及马蹄死了。")

(129)单句:有奔马践死一犬。(意即"有匹飞奔着的马儿

---

①　"脑构思"指人脑反映和认识客观世界的一种活动,也就是认知和思维(包括抽象思维和形象思维);认知和思维的关系彼此交叉,它们在主观反映客观事件和生成句子的过程中是互相联系着发挥作用的。

踩死了一条狗。”）

（130）单句：有犬死奔马之下。（意即"有条狗死在飞奔着的马儿的脚下"。）

（131）单句：有奔马毙犬于道。（意即"有一匹飞奔着的马儿把狗踩死在大路上"。）

（132）单句：一马杀犬于道。（意即"有匹马儿把狗踩死在大路上。"）

如果用现代汉语造句法造句，也还可以生成一些句子，例如：

（133）复句（4个分句）：黄狗在大路上睡觉，有匹马儿飞奔着，那飞奔的马儿踩在黄狗身上，黄狗被踩死了。

（134）复句（3个分句）：黄狗在大路上睡觉，有匹飞奔着的马儿正巧踩在黄狗身上，黄狗被踩死了。

（135）复句（2个分句）：黄狗在大路上睡觉，有匹飞奔着的马儿正巧踩在黄狗身上把黄狗踩死了。

（136）复句（2个分句）：黄狗在大路上睡觉，那飞奔着的马儿把黄狗踩死了。

（137）复句（2个分句）：有匹飞奔着的马儿踩上了睡在大路上的那条黄狗，结果黄狗死了。

（138）单句：有匹飞奔着的马儿踩死了睡在大路上的黄狗。

（139）单句：有匹飞奔着的马儿把在大路上睡觉的黄狗踩死了。

（140）单句：有匹飞奔着的马儿把睡觉的黄狗踩死在大路上。

（141）单句：睡在大路上的黄狗被飞奔着的马儿踩死了。

（142）单句：睡觉的黄狗被飞奔着的马儿踩死在大路上。
如果在使用关联配合法和合并嵌入法以及增添语用成分（或完句成分）方面作多样的变化，还可以生成出更多的句子。

上述这些句子的生成，都还只是离开语境而生成出的静态的孤立句。从动态角度生成句子，还需根据表情达意的需要和一定语境，来选择组成动核结构的适当词语（包括动核词、动元词、状元词等）以及选择既能表述客观事实又能符合生成句子者主观脑构思（包括判断、推理和认知、意愿等）的最贴切的句式的动态句子。这就要讲究动态言语中的语用和修辞。

如果不分别静态生成的孤立句和动态生成的语境句，就往往会凭脱离语境的孤立句来判别一个句子的好坏或优劣。如我国古代有的文人曾经认为依据"黄犬奔马"这个事实生成出的一些句子有"工拙"之别（所谓"文字意同而立语自有工拙"）。陈望道指出：如果"凭空抽象地"讨论或判定句子的工拙，"抽象地发挥所谓工拙论"，那是"不得要领"。① 这是很有见地的。本章运用"三维语法"的理论，区别静态的孤立句和动态的语境句，因此认为：从静态的孤立句角度分析，上述表述"黄犬奔马"这个事件的各个句子（包括前人用古汉语生成的句子和上面用现代汉语生成的句子）都无所谓工拙优劣，都是符合句法结合规则和语义搭配规则，并有一定的语气表达的语用用途，所以都能成立的；但是从动态的语境句角度分析，语法上能成立的基本意思相同的不同句子或句式，各有特定的语用价值，它们各自适用于一定的语境或篇章：该用"黄狗"为主

---

① 参看《修辞学发凡》第 59 页，上海教育出版社，1984 年 3 月版。陈望道所说的"凭空抽象地……发挥所谓工拙论"，实际上是指不根据表达时的"题旨情境"来孤立地评判一个句子的工拙或优劣。

题的句子用上了"马儿"为主题果然不好,该用"马儿"为主题的句子用上了"黄狗"为主题也不见得好;该用单句或短句时用了复句或长句固然不好,该用长句或复句时用了单句或短句也未必好;从语用或修辞的角度来说,句子或句式的工拙或优劣,一切都决定于它所适用的题旨和情境。

总之,静态生成是句子生成的基本功,动态生成是要在表达和交际中利用静态生成句子的知识来生成现实中实际使用的表达某种具体思想的活生生的句子。从动态生成角度而言,某个事实(一个事件或多个事件)的出现或存在是客观的,人们反映客观事实的脑构思是主观的,用语句来表达反映客观事实和主观脑构思就既具有客观性的一面也具有主观性的一面。可见,人们生成句子确实是要反映客观事实,但这种用生成句子来反映客观事实都得服从于个人对客观事实的"脑构思"和语用表达的需要。

5. 余言

没学过语法的人是凭语感(头脑中潜藏着的母语语法的感性知识)不自觉地把某个动词或名词扩展为动核结构而使之形成一定的句型和句模结合体再加上一定的语用成分(或完句成分)生成句子的。如果学过语法,知道语法知识里的句法结合规则、语义搭配规则以及语用表达规则,并懂得句子生成的基本机制,就能自觉地把某个动词或名词扩展成动核结构,使之形成一定的句型和句模结合体,再加上一定的语用成分(或完句成分)而生成某个句子。

静态生成句子中虽然存在着凭借某个客观事实构造孤立句的情形,但是主要着眼于语法内部的扩词造句,即提出一个词(可以是动词,也可以是名词)或短语来生成出任意的一个句子,主要涉及语法的内部因素(语义、句法、语用)。动态生成语境句涉及语法的内部因素和语法的外部因素,可作这样的概括:主观的"脑构思"(认知或思维)与客观事件相结合是生成的前提,对生成动态句有基础性;语义对事件、脑构思有映照性,对句法有制约性;句法对语义有示现性,对语用有载体性;语用表达需求和语境对选择何种"句法—语义"格式和语用表达类型有控制性和决定性。

要有意识的、自觉的、更好的生成现代汉语的句子,编写一部包含多种信息的、完善的、科学的《现代汉语动词词典》(或称《动词配价词典》)就显得十分必要。这样的词典不仅可以让人们更好地在说话或作文时生成句子,也可以有助于计算机更好地理解和生成句子,因此对人们学习语言以及计算机处理自然语言都有实用价值。如果不同的语言都有相应的配价词典,那就更会有助于用计算机处理不同语言间的自动翻译。

这种配价词典应对某种语言里的动词配价组成的动核结构作出说明,不仅要给出某个动词(多义动词要分解到每个义项)的"价"类,而且还要对动核的性质(动作、性状、变化、关系等等)和所联系的动元的"角色"(施事、受事、与事、经事、系事、涉事、起事、止事等等)以及某些常联系着的状元角色(处所、时间、工具、条件、原因等等)作出准确的诠释;在此基础上,还要对该动词的形式特征以及它组配成的动核结构所生成的句模和各种可能有的句型或句法格式进行详尽的描写。甚至,如果可能,还可注明该动词使用的条件和所组成的"句型—句模"组合体在语用上的选择性等。这样的词典,名称虽然叫"动词配价词典",实际上是某种语言的动词生成句子的大词典。编写这样的词典难度很高,工程浩大,但确是十分重要和迫切的。

　　要编写一部现代汉语句子生成词典这样一个大工程，首先对某些有关问题要进行深入的研究。主要有以下一些课题：1)汉语动词的次范畴分类(包括各类动词特征的考察)；2)汉语动词的配价研究；3)动元和状元的"角色"研究；4)词语的结合和搭配研究；5)语用成分或完句成分研究；6)汉语的句子的生成机制研究；7)汉语的句型网络系统研究；8)汉语的句模网络系统研究；9)汉语的句类网络系统研究；10)汉语句子的句位和句系研究。我们虽然对某些问题作了一些研究，但还是比较粗浅的、带有探索性的，可以说只是抛出了一些砖头，但愿把一些零零碎碎的砖头抛出以后，能引来大量的宝玉。

主要参考文献：

陈建民(1986)《现代汉语句型论》，语文出版社。

陈望道(1932)《修辞学发凡》，上海教育出版社。1984 年 3 月版。

范　晓(1983)《修辞要讲究题旨情境》，《修辞学发凡》与中国修辞学，复旦大学出版社。

范　晓(1985)《谈谈词语组合的选择性》，《汉语学习》第 3 期。

范　晓(1991)《动词的"价"分类》，《语法研究和探索》(5)，语文出版社。

范　晓(1991)《试论语义结构中的主事》，《中国语言文学的现代思考》，复旦大学出版社。

范　晓(1993)《关于句子合语法和不合语法问题》，《中国语文》第 5 期。

范　晓(1995)《句型、句模和句类》，《语法研究和探索》(7)，商务印书馆。

范　晓(1995)《组句模并形成句型的方法》，《汉语拼音小报》第 618 号。

范　晓(1996)《动词的配价与句子的生成》，《汉语学习》第 1 期。

范　晓(1996)《三个平面的语法观》，北京语言学院出版社。

范　晓主编(1998)《汉语的句子类型》，山西书海出版社。

范　晓(2003)《说语义成分》，《汉语学习》第 1 期

范　晓、张豫峰等(2003)《语法理论纲要》,上海译文出版社。

范　晓(2007)《语法结构的规律性和灵活性》,《汉语学习》第 2 期。

金廷恩(1997)《现代汉语句子的完句成分研究》,复旦大学博士论文。

李临定(1986)《现代汉语句型》,商务印书馆。

吕叔湘(1987)《句型和动词学术讨论会开幕词》,《句型和动词》,语文出版社。

邢福义(1983)《论现代汉语句型系统》,《语法研究和探索》(1),北京大学出版社。

朱晓亚(2001)《现代汉语句模研究》,北京大学出版社。

后　记

　　本书共有 18 章,每章实际上都是独立的论文,所以本书也可以说是有关汉语句子专题研究方面的专著。书中各章论文有的是新写的,还没有发表过;有的虽然已经发表过,但为了全书观点和体例的尽可能统一,笔者做了一些修改或补充:其中有的在文字或体例上略作修改,有的作了较大的修改和补充;有的文章中某些基本观点或部分内容已经发表过,但现在从句子的角度进行了重新写作。关于所涉及的已经发表过的论文,都作了说明。

　　研究汉语语法,人们总会自觉或不自觉地运用某种语法理论。运用不同的语法理论来研究汉语的句子,往往会对句子作出不同的分析或解释;所以语法理论是研究者的灵魂,它像魔棒一样对汉语句子研究起着指导或指挥作用。我是比较自觉地运用"三维语法"的理论来研究汉语句子的。所谓"三维语法",就是一般所说的语法分析的"三个平面"的理论。[①] "三维语法"要求从句法、语义、语用三个角度或三个侧面或三个方面来研究语法,也就是现在大家所说的多角度、全方位地研究语法。本书由于用"三维语法"来

---

　　① 　关于"三维语法",可参看范晓(2004)《三维语法阐释》,《汉语学习》第 6 期;范晓、张豫峰等(2003)《语法理论纲要》,语文出版社;陈昌来主编(2005)《现代汉语三维语法论》,学林出版社。

研究汉语的句子,所以把书名称之为《汉语句子的多角度研究》。"三维语法"提倡在语法研究中自觉地把句法、语义和语用三个平面既界限分明地区别开来,又相互兼顾地结合起来;在分析句子时,可以从句法、语义、语用不同的角度进行观察,但又应把三者互相联系起来;并要尽可能在分析时做到形式和意义相结合,静态和动态相结合,结构和功能相结合,描写性和解释性相结合。用"三维语法"的理论来研究句子的论文,并不是说任何一篇语法论文都简单地分成句法、语义、语用三大块并都面面俱到地作出分析。我们认为,分析句子既可以在句法、语义、语用等方面进行全面的、系统的分析;也可以侧重于某个平面(角度)的分析,或侧重某一平面的某个问题的分析。当然,在分析句子的某个平面(角度)时,也必然会联系到另外的两个平面:如果侧重于讨论句子的句法,就需要探求句法背后的语义以及该句法格式所表示的表达用途或语用价值;如果侧重于讨论句子的语义,就需要揭示表现该语义的句法形式以及该语义结构和语用方面的联系;如果侧重于讨论句子的语用表达,就需要说明表示句子语用意义或语用价值的句法格式和语义结构的特点。

需要说明的是,由于这些论文是在前后相隔 30 多年的不同时期写成的,虽然作了一些修改,某些论述或体例仍难免有不一致之处;另外,由于历史的原因或所研究内容的制约,书中某些句子或句式的论述没能做到系统、深入。

运用"三维语法"的理论来研究汉语的句子是个特色,但由于笔者水平所限,可说是心有余而力不足,所以虽然尽力运用"三维语法"的理论来研究汉语的句子,但是只能说是尝试性的,书中一定有不少缺点,敬请读者批评指正。

　　本书的出版,得到商务印书馆的大力支持。在此谨向周洪波先生、何宛屏主任、曲清琳编辑以及出版社其他为这本书的出版费心费力的先生和女士们表示衷心的感谢。

范　晓

2009 年 2 月于复旦大学